HEGEL

ET

SCHOPENHAUER

PARIS. — IMPRIMERIE DE CH. LAHURE ET Cⁱᵉ
Rue de Fleurus, 9

HEGEL

ET

SCHOPENHAUER

ÉTUDES

SUR LA PHILOSOPHIE ALLEMANDE MODERNE

DEPUIS KANT JUSQU'A NOS JOURS

PAR

A. FOUCHER DE CAREIL

PARIS

LIBRAIRIE DE L. HACHETTE ET Cie

BOULEVARD SAINT-GERMAIN, 77

—

1862

INTRODUCTION.

La philosophie allemande dans les cinquante premières années de ce siècle a traversé les phases les plus diverses et la période la plus tourmentée de son histoire. Elle a vu se succéder les hommes et les philosophies avec une rapidité effroyable. Désenchantée des systèmes, étonnée de sa solitude et de ses ruines, l'Allemagne depuis quelques années semble revenir au bon sens, *Der gesunde Menschenverstand*, qu'un de ses historiens les plus autorisés, M. Julien Schmidt, compare, sous cette expression de raison générale et commune, au chœur de la tragédie antique. Il semble que la France soit ce chœur qui a pour mission de rappeler les vérités connues, triviales même sans lesquelles les héros de la tragédie s'égarent ; et que les temps étant plus tranquilles et le calme renaissant dans les esprits, on puisse enfin se demander : Qu'est-il resté de ce mouvement? Quelles idées surnageront au-dessus de ce naufrage? Tels sont l'origine et le but de ce livre.

La question, comme on le pense bien, a soulevé des controverses, et c'est un de ces procès qu'une même génération ne saurait instruire et juger. L'Allemagne a trompé tout le monde, on s'en défie, et lors même qu'elle invoque la raison de tous et qu'elle se soumet d'avance à ses arrêts, on se rappelle que cette raison bafouée par Hegel était devenue le plastron de son école. Il n'y a pas jusqu'à son retour certain et même officiellement constaté au théisme, qui ne rencontre encore des incrédules[1]. On ne croit pas

---

[1]. Rien n'est plus certain cependant. Les rédacteurs de la *Revue philosophique* de Halle exposaient publiquement dans une préface qui ouvrait en 1852 la nouvelle série des annales de philosophie, la nécessité d'une telle déclaration, et formulaient une reconnaissance explicite des principes du théisme. La Raison, disaient-ils, a besoin de rentrer dans les voies simples et fécondes d'où elle est sortie, et ils avouaient qu'ils ne voyaient pas d'autre salut pour la philosophie. « Il ne s'agit plus, disaient-ils, de combattre pour ou contre la prédominance de telle ou telle école, il s'agit pour la philoso-

à ce retour : on douterait presque de sa sincérité.

Deux camps sont en présence aujourd'hui, celui des détracteurs systématiques, et celui des partisans enthousiastes de l'Allemagne. Les détracteurs de l'esprit allemand, gens qui jugent toujours après l'événement et prophètes de malheurs rétrospectifs, n'ont pas de peine, son histoire à la main, à lui faire son procès, et à condamner sans merci le premier hegélien qui osa dire : Dieu n'est pas. Vous connaissez comme moi, ce type du critique sévère, qui s'en tient à Descartes, admet Leibniz, parce qu'il est cartésien, tolère Kant comme critique et répudie tout le reste, qui veut en littérature ignorer Lessing et ne saurait aller jusqu'à Faust, pour qui les Germains ne sont

phie d'être ou de ne pas être. *Es handelt sich um seyn und nicht seyn der Philosophie.* » Ils ajoutaient que cette déclaration avait rallié les principaux représentants des différentes philosophies, et même, disait on, la majeure partie de l'école de Hegel. Il semblait qu'un tel aveu, qui nous étonne presque par sa naïveté, fût de nature à désarmer les passions et à calmer toutes les frayeurs ; mais soit qu'il parût trop étrange pour être sincère, soit que cette déclaration officielle du théisme parût peu digne de la philosophie qui a pour mission de rechercher le vrai et non d'en formuler la charte, elle fut reçue avec une certaine défiance et considérée comme une simple mesure de police philosophique commandée par la gravité des événements.

pas des hommes dans le sens plein de ce mot, mais le produit d'une race inférieure, encore plongée dans les ténèbres visibles de l'Enfer du Dante, s'agitant dans le vide et le chaos sans avancer d'un pas, et renouvelant, en plein dix-neuvième siècle, le miracle de la confusion des langues. C'est le pur et intraitable philosophe français du dix-huitième siècle, de l'école de Voltaire qui estimait que les Allemands avaient trop de consonnes et pas assez d'esprit. Il fait le bilan de l'Allemagne en deux mots: « Dans l'art et dans la poésie, que leur devons-nous ? Rien dans les arts du dessin ; ces peuples sont très-peu artistes malgré d'ambitieuses prétentions, notre sculpture et notre peinture viennent de la Grèce et de Rome. En musique, c'est différent, la grande musique vient d'Allemagne (ils l'avouent, quitte à préférer celle qui vient d'Italie). En poésie, nous ne sommes tributaires d'aucun peuple. Quant à l'exégèse qui est leur triomphe, elle n'est que le désordre, la négation, le chaos. En somme, nous ne devons à ces Germains beaucoup trop vantés ni notre vie politique, ni notre art, ni notre poésie, ni notre science? Leur devrions-nous donc notre philosophie? Demandez à l'auteur d'une *promenade phi-*

losophique en Allemagne ce qu'il en pense. » Ils en concluent avec plus d'esprit que de raison, que la France n'a rien à envier à l'Allemagne.

Si l'on en croit les partisans à outrance de l'esprit allemand et des idées allemandes, l'Allemagne aurait au contraire produit de 1780 à 1830, toutes les idées de notre âge historique et, pendant un demi-siècle peut-être, notre grande affaire sera de les repenser[1]. « Sa réforme philosophique est le plus grand événement des temps modernes. C'est une renaissance comparable à la première et plus féconde peut-être en conséquences scientifiques. C'est le triomphe de l'esprit philosophique, engendrant une métaphysique, une théologie, une poésie, une littérature, une linguistique, une exégèse, une érudition nouvelles et descendant en ce moment dans les sciences pour y continuer son évolution, esprit original, universel et fécond du même ordre que celui de la renaissance et de l'âge classique, et pour tout dire enfin, l'un des moments de l'histoire du monde. Il consiste

---

1. Article de M. Taine dans le *Journal des Débats* du 6 novembre 1860.

dans la puissance des idées générales, dans la conception des ensembles, dans une divination de la logique primitive qui a organisé les langues, du génie qui crée l'histoire, des grandes idées qui sont cachées au fond de toute œuvre d'art, et des vagues intuitions métaphysiques qui ont engendré les religions et les mythes. »

La vérité ne saurait être dans ces extrêmes : elle est dans l'opinion plus sage et plus vraie qui proclame à la fois, la solidarité intellectuelle entre les peuples et la persistance de l'esprit national en philosophie comme en littérature. Oui, comme l'a dit admirablement un critique de notre temps[1] en montrant l'Angleterre elle-même aux prises avec la critique irréligieuse, le genre humain est solidaire. Nul n'est ici-bas pour lui-même, ni homme, ni peuple. Ce que chacun souffre, pense et vit, il le vit, le pense et le souffre pour tous. Il n'est point de progrès individuel, qui ne profite à la race entière ; il n'est point de découverte qui ne se propage tôt ou tard, et la pensée qui a germé dans l'esprit le plus isolé, a sa place marquée dans le patrimoine commun. C'est en vertu de cette loi

---

1. M. Scherer.

que les nations forment un organisme, dans lequel chacune remplit sa fonction spéciale, mais la remplit au nom de toutes : les sciences, les arts, les institutions se modifient ainsi sans cesse : en vain un peuple voudrait se soustraire à cet échange; il donne et il reçoit constamment malgré lui.

L'Allemagne, quelles que soient ses erreurs, aura ce mérite singulier d'avoir plus qu'aucune autre nation, en ce siècle, développé la critique, la science et l'art. C'est depuis Kant que la critique, dont il avait donné le modèle en toutes choses, s'est appliquée à tout pour tout détruire et tout renouveler, philosophies, législations, arts, religions même. « Il y a, disait Kant, intervenant dans la querelle des Facultés en Prusse[1], une faculté inférieure, *inférieure* parce qu'elle s'occupe de principes qui ne sont pas acceptés par ordre *supérieur*, qui n'a pas d'ordres à donner ni à recevoir, mais qui examine, critique, juge en toute liberté les doctrines des facultés de théologie, de droit et de médecine, qui n'accepte aucun *credo* de par l'Église ou de par le roi, mais se fait son libre *credo*, qui

---

1. *Streit der Facultät*, opuscule non traduit de Kant.

ne dispute pas aux autres leur influence sur le peuple, mais qui doit être autorisée à parler au nom de la raison et à exercer son contrôle sur ces praticiens des autres classes, dont la police appartient à l'État; faculté importune peut-être par ses objections et ses doutes, mais très-utile et nécessaire même dans un État, au point de vue de la science et des bonnes méthodes, faculté qui n'ayant que la raison pour juge, doit avoir son autonomie et être soumise à l'autorité de la raison et non à celle du gouvernement; et cette faculté inférieure dans le sens que je viens de dire est celle de la philosophie: on l'a appelée *servante de la théologie;* la question est de savoir, si elle doit suivre pour lui porter la queue, ou marcher devant pour porter le flambeau. » Kant est le père de la philosophie critique. Quel modèle que sa *critique de la raison pure?* Quel livre a jamais provoqué une telle révolution de l'esprit humain? Quel maître a égalé le vieux Kant? Il nous a appris à bégayer les premières vérités philosophiques un peu transcendantes. Cette grande idée, entrevue par Descartes et qui domine l'histoire moderne, à savoir que l'homme est l'unique théâtre de la pensée, il en a fait l'alpha de son système, il lui a subordonné toutes les autres. il l'a exagérée même jusqu'aux plus subtiles erreurs. Il a dit à l'homme encore retenu dans les liens d'une sorte de scolastique : « Monte encore plus haut et regarde le temps et l'espace, ces deux abîmes que rien ne semble pouvoir combler, ni détruire, et sur lesquels flottent notre vie et notre univers. Ils ne sont que les formes de notre pensée. Il n'y a ni temps, ni espace, ce ne sont que de grandes apparences produites par notre esprit, qui en enveloppe l'univers. » Kant a vraiment inauguré la nouvelle crise du monde qui dure encore.

L'impulsion donnée par le philosophe de Kœnigsberg s'étendit même à l'art ; Schiller développa la pensée que l'art touchant à la fois aux deux pôles de la nature humaine, pouvait seul unir le sentiment et la raison dans une humanité régénérée, et il entreprit cette éducation de la sensibilité dans ses *lettres esthétiques*. Jamais plus noble langage n'avait cherché à élever l'homme vers un plus noble idéal : « L'art est affranchi, disait-il, comme la science, de tout ce qui est positif et de ce qui a été introduit par les conventions humaines : l'un et l'autre sont complétement indépendants de la volonté arbitraire de l'homme. Le législateur politique peut mettre leur empire sous le séquestre, mais il n'y peut régner. Il peut proscrire l'ami de la vérité, mais la vérité subsiste ; il peut avilir l'artiste, mais il ne peut altérer l'art.... » Sans doute, l'éducation esthétique de l'humanité n'est point faite malgré tant de nobles efforts. Qui pourrait se flatter qu'elle le sera jamais complétement? Mais qui pourrait nier que grâce à l'Allemagne, l'idée de l'art et de la beauté n'ait pénétré de plus en plus dans la culture intellectuelle, que le niveau esthétique ne se soit élevé dans le monde? La source coule plus abondante parmi les peuples altérés. Le noble amour de l'art et le culte désintéressé du beau s'y répandront de plus en plus.

L'idée de la science s'est répandue et agrandie, comme celle de l'art. La science pour elle-même, et par elle-même, ce nouveau pouvoir que les hommes ont appris à respecter par ses bienfaits, a été comprise en Allemagne dans toute son étendue et plus généralement déterminée dans ses conditions essentielles de liberté et de désintéressement. Elle s'est plus complétement affranchie là qu'ailleurs de tout le cérémonial obligé. On y a mieux vu ce qui était scientifique et ce qui ne l'était pas. Je ne parle pas seulement de la philosophie, mais de l'idée même de la science et de la destination du savant. Ce peuple d'où est sortie la plus grande révolution dans les idées qui ait remué l'Europe moderne[1], dont le génie a enfanté les plus grandes découvertes[2], qui a donné des lois au ciel[3], exploré le plus avant la terre dans ses profondeurs et ses détails[4], s'est fait une très-haute idée de la science. Son caractère absolu, indépendant, la connaissance réelle et vraie du rapport qui unit toutes les sciences et du principe qui les organise, les idées de liaison et de développement sans lesquelles les ensembles et les groupes sont impossibles, l'espoir chimérique peut-être, mais très-noble que la liberté scientifique peut être l'école de la liberté politique, comme l'a été la liberté religieuse à une autre époque; l'esprit scientifique enfin avec sa largeur de vue, son unité de plan, et son besoin d'harmonie est représenté surtout par l'Allemagne.

Il faudrait être aveugle pour nier ces résultats de la philosophie moderne en Allemagne. La critique, l'art et la science y ont eu leur part effec-

---

1. Luther. — 2. Leibniz. — 3. Kepler. — 4. De Buch et Humboldt.

tive et réelle, la critique, si puissamment inaugurée par Kant, qu'il a donné sa forme à ce siècle presque tout entier, l'art dont Schelling et son école nous ont révélé le fond mystérieux et voilé, et la science enfin, dont Hegel avait très-certainement l'idée. Mais ce serait mal connaître la race germanique, que de supposer qu'elle se tiendrait au bon sens, et l'on vit bientôt la critique y dégénérer en criticisme[1], la philosophie de l'art en romantisme, et la science pure en cet idéalisme abstrait qui a été le grand écueil de la spéculation moderne. La critique est sans aucun doute, une des tendances les plus légitimes de l'esprit humain, la pierre même à aiguiser les esprits dont parle Horace, mais c'est à la condition qu'elle ne dégénère pas en *criticisme*. J'appelle ainsi ce besoin ou plutôt cette manie de tout critiquer, de tout remuer et de tout ébranler avec symétrie et suivant des catégories fixes, cette illusion funeste qui pour nous préserver de toute illusion, ne voit partout

---

1. Je dis *criticisme* et non *scepticisme*, comme M. Maurial, qui a adopté ce terme sévère pour Kant dans son livre sur le *Scepticisme combattu dans ses principes*. Kant conserve un élément de certitude, au-dessus de toute critique dans le domaine de la connaissance *a priori*.

qu'ombres et chimères et qui fait qu'on voit noir et qu'on parle noir : cette subtilité dangereuse et raffinée de l'esprit qui analyse, dissèque et retourne tout à l'infini et ne saisit le bout de rien : cette ironie superfine, qui aime les contrastes et se plaît à exagérer encore celui qui existe entre les idées et les choses de ce monde, et qui, poussée à ses dernières limites, n'est qu'un éclat de rire de la raison contre elle-même, ironie cruelle et retournée, dont nous ne parlerions pas, si elle n'était devenue en Allemagne un principe philosophique et littéraire des plus funestes.

L'éducation esthétique de l'Allemagne, cette noble pensée de Schiller, a de même été compromise par les exagérations du romantisme. Si l'art n'est, comme nous l'entendons répéter partout depuis Schelling et Hegel, qu'une illusion créatrice d'illusions, un pur mirage, semblable aux oasis trompeuses que le voyageur aperçoit de loin sur sa route, sans pouvoir y atteindre jamais, une forme d'ironie enfin, qui nous fait anéantir le créé pour laisser apparaître l'infini, si la littérature elle-même, *humaniores litteræ, expression d'une expression, ombre d'une ombre,* ne cherche en toute chose que le reflet, n'en exprime que l'image et ne voit en tout que des nuances, dans un désespoir éternel d'atteindre jusqu'à la réalité, à quoi bon être artiste ou poëte dans ces champs Élysées de la gloire, qui ne nous payent point de nos peines et nous feraient comprendre les regrets d'Achille, soupirant après la vie? Mieux vaut être tisserand ou filateur courbé tout le jour sur un métier réel, que de tisser une ombre de poésie ou de philosophie sur le métier bruyant du temps ! L'Allemagne, hélas ! ne peut s'en prendre qu'à elle-même de sa triste impuissance. Elle a dévoré dans sa philosophie subtile la trame même de l'art.

L'idée de la science y a été scrutée dans tous les sens, mais elle a été faussée dans sa direction principale philosophique. Il ne pouvait en être autrement avec cet idéalisme excessif qui faisait du Moi, vain fantôme de l'absolu, le seul terrain vraiment scientifique. Certes, je ne méconnais point cette force singulière d'abstraction, qui parvient à fixer, quelques moments, ces fantômes obscurs de l'esprit, à dramatiser même le rêve de la pensée pure, à donner presque un corps et des membres à cette chimère de l'absolue indépendance. Je les vois, ces fantômes divins s'animer et vivre un instant dans Schelling, je les vois former des groupes et des séries dans la logique de Hegel, et y produire même l'illusion cherchée de l'*omniscience*. Mais cette illusion scientifique que la vraie science repousse est le principe antiscientifique par excellence. Car lorsque l'homme s'est volontairement placé dans la région des fantômes, producteurs de fantômes, lorsqu'il ne voit plus que des groupes et des séries marchant d'après les lois toutes subjectives que son intelligence a tracées, l'illusion dernière est enfin venue et l'idéalisme absolu commence.

L'idéalisme absolu qui, par l'omniscience conduit inévitablement au scepticisme est une formule assez exacte de la philosophie de Hegel, et peut en être considéré comme un équivalent, autant qu'on en peut trouver à cette chose, qui avant lui n'avait de nom dans aucune langue et qui échappera toujours par son indétermination même à la science. C'est l'illusion dernière. Jusqu'ici l'homme sous la discipline de Kant avait été la victime d'illusions partielles, il avait répudié les sens et cru à la raison ou *vice versâ*. Il était réservé à la philosophie de Hegel de manifester aux yeux des savants et dans un siècle scientifique la grande illusion totale, connue et classée désormais dans la science, sous les noms de *Savoir absolu* ou d'*idéalisme absolu*.

Science, dernière espérance du siècle, tu n'es que le rêve et la chimère, si dans ton dernier fond tu ne renfermes que la trompeuse identité des contraires absolus, si tu n'es que l'illusion d'ensemble formée de toutes les illusions partielles de la raison pure, l'illusion totale du rationalisme contemporain : idée de l'idée, science de la science, absolu de l'absolu, qui est la destruction de l'idée, de la science et de l'absolu ; principe destructeur de la raison qui retranche à l'âme les conditions mêmes de la vie et repose en dernière analyse, comme on l'a dit[1], sur le néant personnifié, c'est-à-dire sur la contradiction même ! Quelle idée se font-ils de toi, ces esprits subtils, mais faussés qui espèrent renouveler les sciences par l'illusion dernière, qui consiste à se mettre à la place de Dieu et à vouloir recréer le monde, à se donner pour quelques instants aux yeux de la foule les attributs de l'omniscience et de l'omnipotence, à po-

---

1. Article de M. Scherer. *Revue des Deux Mondes*, t XXXI, p. 837.

ser comme axiome la fable de l'indépendance absolue de la raison dans tous les ordres de connaissance, à considérer comme la seule vraie unité philosophique la dispersion, l'isolement, la pulvérisation atomistique des doctrines, à donner comme seule règle logique, la contradiction, l'antinomie, le doute, à affecter un dédain superbe pour l'expérience et pour toutes les sciences expérimentales, sans en excepter celle de l'âme? Voilà pourtant les conditions normales, systématiques de l'idéalisme absolu, principe destructeur de la science, de toutes les sciences!

J'ai pris la philosophie allemande à ce point où, ayant dépassé toutes les illusions partielles, elle produit la dernière, l'illusion totale, absolue, après laquelle il n'y a plus rien. On comprend en effet, qu'il était bien inutile de remonter à Fichte ou de recourir à Schelling, lorsque l'on a dans Hegel l'exposition systématique de l'illusion absolue qui, après avoir un instant séduit l'Allemagne, y a dévoré toute critique, tout art et toute science. C'est l'histoire de cette illusion qui dure encore chez quelques esprits déçus, que j'ai essayé de faire dans la première partie de ce livre. On y assiste d'abord à la lutte de cette omniscience chimérique contre les sciences particulières, puis aux créations fantastiques de l'illusion souveraine, dont nous sommes les ombres. En deux mots, elle consiste à ne voir en tout que le reflet, à ne saisir que la nuance, à ne travailler que sur l'ombre, et à dévorer la science par l'excès de son principe. C'est la science retournée, creusant au-dessous des bases et se détruisant elle-même. Hegel en étant le type le plus complet et même le seul complet, je commence avec Hegel pour continuer avec Schopenhauer, qui est surtout admirable pour le réfuter.

Mais je ne saurais terminer ces réflexions préliminaires, sans dire un mot des objections qu'on peut adresser à ce livre. Il y en a deux surtout que je prévois. L'une consiste à dire : « Comment parlez-vous encore de métaphysique, lorsque personne ne croit plus à son avenir et que vous-même nous donnez des armes contre elle? » La seconde peut se formuler ainsi : « Mais vous touchez à des poisons dans ce livre : le panthéisme et l'athéisme y font une certaine figure. Vous nous révélez même des détails inconnus en ce genre. Cela est malsain et dangereux. »

De ces deux objections, celle qui nie l'avenir

de la métaphysique est de beaucoup la plus grave. Les choses en sont venues à ce point, que, comme le disaient très-bien les rédacteurs de la *Revue de Halle,* dans une préface célèbre, « il ne s'agit plus de combattre pour ou contre telle ou telle philosophie, mais il s'agit pour la philosophie elle-même, d'être ou de ne pas être ; car c'est l'avenir de la métaphysique qui est en jeu. » Il faut, je l'avoue, un certain courage pour laisser subsister ce mot dans un livre qui finit sur des ruines. Et quelles ruines ! Celles des deux systèmes qui peuvent passer à bon droit pour les produits les plus remarquables de la pensée philosophique au dix-neuvième siècle : Hegel et Schopenhauer, c'est-à-dire l'esprit et la volonté, les deux principes absolus, l'un de la spéculation, et l'autre de la morale, et aussi, par l'opposition qu'on en fait trop souvent en philosophie, les deux contraires, l'antithèse toujours pendante, dont l'un des termes chasse et exclut l'autre, les deux frères ennemis de la philosophie de l'absolu. Schopenhauer a détruit Hegel : après l'avoir lu, on peut dire qu'il ne reste rien ou presque rien de l'hegélianisme. Mais Schopenhauer s'est détruit lui-même. « Son œuvre, dit M. Laugel, si riche en détails, en aperçus profonds, ressemble à un palais bâti sur le bord de la mer, on admire les somptueuses façades, les longs portiques, on se promène dans les allées bien dessinées, parmi les massifs de verdure; mais bientôt on arrive sur la plage où l'océan ouvre ses abîmes et murmure ce chant monotone, qui invite la pensée à l'éternel repos[1]. »

A ne prendre que ce résultat négatif de notre étude, rien n'est plus triste, rien n'est plus décourageant pour la pensée, et il ne devrait plus être permis de parler de l'avenir de la métaphysique. Et pourtant ce résultat négatif est déjà très-considérable. Car Schôpenhauer a pris son point de départ dans la *Critique de la raison pure :* non-seulement il déclare l'avoir seul comprise, mais il en fait une critique supérieure[2]. La philosophie de Kant a deux fois dans le cours d'un demi-siècle, fourni une base qu'on croyait solide aux évolutions de la pensée moderne. Fichte le premier, a développé cet idéalisme subjectif qu'elle contenait, et montré au fond du doute apparent de Kant une idée d'une hardiesse extraordinaire,

---

1. Laugel, *Revue des Deux Mondes*, t. XXXV, p. 223.
2. Voir cette critique dans ce volume même, chap. III.

celle de la réduction des deux élements dont se compose la science à un seul, de l'absorption de l'objet dans le sujet et de la confiscation générale des êtres au profit du *moi*. On sait à quelles conséquences cet égoïsme théorique, mais insensé a conduit Fichte et ses disciples. Le principe de l'ironie en est sorti et s'est retourné contre lui et l'on peut dire qu'il a été surtout fertile en ruines.

Schopenhauer reprend l'édifice par le fondement : il montre que la *Critique de la raison pure* portait à côté de cet idéalisme transcendental, un fond tout autrement réel et vrai que Fichte et son école n'ont point exploré. Il apporte un élément nouveau que les autres avaient négligé : la volonté : mais il lui sacrifie tout le reste. On ne voit pas qu'après lui un nouveau système puisse sortir du kantisme. Schopenhauer a fermé pour toujours la liste des systèmes, issus de la philosophie de Kant. Mais qui voudrait prétendre qu'il n'y a plus de place pour une philosophie telle qu'il l'a esquissée dans ses fragments, et que, le système mort, il ne reste rien de tant de savantes études et de recherches originales ? Nous, regardons au contraire, malgré les conséquences désastreuses du système qui périra comme tous les systèmes, la tentative de Schopenhauer comme le seul effort vraiment énergique, tenté en Allemagne pour faire sortir la métaphysique, débarrassée des efflorescences et des végétations parasites qui l'étouffent, du milieu des ruines, où elle gît depuis près d'un demi-siècle, et pour la reconstituer dans son indépendance, mais aussi dans ses limites, non plus en dehors de la possibilité de toute expérience, mais en conformité avec les données mêmes de l'expérience scientifique, tout à la fois idéale et positive, et telle enfin que nous l'avons esquissée d'après ses plans[1].

La métaphysique a eu de tout temps deux écueils célèbres, le scepticisme et l'hypothèse. Mais entre ces deux écueils, entre la feinte ignorance de Kant et l'omniscience de Hegel, il semble qu'il y ait place pour une philosophie moyenne qui ne veuille pas d'abord dépasser l'expérience, mais la totaliser, qui prenne au contraire son point de départ dans l'expérience, pour aller plus avant, qui ne repose point sur l'abstraction seulement, mais aussi sur l'intuition et

---

1. Dans le chapitre IV de ce volume, 2ᵉ partie, p. 204 et suivantes.

qui se trouve enfin à égale distance du scepticisme et de l'hypothèse. L'entreprise est difficile sans doute, mais elle n'est point désespérée et tant qu'elle ne le sera pas, tant qu'un effort sera fait dans ce sens, on n'a pas le droit d'arguer des erreurs de Kant ou de Hegel contre la philosophie.

J'avoue que l'objection qui me touche le moins est celle qui consiste à dire : « Mais vous opérez sur des poisons, vous maniez des doctrines qui donnent la mort. » Le tempérament philosophique n'est pas sans doute, comme le croyait Hegel, une tolérance maladive pour l'erreur, semblable à celle de ces malades qui peuvent absorber sans danger des doses d'opium qui tuent dans l'état sain. Mais un grand physiologiste de notre temps a montré par de belles expériences, sur lesquelles je reviendrai, que les poisons peuvent être aussi des remèdes et que leurs effets peuvent être très-différents de ce que supposait une médecine arriérée. Je crois de même à l'usage scientifique des poisons en philosophie. Je crois à cette médecine supérieure qui applique à propos et emploie comme réactifs certaines substances toxiques dont elle a considéré la composition et analysé les effets. Je suis convaincu même qu'au point de vue de la science, c'est là une des parties les plus importantes de l'art philosophique et de la véritable hygiène de l'âme. Ce qu'il importe, c'est de distinguer les cas et de savoir appliquer le remède.

Les Grecs, qui avaient le grand sens des choses de la nature, et celui de la *vis medicatrix* qui est en elle, n'avaient qu'un mot pour désigner les poisons et les remèdes : τά φάρμακα. Φάρμακον signifie toute espèce de substance médicamenteuse ou toxique sans distinction ; φαρμακοποιεῖν, composer des remèdes ou des poisons ; φαρμακοποιός, pharmacien, empoisonneur ; φαρμακεύειν, préparer ou administrer des drogues, médicamenter, droguer, purger, mais le plus souvent empoisonner[1]. On voit bien dans ces mots la secrète affinité de la médecine pour les substances toxiques, et ce que j'appellerais volontiers la sublime indifférence de la nature pour laquelle les poisons et les remèdes sont même chose,

---

[1]. Les Latins, moins profonds, avaient cependant conservé le double sens du mot : *venenum*, venin, poison, veut dire aussi médicament ; *medicamentum* est employé par Cicéron pour médicament, remède ou poison ; *medicata tela veneno* sont des traits empoisonnés ; *medicamentaria* veut dire empoisonneuse, *Cod. Theod.*, et *ars medicamentaria*, ou l'art pharmaceutique, s'appliquait aux deux.

tout dépendant de l'usage qu'on en fait. Un grand physiologiste de notre temps [1] a eu l'idée d'étudier de ce point de vue les substances médicamenteuses et toxiques. Le premier il a décrit leurs effets sur l'organisme, il a indiqué les conditions physiologiques de l'empoisonnement et de l'asphyxie et le mécanisme de la mort dans cet ordre de phénomènes. Les poisons lui ont été comme la pierre de touche de la vie et l'éprouvette de la mort. Jamais la science ne s'était encore servie des substances médicamenteuses et toxiques, comme d'une analyse supérieure à celle que nous offre la physique et la chimie, véritable analyse vitale faite à l'aide de substances propres à donner la mort. Jamais plus délicate physiologie n'avait été employée à résoudre un plus grave problème [2].

Si par une induction permise et que justifierait d'ailleurs l'insistance avec laquelle quelques spiritualistes défendent, en ce moment, l'unité

---

1. M. Claude Bernard.
2. « J'ai spécialement envisagé les agents toxiques comme des espèces d'instruments physiologiques plus délicats que nos moyens mécaniques, et destinés à disséquer, pour ainsi dire, une à une, les propriétés des éléments anatomiques de l'organisme vivant. Je les ai considérés comme de véritables *réactifs de la vie.* » Leçons sur les substances toxiques, p. 1.

de l'âme et du principe vital[1], nous appliquons en psychologie cet art délicat dont a fait preuve la physiologie contemporaine, nous dirons qu'il y a là le germe de réflexions et d'observations utiles et peut-être même d'une nouvelle analyse pour la médecine de l'âme qui a bien aussi ses poisons, mais qui n'en connaît point l'emploi. Et d'abord l'usage des langues et la nature des choses, plus forts que les vains scrupules des timorés ont de tout temps assimilé les vices et les erreurs aux poisons. Descartes n'appelait-il pas les vices des maladies de l'âme plus difficiles à connaître et à traiter que d'autres, parce que nous éprouvons bien quelquefois la parfaite santé du corps, mais jamais la pleine santé de l'âme? Tschirnhaus avait développé ce point de vue, qui était aussi celui de Spinoza, dans son livre sur la médecine spirituelle : *De medicina mentis*, et Bossuet, dont on ne récusera pas l'autorité morale, parle d'une hygiène de l'âme qui consiste à guérir la passion par la passion[2]. La lo-

---

1. M. Bouillier, par exemple, dans son livre sur *l'unité de l'âme et du principe vital*.

2. Les Latins savaient déjà caractériser l'envie ou la haine par le mot de poison, *invidiæ venenum*. Le dictionnaire de l'Académie, plus explicite encore, confirme l'usage immémo-

gique n'est qu'une diététique de l'intelligence. Mais, s'il en est ainsi, s'il y a eu de tout temps une médecine morale et une hygiène de l'âme, qui font partie de la psychologie, que tous les grands philosophes ont connues, si la logique enfin n'est qu'une médication de la pensée, pourquoi ne pas appliquer aussi les belles expériences de M. Claude Bernard, et essayer l'analyse philosophique des poisons moraux, pour en montrer l'usage dans la médecine de l'âme?

L'idée fondamentale qui m'est restée des belles études de l'éminent physiologiste est celle-ci : certaines substances réputées toxiques peuvent traverser l'organisme sans s'y fixer, et alors, étant prises à des doses et dans des conditions déterminées, guérir au lieu de tuer, et devenir de poison remède. Cette propriété me paraît convenir et s'appliquer à ces autres poisons ou substances morales, qui jouent en philosophie le rôle de poisons ou de remèdes, suivant qu'elles se fixent

---

rial du mot *poison* en ces termes : « Il se dit aussi des choses qui troublent la raison, qui agitent le cœur, qui nuisent au bonheur de la vie, et, dans un sens très-philosophique, des maximes pernicieuses, des écrits ou des discours qui corrompent le cœur ou l'esprit, » ce dont il donne de nombreux exemples.

dans l'organisme pour le corrompre, ou qu'elles ne font que le traverser pour le purifier. Il y a intoxication dans un cas, il peut y avoir guérison dans l'autre. On purifie l'un des plus précieux aliments de l'homme, on le blanchit même par la plus noire des substances, affreux débris de putréfaction et de mort. Il peut en être de même de l'aliment philosophique : il peut être purifié et blanchi par la plus noire sophistique. Cela est démontré presque en logique.

Une propriété, non plus des poisons mais de l'organisme par rapport aux poisons, c'est l'influence des *milieux*, qui rend la *tolérance* de l'être organisé presque excessive, lorsqu'il est sous l'influence d'une cause de mort, agissant d'une manière lente et continue : tolérance passive qu'il ne faut pas confondre avec la résistance active de l'être à la mort, et qui s'explique par la tendance qu'a l'organisme à se faire au milieu dans lequel il est placé. Si la condition dominante du milieu est l'appauvrissement des éléments vitaux, la condition organique correspondante est une dépression de toutes les fonctions qui rapproche un animal supérieur d'un animal à sang froid. Sa respiration diminue d'activité; sa circulation se ralentit : les sécrétions sont moins abondantes ; comme il vit moins, il a besoin de moins d'oxygène. Il vit dans une atmosphère de mort, et il peut continuer à vivre ainsi pendant assez longtemps. Cette espèce d'acclimatation de la mort se fait par degrés. Nous aurons à constater tous ces symptômes ou du moins des phénomènes analogues dans la vie morale de l'individu sous l'influence d'un milieu dépourvu des conditions nécessaires à la vie.

Une autre propriété des poisons, c'est de déterminer la mort, non pas toujours par une lésion matérielle, mais en devenant une cause de perturbation dans l'organisme. Il y a tel poison, la vératrine par exemple, qui ne laisse pas de traces, dont la présence ne peut être constatée par des agents chimiques, qui échappe à l'analyse, et qui n'en a pas moins une action terrible sur la vie. La vératrine attaque profondément le système nerveux, elle y jette le trouble et le désordre. Elle tue sans lésion, par le trouble même qu'elle apporte dans l'organisme. Il en est de même de certains toxiques moraux qui ne produisent pas de lésion apparente sur le cerveau, mais qui agissent comme cause perturbatrice générale, et n'en déterminent pas moins la mort. Ce sont les poisons les plus dangereux.

J'ai été amené dans ce livre à propos de médecine morale à considérer ainsi les principales erreurs qui ont le plus corrompu l'esprit en ce siècle, ces négations radicales de l'athée, véritables toxiques moraux, cette indifférence funeste du panthéiste, sorte d'asphyxie lente, et bien éloigné de croire que j'en aie déterminé la force et calculé mathématiquement les effets, comme le prétendait Spinoza, je demande la permission d'indiquer au moins ces premiers résultats de l'analyse physiologique appliquée aux poisons de l'âme, dans le but d'en déterminer l'usage, après qu'on en connaîtra bien tous les effets.

L'athéisme même a son rôle dans cette pathologie médicale de l'âme humaine. Dieu étant en quelque sorte l'air respirable de nos âmes, et un principe aussi essentiel à la vie de l'esprit que l'oxygène l'est à la vie du corps[1], il s'ensuit que l'athéisme ou privation du divin, agit comme la privation d'air oxygéné sur les poumons. Il

---

1. *Vita animæ Deus est*, saint Augustin.

détermine l'asphyxie lente. Mais voici où la science arrive à des précisions vraiment merveilleuses. Prenez deux oiseaux, introduisez-les successivement sous une cloche qui leur forme une atmosphère confinée, laissez le premier s'acclimater à ce milieu et respirer cet air désoxygéné : au bout de trois heures il vit encore et il lui reste assez de vie pour que, retiré à temps et réchauffé, il puisse revivre et voler, l'air de la cloche ne contenant plus que 3,5 d'oxygène sur 17,5 d'acide carbonique et 79 d'azote. Introduisez le second oiseau dans cet air ainsi saturé d'acide carbonique, il meurt aussitôt. Laissez-y le premier dans les conditions que j'ai décrites puis introduisez-en successivement deux ou trois autres au bout d'un certain temps, les nouveaux venus succombent presque instantanément. Le premier seul continue à vivre et, dix minutes plus tard, quand vous lèverez la cloche, il pourra voler. Cette inégalité dans la mort tient à la propriété que l'animal et l'homme ont de se faire aux milieux dans lesquels ils vivent. Le premier est acclimaté, les autres ne le sont pas. L'habitude l'a amené à prendre moins au milieu extérieur, et c'est par cette inaptitude à s'assimiler les influences étrangères qu'il résiste aux causes délétères, si toutefois on peut appeler cela une résistance. Son état pathologique fait sa prétendue force de résistance. Les autres, pleins de santé et de vie, ont encore, quand ils entrent sous l'instrument de mort, toute cette susceptibilité physiologique qui fait la vie, ils sont foudroyés. Donc on peut s'acclimater dans la mort et vivre un certain temps sans oxygène. Il en est de même de l'état moral et des conditions de vie ou de mort de l'être placé sous la cloche stupéfiante de l'athéisme. L'athée qui raisonne son athéisme se fait peu à peu à une atmosphère sans Dieu, et subit toutes les phases de l'oiseau privé d'oxygène et qui respire continuellement l'acide carbonique sorti de ses poumons. Il continue à vivre, mais de quelle vie ! Toutes ses puissances sont déprimées · sa température morale abaissée, la respiration de l'âme diminuée, sa circulation ralentie, et l'acclimatation dans la mort se fait dans des conditions tellement régulières, si je puis dire, qu'elle simule presque la vie. Bayle avait donc bien vu : il peut y avoir et il y a en effet des sociétés fondées sur l'athéisme, c'est-à-dire acclimatées dans la mort lente, également abaissées dans tous les sens et dont le crâne même est déprimé. Tout cela est physiologiquement et psychologiquement certain. Mais la science nous donne encore sur ce phénomène étrange d'autres lumières. On s'étonne parfois que l'athéisme ne paraisse pas un mal, et ne trouble pas visiblement le jeu régulier des fonctions de l'individu, ce qui serait un miracle. Or, il y a certains poisons qui donnent la mort sans produire aucune lésion apparente, et par une simple perturbation de l'organisme. L'athéisme peut fort bien agir comme cause morale perturbatrice générale sans lésions aucunes. La mort spirituelle est en ceci tout à fait comparable à l'autre, et la physiologie spiritualiste est en ce point d'une vitalité et d'une fécondité singulières [1].

---

[1]. Mais si l'athéisme pratique et moral est toujours un mal, il ne faut pas confondre avec lui cet athéisme théorique qui n'est qu'un procédé philosophique et une partie de la méthode scientifique, base de toute philosophie négative, disait Schelling : « car toute philosophie négative (et il rangeait sous ce chef la logique, la psychologie, l'éthique, la philosophie de l'histoire), n'est autre chose que l'ensemble des résultats auxquels la science arrive sans Dieu, de même que la philosophie positive est l'ensemble des résultats auxquels elle arrive à partir du point où elle a touché Dieu. (Voir *Ueber Schelling namentlich seine negative Philosophie*, von Doctor Eduard Erdmann. Halle, Schmidt, 1857). » Cet athéisme négatif, purement scientifique, qui a causé déjà la singulière méprise du P. Hardouin rangeant sous ce chef Platon, Cicéron, Descartes,

Le panthéisme n'est pas un poison, c'est l'indifférence aux poisons : il développe une tolérance maladive pour l'erreur et la vérité et cette sorte d'indifférence absolue qui finit par tuer l'âme en l'énervant. Absorbé à haute dose, c'est un toxique puissant qui cause une sorte de stupeur et de paralysie générale, suite de la surexcitation excessive de l'organisme intellectuel : il polarise la vie par en haut, ce qui, par contre-coup amène une polarisation par en bas et tend à former un foyer vide et négatif au cerveau : il est le *minimum* de sensibilité et de vie morale dans un être. La vie végétative de la plante, suivant Aristote, exige déjà des conditions plus élevées pour se soustraire à l'influence des milieux et surtout une plus grande force de résistance que celle qu'il laisse à l'homme. La contractilité cesse pour faire place à une sorte de ductilité maladive : la sensation répétée détruit

---

Bossuet et le dix-septième siècle presque tout entier, ne saurait être plus dangereux que ces propositions banales en physique que la recherche des causes finales est interdite, ou que l'on ne doit pas recourir aux miracles pour l'explication des faits naturels. Nous le verrons employé par Schopenhauer comme une méthode philosophique : il ne doit pas être confondu avec l'athéisme pratique dont il est parlé dans la morale.

le mouvement et la jouissance anéantit l'action : tout reste trop en soi par amour dominant de soi : les sens s'exaltent, le cœur s'éteint et la pensée s'évanouit. Tels sont les symptômes généraux de cette torpeur morale que produit le panthéisme. Ce serait toutefois se tromper que de croire que le panthéisme n'ait aucune vertu curative et que ce soit une erreur inutile en philosophie. Il n'y a point d'erreur inutile en philosophie et à plus forte raison celle dont le retour par sa constance fait en quelque sorte la nécessité. La perpétuité du panthéisme prouve assez qu'il n'est pas un vain épisode de la pensée. Ceux qui ont étudié l'histoire de la philosophie savent combien il est régulier dans son cours, combien logique dans son développement, combien fatal dans ses conséquences. Le panthéisme apparaît toujours comme calmant après une crise de la pensée, surtout après une période d'exaltation du moi et de développement exagéré de l'égoïsme philosophique : Spinoza après Descartes, Hegel après Fichte. J'ai décrit dans les derniers chapitres de ce livre à propos des mœurs philosophiques de l'Allemagne ces prodromes qui ne trompent pas : cette surexcitation du *moi*, ces jouissances égoïstes d'une pensée solitaire, puis le désespoir et la mort, triste et dernier état d'une âme exténuée par la philosophie du moi et qui aspire au repos. Il peut être historiquement démontré que le panthéisme est toujours appliqué comme remède aux déchirements et aux plaies de la conscience, qu'il lui est donné comme on administre de l'opium aux phthisiques ou aux dyssentériques, que c'est enfin un dernier recours à la *vis medicatrix* de la nature. Spinoza cherche la vraie médecine des passions, la santé de l'âme et le bonheur suprême : et il croit l'avoir trouvée dans le panthéisme : *Sibi acquiescere : acquiescentia in se ipso :* tous les panthéistes de même. Feuchtersleben dans son *Hygiène de l'âme* [1], Schultz Schultzenstein dans ses études sur la faculté du rajeunissement [2], Hufeland dans son livre sur la longévité humaine [3], Schopenhauer enfin par le sacrifice de ce qu'il appelle la volonté égoïste et mauvaise, tous cherchent à nous guérir, tous voient dans le panthéisme une certaine vertu curative, mais ils n'en préviennent pas l'abus.

---

1. Petit livre d'or, comme disait Cicéron d'un écrit de son temps, que M. Delondre a fait connaître en France par une belle introduction, et M. Caro par ses articles.
2. Schultz Schultzenstein, *Ueber Verjungung*.
3. *Macrobiotique* de Hufeland.

Hegel qui est le chef des panthéistes modernes va plus loin : il fait de l'abus la loi : il prétend que l'erreur est un moment de la vérité, de même que le mal est un moment du bien [1]; il part de cette idée que la nature elle-même est absolument indifférente, que, plus elle *tolère*, plus elle est forte et que toute substance, tout aliment moral, tout agent curatif ou toxique lui est parfaitement égal. L'erreur de Hegel qui lui est commune avec tous les panthéistes est de renverser les procédés même de la raison, de prendre les signes pathologiques pour l'état sain, de nier le mal, de prendre la mort pour la vie et réciproquement, de sorte qu'il est littéralement vrai de dire qu'il tue l'âme pour la guérir. Cette médecine panthéistique est dangereuse. Elle produit très-vite la torpeur, l'insensibilité, la mort : elle répercute le mal qui est la tolérance maladive pour l'erreur en l'appliquant comme remède et le rend profond.

Une histoire du panthéisme faite de ce point de vue serait utile. Elle serait la vraie médecine spirituelle à laquelle tous les philoso-

---

[1]. Grande logique.

phes travaillent depuis Socrate, que les mystiques ont tentée sans grande science, qui n'est point faite, mais qui se fera. Car la psychologie cherche et cherchera de plus en plus dans cette voie [1]. Il manque encore de savoir quels sont le fonds commun du panthéisme et ses deux foyers, naturalisme et mysticisme, pourquoi cette polarisation, pourquoi cette commune racine où la mort et la vie sont réunies et ces deux foyers dans lesquels elles se divisent, pourquoi la nature est panthéiste et les langues qui copient la nature et certaines races plutôt que d'autres. On arrive déjà par l'étude des langues à déterminer les branches de la grande famille Indo-Européenne qui ont reçu le plus de cette séve naturaliste : on comprend que le panthéisme n'est qu'une élaboration supérieure et la quintessence du naturalisme polythéiste. Mais il manque encore de bien saisir l'ensemble du travail mystique qui s'est accompli jusqu'à ce jour, de bien caractériser l'effort fait par le mysticisme soit dans l'Inde, soit en Europe pour surélever le panthéisme au-dessus de son principe et de dé-

---

[1]. En Angleterre, *On mental philosophy*. En Allemagne, Lotze. En France, MM. Albert Lemoine, Delondre, etc.

mêler enfin par l'analyse cette racine de panthéisme tellement inhérente à tout mysticisme que la théologie chrétienne n'a pu l'en extirper. On arrivera peut-être alors à démontrer que le panthéisme est d'un certain point de vue indéracinable : *this uneradicable taint of sin*, disait Byron et que le remède est dans l'âme même. Cette étude reste à faire : c'est une œuvre difficile à laquelle chacun doit apporter sa pierre. Nous nous estimerons heureux, si la nôtre n'est point rejetée par ceux qui élèveront le monument scientifique du dix-neuvième siècle.

PREMIÈRE PARTIE

HEGEL

CHAPITRE PREMIER.

L'HOMME.

Lorsque parvint en Souabe, dans la patrie de Hegel, le bruit de sa célébrité, ses anciens camarades en furent étonnés. « Nous ne nous serions jamais attendus à cela de la part de Hegel, » dirent-ils naïvement. Ils n'en avaient conservé qu'un souvenir, que la simplicité et la bonhomie des mœurs allemandes autorisent; ils se le rappelaient buvant du vin de quatre batz et mangeant des tartines beurrées avec Fink et Fallot, ses camarades. A Tubingen il avait laissé la même impression. Hegel était aimé pour son commerce facile et passait pour un *bon vivant*. Il nous paraît alors partagé entre le goût des études classiques, sa passion pour Mlle Augustine et l'amour de la Révolution française. Sa lenteur, sa paresse lui attirèrent un échec auquel il se montra fort sensible. Il ne fut que le troisième à la promotion et il se mit depuis lors à travailler avec ardeur. Hegel offrait donc un contraste frappant avec son camarade Schelling, qu'il dépassera plus tard. Schelling de cinq ans plus jeune que Hegel avait le souffle, l'inspiration, le *je ne sais quoi*, et débutait toujours avec éclat, tandis que Hegel, pareil au grand bœuf muet de Sicile ruminait sa pitance universitaire, prisait déjà, à vingt ans, jouait aux cartes et trompait tout le monde par la platitude et l'insignifiance de ses débuts. Sa thèse *pro magisterio*, sur l'inutilité de l'existence de Dieu et de l'immortalité de l'âme comme but de la morale ne sortait pas de la médiocrité. La Suisse, qu'il habita deux ans comme précepteur, ne paraît pas lui avoir laissé d'impression profonde. Ses lettres de cette époque, nous dit M. Scherer, sont surtout remarquables en ce qu'elles n'ont rien de très-saillant. On en peut dire autant de ses notes d'un voyage dans l'Oberland. Sauf quelques réflexions contre le sot orgueil de l'homme qui s'imagine que la nature a tout fait pour lui, rien ne surnage de ses pensées. Après une excursion de deux mois qui le laissa parfaitement froid pour les montagnes et très-partial pour les lacs, et surtout très-curieux des procédés de fabrication des fromages, il reprit ses études théologiques. Car Hegel était d'abord, ne l'oublions pas, un étudiant en théologie. Un essai de cette époque sur la *Vie de Jésus*, dont son disciple, M. Strauss a fait un si prodigieux commentaire, nous laisse apercevoir les traces d'une réaction contre l'enseignement un peu mort de Tubingen. Il s'étonnait déjà, avec une parfaite ignorance du sujet, de la pauvreté de l'imagination chrétienne, et de l'insipidité de nos légendes. Il explique avec prud'homie la nature de l'entreprise du Christ, sa grandeur, mais aussi son insuccès final. « Des inimitiés, aussi grandes que celles qu'il voulut apaiser, dit-il, ne sauraient être conciliées par l'amour, elles ne peuvent être domptées que par la valeur. Sa sublime tentative de surmonter le destin devait échouer au sein de son peuple et lui-même en devenir la victime. » Cette *Vie de Jésus* fut suivie d'une critique de l'idée de religion positive, dont la tendance rationaliste est de sortir de toutes les religions connues pour s'élever à la vie infinie de l'esprit, à ce point où les différences s'effacent, où l'harmonie de toutes les grandes religions s'accomplit, où les sectes chrétiennes elles-mêmes ne sont plus que diverses notes de ce concert. Il prétendait que les Pères de l'Église ont perdu leur temps et leur peine à accuser les différences, à faire ressortir l'antagonisme des religions, au lieu que c'est le contraire qu'il faut faire. Il écrit d'ailleurs à Schelling avec ce sens positif qui est un des traits de sa forte nature, que le temps n'est pas venu d'ébranler l'orthodoxie.

De 1797 à 1803 nous retrouvons Hegel à Francfort avec Holderlin et Sinclair. Hegel représentait dans cette société d'étudiants fougueux le romantique à la Chateaubriand, mais un Chateaubriand d'outre-Rhin, en opposition à Holderlin qui était le pur classique épris de l'antiquité grecque. On a de cette époque musicale et poétique de la vie de Hegel quelques vers que nous essayons de traduire :

« Tes amis sont en deuil, ô nature !
A toi nature aux mille formes, Protée
A légué le don des métamorphoses.
Une peau morte
Gît à l'entour de la terre vieillie
Dont les pores respiraient l'air et la vie.

Mais sur l'azur sans nuages
Qui forme la voûte des cieux
Erre dans son intarissable éclat
L'œil du monde.
Il sourit amicalement à la fiancée. »

Ses thèses de 1801 annonçaient chez lui un vif amour du paradoxe. Son système entier ne sera qu'un immense paradoxe. On en trouvait déjà comme les premiers linéaments dans les thèses suivantes :

I. La contradiction est la règle du vrai, et la non contradiction celle du faux.

II. Le syllogisme est le principe de l'idéalisme.

III. L'idée est la synthèse du fini et de l'infini, et la philosophie tout entière repose sur les idées.

IV. La philosophie critique est dépourvue de la doctrine des idées et n'est qu'une forme imparfaite de scepticisme.

C'était encore peu de chose; sans doute à Francfort comme à Berne, et dans le mouvement d'une ville affairée et commerçante, comme au pied des Alpes, Hegel avait eu certaines intuitions profondes ou qu'il croyait telles, sur la vie, sur l'amour, le destin, la religion, l'État; mais il était dans les conditions de cette forte et épaisse nature de ne se développer que lentement et de ne produire que dans la pleine maturité, de même qu'il entrait dans les destinées de Schelling d'annoncer toujours les plus beaux fruits et de ne donner que les fleurs.

Cet étudiant inconnu était déjà en possession d'une très-forte culture intellectuelle. Il y avait en lui l'étoffe d'un critique. Il publia, en collaboration avec Schelling, un journal critique de philosophie, plein de vues hasardées sur la religion et sur la morale. Mais on est étonné de la variété de ses connaissances et de la force de ses censures. Il a tour à tour critiqué le scepticisme moderne, Krug, Reinhold, Jacobi, Solger, Hamann, Gœrres, et plus tard Schelling lui-même. Dès cette époque il avait dépassé, il le croyait du moins, Kant et Fichte; soumis à sa puissante analyse la *Critique de la raison pratique*, démoli la *Doctrine du droit et des vertus*, et critiqué la *Métaphysique des mœurs*. Quand cet ouvrage parut en 1798, il lui oppose déjà ses idées propres. Le fond en était une fusion suprême de la légalité positive et de la moralité intérieure; une protestation en faveur de la nature opprimée par le philosophe de Kœnigsberg, et contre le morcellement de l'homme, égaré et dispersé dans cette casuistique impossible que faisait naître l'absolutisme de son idée du devoir. Il cherchait déjà une sphère de moralité plus large, où s'effaçât le dualisme de l'État et de l'Église, dualisme réel, inéluctable dans le système de Kant. Il s'élevait à des considérations philosophiques et morales sur l'ordre des temps, sur le besoin d'une nouvelle vie, la vie ancienne n'étant qu'un état de subordination où chacun jouit de son petit monde pleinement soumis et subordonné, est contraint de s'anéantir dans la conscience de ses limites, et n'a d'échappées que vers le ciel.

« Ce type est brisé, écrivait-il dès lors. Une meilleure vie s'apprête, et le siècle en a une première intuition. Le développement des caractères, les mouvements des peuples entiers, la représentation de la nature et de la fatalité au théâtre et dans les poésies en sont les prémisses. Les gouvernements eux-mêmes semblent avoir conscience de ces vérités sublimes, et la métaphysique fait évanouir le sentiment de nos limites dans une vue du tout. »

Ce Souabe, à la démarche lourde, et pesant d'esprit, roulait déjà dans sa tête des pensées de Prométhée, et les exprimait avec l'exagération propre aux penseurs allemands. Les tourments d'un cœur qui se trouve jeté dans ce monde sans savoir qui l'y a mis, tout ce que l'erreur imagine pour se dissimuler les contradictions de l'existence, l'impuissance d'une foi que Dieu ne confirme plus par des miracles, et la prière si souvent vaine des malheureux qui l'invoquent, le mauvais usage de la liberté, ces souhaits stériles de finir par une idylle tranquille et calme les luttes de l'histoire, tout cela le trouble et l'agite, et produit dans cette tête une fermentation sourde, jusqu'à ce qu'enfin il trouve une sorte de résignation, ou plutôt d'insensibilité morale dans la pensée que l'erreur est un moment nécessaire de la manifestation de soi, et que nous ne pouvons trouver qu'en nous même la source du bonheur.

Ce Faust, douteur et hardi, rongé dans sa cellule de plus de pensées que son modèle, ne trouvait ni voix pour les exprimer en public, ni écho pour les porter à la connaissance de ses semblables. Sans égard à l'élégance rhétorique, dans une diction lourde et embarrassée, et très-dogmatique en la forme, quoique profondément remué par l'histoire du présent et tendant toujours plus haut, Hegel ébauchait péniblement devant ses rares auditeurs son système futur. Mais comme un homme perdu dans un bois feuillu, il n'avançait qu'à la sape. Des phrases embarrassées, et le plus souvent inachevées, une voix forte sans sonorité, l'œil grand mais terne, rien n'annonçait à ses rares auditeurs la présence du Dieu. Il lutta de la sorte contre les difficultés du sujet et les obstacles intérieurs et extérieurs pendant quatre années avant de conquérir un auditoire de trente élèves. En 1801 il professait devant onze étudiants qui n'y comprenaient rien. En 1804 il ne fit point de cours, faute d'auditeurs. Hegel a, pendant dix ans, lassé la patience des étudiants allemands avant de devenir célèbre. Une fois à Berlin, il ne fut pas plus clair, mais il fut plus suivi.

C'était pourtant le meilleur des pédagogues : on l'a vu au sortir d'Iéna diriger une école à Nuremberg avec l'amour et le respect de ses élèves et tout entier aux devoirs de sa charge, remplacer les professeurs malades, faire la dictée et corriger les copies. Ses vues sur l'éducation étaient simples et droites. On a de lui une *Propædeutique philosophique* ou programme des cours à faire dans un gymnase, qui est remarquable par la sagesse et la sobriété. « Dans la classe inférieure, dit-il, il faudra donner aux élèves les notions fondamentales du droit, de la morale et de la religion. » Dans la classe moyenne, il recommandait l'étude de la psychologie; et enfin il réservait son *Encyclopédie* pour la classe supérieure. Un élève voulait-il se consacrer à la philosophie et lui demandait-il des conseils, il recommandait d'ordinaire Kant et Platon : il disait qu'il fallait se garder de la lecture des philosophes trop populaires, ne pas vouloir immédiatement tout comprendre, mais continuer à lire et compter sur la suite pour nous éclairer. Ce sont les conseils de Descartes en tête de ses *principes*. Il interdisait la polémique. En matière de discipline, il se montrait sévère, proscrivait le jeu et réprimandait vertement les fumeurs. Il tenait à ce qu'on respectât la religion de chacun. Hegel était, dans toute la force du terme, un bon recteur. Ceux qui lui ont reproché d'avoir négligé la morale et l'éducation des élèves, parce qu'il n'a point écrit de pédagogique, se trompent.

Voilà une enquête assez exacte sur l'homme. Il est simple, naïf, bon époux, bon père, sans ambition pour lui-même, sans prétention. Il écrit à Sinclair : « Je te remercie avec grande reconnaissance des vues que tu exposes dans ta dernière lettre au sujet d'une position pour moi dans ton voisinage. J'occupe ici au gymnase la place de professeur des sciences préparatoires devant servir d'introduction à la philosophie, et, en même temps, je suis recteur. *J'ai cependant l'espoir d'arriver avec le temps à une Université*, ce qui me procurerait le plaisir (et c'est tout ce que je désire) d'avoir une position stable et d'exercer une profession qui a des rapports intimes avec mes études. » Il avait alors quarante et un ans.

« Je suis maître d'école, lui disait-il, et je dois enseigner la philosophie. C'est sans doute pour cela que je tiens à ce que la philosophie, comme la géométrie, soit un édifice régulier. »

Or, cet obscur petit professeur de philosophie sans auditeurs, ce directeur d'un gymnase à Nurenberg, c'est-à-dire un peu plus que maître d'école ; ce rédacteur ignoré de *la Gazette de Bamberg*, à la solde de Napoléon, trouvait, dix ans plus tard, à Berlin, un public idolâtre et y débitait, dans le style amphigourique qui lui était propre des oracles plus écoutés que ceux de Chalcas : devenu l'un des premiers personnages de l'État prussien, à ce point que ses opinions politiques troublent la quiétude de M. Haym et soulèvent de violentes récriminations au sein du *Nationalverein*, il tenait l'Allemagne attentive à sa voix, et renouvelait, en plein dix-neuvième siècle, la tradition évanouie des anciennes écoles. Il mourait enfin en pleine possession de sa gloire dans cette capitale philosophique de l'Allemagne, qui lui avait remis le sceptre intellectuel.

Comment expliquer cette incroyable action? Quelle fut la nature de ce pouvoir souverain de l'esprit sur l'esprit? Rien, dans l'homme, nous l'avons vu, n'explique le prestige qu'il exerça. C'est donc au philosophe qu'il nous faut demander l'explication de cette énigme.

CHAPITRE II.

LE PHILOSOPHE.

Un homme qui, de ces humbles débuts, s'est élevé à la première place, n'est pas un homme ordinaire, mais il n'est pas Dieu. C'est le tort de ses disciples d'avoir cru qu'il était Dieu et de l'avoir dit. Le jour de sa mort, ses disciples se rassemblèrent autour de son tombeau. Voici comment parla Marheinecke, un théologien : « Semblable à notre Sauveur, dont il a toujours honoré le nom dans toutes ses pensées et tous ses actes, et dans les diverses leçons duquel il reconnaissait la profondeur substantielle de l'esprit humain, et qui, lui-même, quoique Fils de Dieu, a souffert et est mort pour rendre à son esprit sa véritable patrie; semblable, dis-je, à Jésus-Christ, dont la plus grande gloire fut de l'avoir précédé sur terre, il est retourné dans sa vraie patrie et est mort pour ressusciter et régner. »

Alors Förster se leva et il dit :

« Notre ami, notre maître n'est plus ! Ce cèdre du Liban, vers lequel nous dirigions nos regards étonnés est abattu ! Ce laurier qui couvrait de ses couronnes la science et l'art et les âges héroïques de l'histoire, cet arbre de science dont nous cueillions les fruits, a perdu son ornement.... Quel nom serait trop élevé pour être donné à ce maître si cher à ses disciples ! N'était-ce pas lui qui réconciliait l'incrédule avec Dieu lorsqu'il nous apprenait à bien connaître Jésus-Christ ? N'était-ce pas lui qui ramenait la confiance parmi ceux qui désespéraient de la patrie, lorsqu'il leur persuadait que les grands mouvements politiques de l'extérieur n'enlevaient rien de sa gloire à l'Allemagne, qui pouvait se prévaloir de mouvements bien plus importants dans l'Église et la science ? »

De tels discours éclairent toute une situation philosophique. A travers les larmes des amis, on reconnaît l'infatuation des disciples. L'Allemagne, attachée aux rochers des Sirènes, se consolait de n'être rien, dans la pensée qu'elle pouvait être tout ; et Förster exprimait naïvement ce sentiment qui était unanime, alors du moins, dans l'école. Ce style pieux, cette mystique exaltation sentent le dévot et le catéchumène, et répondent au côté mystique de la doctrine. Hegel avait souvent annoncé à ses disciples une religion nouvelle dont il était le prophète. Ses disciples, enfermés après sa mort dans le cénacle, attendaient de très-bonne foi la venue de l'Esprit. Dans cette voie, où s'arrêterait l'admiration? Hegel est le représentant de l'*Idée*, Hegel est le sauveur ! Hegel est un héros.... de la science ! « Le trône d'Alexandre restera vide, s'écrie Förster; mais les satrapes se répandront dans les provinces. » M. Scherer le comparaît naguère à Napoléon. C'est trop, j'en conviens, d'en faire à la fois Jésus-Christ et Napoléon : on devrait opter. Mais sous cette forme naïvement concrète, on ressaisit encore la trace d'une idée hegélienne, celle de l'apothéose des héros ou des grands hommes. Hegel avait mis à la mode cette religion nouvelle que développeront Carlyle en Angleterre, Emerson en Amérique, et Auguste Comte en France. Le grand homme est divin : il parle au nom de tous, il mérite des autels. La philosophie de l'absolu, considéré dans l'humanité, produisait son fruit le plus naturel, l'adoration de l'homme, *l'anthropolâtrie*. Nous sommes loin de cet excès de l'admiration aujourd'hui. La statue du grand homme est à jamais brisée. L'autel du Dieu est renversé, et les morceaux en sont dispersés partout. A l'excès d'honneur a succédé l'excès d'indignité. Hegel est un sophiste, un démonteur de cervelles, un charlatan philosophique, et nous verrons bientôt avec quelle verve indignée on en parle, même en Allemagne. La maladresse des disciples devait amener cette réaction inévitable.

Pour nous, parlons de Hegel simplement, et, en dégageant autant que possible son œuvre des grands mots et des grandes phrases, disons ce qui nous semble du philosophe et de sa philosophie.

On a cherché des sources nouvelles à ce grand fleuve depuis qu'il ne coule plus, et que ses eaux stagnantes ont fait de la philosophie allemande un marécage infect et malsain. Avec Hegel, cette étude a peu de prix. Hegel pouvait déjeuner de la philosophie grecque, chinoise, indienne même, et souper de la moderne; il l'a prouvé. Qu'importe après cela que l'on retrouve tels ou tels ancêtres à ce philosophe, et telle ou telle initiation de l'antiquité au début de sa carrière?

C'est ainsi qu'on a cherché à expliquer Hegel par Platon et Spinosa pour n'avoir plus à l'expliquer par le seul Schelling. Sans doute son panthéisme avait jeté des racines à de grandes profondeurs dans le sol de la Grèce, alors remué en tous sens par lui et ses amis. Il lui doit je ne sais quelle séve luxuriante qui déborde dans ses premiers écrits, et qui circule à travers son œuvre entière. Hegel est un philosophe de la Renaissance. Il a le ton, la méthode, la manière de philosopher d'un Alexandrin. Il a connu l'enthousiasme platonicien, comme sa lourde et forte nature pouvait l'éprouver. On n'en saurait plus douter depuis que son biographe, Rosenkranz a retrouvé et publié un manuscrit de sa jeunesse, en cent deux pages, première et grossière ébauche du système futur qu'il a pu appeler avec raison la période platonicienne. Il allait jusqu'à choisir les législateurs de sa cité idéale parmi les prêtres et les vieillards. Son sage était celui de l'école stoïcienne [1].

Sa vie d'étudiant, à Tubingen, dans le cercle de ses amis d'Université, est celle d'un lettré de la Renaissance, et c'est encore tout plein de ce premier idéal, qu'à Iéna, dans une de ses premières leçons sur la métaphysique, il s'annonçait non pas comme un

---

[1]. Représentons-nous, nous dit-il, un homme qui nie l'immortalité de l'âme avec une conviction entière, au point qu'il n'attende de nos libres actions aucun effet soit en bien, soit en mal après cette vie, et qui par conséquent fait cesser toute liaison morale entre le présent et l'avenir. Représentons-nous encore cet homme d'un esprit noble, plein de l'idée de se procurer le bonheur et de zèle pour y arriver et vouloir vivre digne de la raison. Que devra supposer un tel homme pour une fin de vie générale conforme à sa manière de voir? Comme un tel homme ne regarde que comme aussitôt évanouis la conscience et le souvenir du passé absolument comme s'il n'avait pas vécu cette vie, il doit aussi se passer de la consolation désirable de la perpétuité de la vie. La perte doit lui en paraître d'autant plus dure, que sa conscience est plus vivante, que cette prévision est plus certaine et a plus de durée. Du moment et des biens présents l'usage est soumis à diverses vicissitudes, le degré dépendant en partie du pouvoir de l'homme, en partie de la fortune, la durée incertaine, le résultat nul pour qui doit mourir. Il en accueillera d'un cœur plus courageux la fin de la destinée humaine et en appliquera d'autant plus ses forces au moment présent de l'acte. Il sera à l'égard des maux inséparables de la destinée de l'homme d'autant plus avisé et d'autant plus soigneux de leur résister, afin de se procurer dans l'espace borné de vie qu'il attend un minimum de mal et un maximum de bien. Dans l'estimation de la qualité comme dans le mode et la façon de s'en procurer la plus grande part : il se séparera du reste des hommes qui attendent l'immortalité et les grands biens qui y sont liés. » Ce sage idéal que Hegel présente à l'Allemagne, c'est le sage des Stoïciens : cette fermeté, cet orgueil et en même temps cet optimisme, qui n'est que de la résignation, forment les traits principaux de cette sagesse : vivre conformément à la nature des choses et à l'ordre des destinées, telle était la règle du stoïcisme.

réformateur, mais comme le continuateur de cette philosophie. « Ici, dit-il, nous aurons à rétablir complétement le principe de toute philosophie. Sa connaissance nous convaincra que de tout temps il n'a existé qu'une seule philosophie, toujours la même. Loin de promettre quelque chose de nouveau, je ferai tous mes efforts pour ressusciter les anciennes doctrines, pour les débarrasser des erreurs où l'absence de toute philosophie (*die Unphilosophie*) dans les temps modernes les a ensevelies. Car, il n'y a pas longtemps que l'Allemagne a retrouvé la philosophie, et cette découverte est relativement nouvelle. » On croirait entendre Leibniz : *Perennis quædam philosophia*.

Toutefois la grandeur même de Hegel est d'avoir dépassé l'antiquité, et créé une nouvelle et plus puissante secte que celles de la Renaissance. Cette ivresse de l'antique qui avait saisi Gœthe, inspiré Schelling et tué Holderlin, le fougueux auteur d'*Hyperion*, il l'avait ressentie sans doute, et il l'a comparée lui-même à celle des Bacchantes : *Bacchantisches traume*. Mais en vrai Teuton, elle le laisse froid, calme et parfaitement maître de lui. Hegel, au génie profond et rusé, surveillait ce mouvement pour le diriger et l'absorber dans sa secte, peut-être même pour l'activer à son profit. Lorsque dans un langage déclamatoire, il se représente comme une Ménade échevelée, en proie à un gigantesque délire; quand, dans ses vers à Éleusis, il nous parle, en style d'initié, des frissons qu'ivre d'enthousiasme il ressent à l'approche de la déesse, et des symboles sublimes dont il voudrait pénétrer le mystère, je me défie d'une ivresse qui s'analyse si bien elle-même, et je me prends à douter de cet enthousiasme qui se raisonne à froid. Il s'écrie dans la langue brûlante de *Phèdre* et du *Banquet* : « Cette nuit, ô déesse, tu t'es révélée à moi; » mais il sait fort bien et il le dit quelques vers plus loin, qu'Éleusis est vide et que son temple est désert. C'est là le premier reproche que j'adresserai à cette renaissance allemande. Elle est trop pompeuse et trop déclamatoire pour être vraie. C'est une fausse ivresse que celle de Schelling et de Hegel. Il y a trop de convenu dans leur exaltation pour qu'elle soit sincère[1]. Le panthéisme moderne, celui de Spinosa, est une source bien plus vraie et plus subtile de la philosophie de Hegel.

Une polémique oiseuse s'est élevée en Allemagne sur la question de savoir si Hegel était panthéiste en 1805, à la veille de la bataille d'Iéna, comme si cela pouvait être douteux, comme si les atténuations[2]

---

1. Cette parenté d'Hegel avec l'école d'Alexandrie n'a point échappé aux récents historiens de cette école. MM. Simon et Vacherot la constatent tout en maintenant l'indépendance dans le parallélisme de ces deux philosophies.
2. M. Michelet a résolu la question par une indiscrétion en publiant ses cahiers de 1805 qui contenaient les fameuses leçons sur l'histoire de la philosophie, telles qu'elles avaient été professées à Iéna. La démonstration ne laissait rien à désirer: Un panthéisme explicite en ressortait. Hegel était un panthéiste, panthéiste de l'école de Spinosa en 1805, il l'était même avant, il le fut beaucoup

prudentes, d'autres diraient les lâchetés de la période de Berlin, pouvaient un seul instant entrer en balance avec les fameux cahiers de 1805 et les confidences naïves du plus fidèle de ses disciples. La question devrait être ainsi posée : Un homme qui n'admettait ni la personnalité de Dieu, ni l'immortalité de l'âme au sens vulgaire ; qui n'attribuait à Dieu d'existence que dans l'humanité, et à l'âme d'autre immortalité que celle générale et vague de l'esprit, est-il panthéiste? La réponse ne saurait être douteuse.

Sur ce panthéisme de Spinosa, Schelling, comme on l'a dit de Mirabeau, avait mis sa poudre d'or, et Hegel en fut d'abord offusqué. L'Académie, le Portique, Alexandrie, Jacques Bœhme lui-même, *philosophus teutonicus*, ne sont rien auprès de celui-ci et s'annulent devant cette brillante aurore.

Je tiens peu à établir les droits de Schelling à la priorité d'une découverte qui n'est pas, après tout, celle du calcul infinitésimal ; et je trouve assez puérile cette guerre que se sont faite les deux écoles rivales, comme s'il s'était agi de l'immortelle invention contestée entre Leibnitz et Newton. Je croirais même fort bien que Hegel et Schelling, pan-

moins plus tard, quand devenu célèbre, favori d'un ministre et en quelque sorte éditeur responsable d'une philosophie d'état, il lui fallut compter avec le pouvoir et devenir un philosophe politique. Alors il mitigea l'expression première de sa pensée; alors il corrigea ses leçons et il chercha à donner le change à l'Allemagne. Hegel est un moins grand homme qu'il n'est un grand philosophe.

théistes tous deux à Tubingen, ont pu avoir à la fois la même inspiration et tomber sur cette devise de l'ἕν καὶ πᾶν. Mais j'avoue que je ne comprends pas ceux qui, comme Rosenkranz, veulent trouver le système de Hegel déjà tout formé dès l'année 1800, afin sans doute qu'il lui soit donné d'ouvrir le dix-neuvième siècle, quand Michelet lui-même, par un aveu plus franc, fait naître l'idéalisme absolu de Hegel du système de l'identité de Schelling. Ce ne sont certes pas les lambeaux de ses écrits de cette époque qu'ils ont publiés, qui peuvent tenir lieu de preuves. Je ne vois là qu'un morceau de dialectique inspiré par la lecture du *Philèbe* et du *Parménide*, et un essai de philosophie de la nature renouvelé de Schelling. Quant à la différence subtile, trop subtile même qu'ils croient trouver à ce point initial entre la doctrine de Schelling et celle de Hegel, la voici : « C'est que chez Hegel, dans l'esprit absolu, ce qui paraît une inégalité avec lui-même n'est que la distinction de l'équation même qui l'exprime. L'esprit s'oppose à lui-même comme s'il était autre; mais comme c'est lui-même qui s'oppose à lui-même, il est l'infini ramené sur soi; en d'autres termes, l'esprit absolu se trouve être double; par son rapport à lui-même, il devient autre. Ce rapport à soi pour lui, esprit absolu, c'est l'infini; pour nous qui le connaissons, c'est autre chose. » Voilà sa différence avec Schelling. Elle est inintelligible. Schelling a été, sinon son maître, son inspirateur et son ami. Si

Schelling n'avait point le premier donné une forme aux rêves communs de Tubingen, Hegel n'aurait point eu une philosophie de la nature. Or la philosophie de l'esprit n'est qu'une contre-épreuve de la philosophie de la nature ; c'est pour employer son langage, le positif après le négatif.

Son biographe Rosenkranz nous dit qu'il cherchait à se séparer déjà de Schelling à Tubingen. En ce cas il faudrait avouer qu'il y réussit médiocrement[1]. Il y a, il est vrai, dans ses écrits de cette époque, une réaction contre le mysticisme de Schelling, une critique sévère de ceux qui espèrent saisir l'être sous la forme de représentations sensibles, une attaque directe contre cette philosophie de fantaisie qu'il appelle une rhétorique orgueilleuse ; et nous louerions bien volontiers Hegel d'avoir blâmé cette introduction du romantisme dans la philosophie de la nature, s'il était lui-même exempt des défauts qu'il reproche aux autres. Mais la sécheresse logique n'exclut pas chez lui le vide formalisme, et il substitue à la terminologie poétique de cette école une telle bar-

---

1. La difficulté fut grande, à en juger par ses tâtonnements et ses reprises. L'histoire en est curieuse. Hegel, professeur de philosophie à Iéna, devait en quelque sorte à ses auditeurs un ouvrage, un manuel, un livre enfin qui pût aider leur inexpérience. Hegel le sentait sans doute ; car il promettait chaque année de faire paraître le livre attendu, à la prochaine foire de Leipzig. *Secundum librum nundinis instantibus proditurum* 1802. L'année suivante, il indiquait même le nom du libraire : *ex compendio currente æstate Tubingæ Cotta proditura.* Mais l'été se passait, et ni la foire de Leipzig ni Cotta ne recevaient le livre sans cesse ajourné.

barie de mots, qu'on ne peut lui faire un grand mérite de sa critique et y voir la preuve d'un divorce éclatant.

Après cela, nous ne faisons nulle difficulté d'avouer que Hegel est aussi lui-même et qu'il est avant tout hégelien, si par hégelianisme on entend cet esprit subtil et sophistique qui se joue de tout, affreusement sceptique pour tout ce que les hommes révèrent, et cependant très-affirmatif et même dogmatique dans ses expositions. Hegel est un Protée aux mille formes diverses, comme la chatoyante idée, aux mille couleurs diaprées comme l'arc-en-ciel. Il traverse tout, il nie tout, et il affirme tout, car en tout il ne voit que des nuances et des reflets de l'absolu. Par exemple, ne cherchez pas à le prendre, à l'étreindre, à lui demander son nom, sa demeure, son *credo ;* son nom, il s'appelle légion ! sa demeure est partout où le porte le souffle de l'absolu, et son *credo* est précisément de n'en point avoir. Aussi c'est un spectacle singulier de voir les efforts de ses disciples pour l'enlacer dans leurs liens et lui trouver un point fixe : qui l'Histoire, qui la Religion, qui la Philosophie. L'histoire est son but, dites-vous ; elle domine à Iéna, elle sera le nœud de son système. Que c'est mal connaître Hegel et sa changeante nature ! L'histoire est sans aucun doute un des moments de sa pensée, une des phases de son enseignement à Iéna, et à Berlin comme professeur de philosophie. Ses disciples, à bout de voies, ont présenté les leçons sur la philosophie de l'histoire, comme une conclusion. Mais s'ils croyaient par là le tenir, ils se trompent.

Dans cette ébauche encore grossière que son biographe a décoré du nom de système, on trouve déjà le germe d'une pensée fondamentale de Hegel qui est le secret de ses métamorphoses, celle de la marche logique du *processus* de l'absolu. L'absolu en soi, pure idéalité tant qu'il n'est pas sorti de lui-même, traverse la nature ou l'unité de la pensée et de l'Être conçue comme réalité, mais il ne s'y arrête pas. Car en soi la nature est Esprit, mais elle ne peut pas encore se reconnaître comme tel. Du sein de la nature l'Esprit se dégage et la fait disparaître. Son essence est de se connaître soi-même et de reconnaître sa subjectivité dans son existence objective. La vie de la nature qui s'ignore ne suffit pas pour l'exprimer. L'histoire, cette connaissance de la connaissance y parvient. Mais ce *devenir de l'Esprit* dont *l'histoire* est la copie n'est encore qu'une ombre, un fantôme, et doit disparaître dans une sphère plus haute. Il cherchait dès lors une forme sous laquelle la conscience de l'Infini fût possible, sans être retenue dans les liens de la vie individuelle, et qui permît à l'esprit de rentrer dans l'éther de la pensée pure d'où il est sorti. Car il faut que la fin de la philosophie soit aussi son commencement; que l'alpha et l'oméga ne fassent qu'un, et que tout soit consommé dans l'unité. Son imagination mystique lui fit d'abord chercher dans la guerre et dans la mort je ne sais quel sombre dénoûment du problème. Plus tard, et quand il remania son système, il crut l'avoir trouvé dans la Religion, véritable retour à l'Unité.

La Religion ! c'est là son fort, vous diront ses disciples de Tubingen. En effet il en parle en maître : écoutez-le : « Le Christ fut le fondateur d'une Religion sublime, parce qu'il exprima la souffrance de la manière la plus profonde, qu'il manifesta la force divine de l'Esprit et la certitude absolue en la réconciliation. Sa confiance excita celle des autres hommes. Il exprima la souffrance de son temps à laquelle la nature était devenue infidèle et ce fut par son mépris de la terre[1]. »

---

1. « Ce mépris fut cause de sa mort : et c'est précisément cette mort qui justifia son mépris de la terre. Deux choses seulement pouvaient devenir un centre d'attraction pour la nouvelle religion, c'était d'une part le mépris du monde et de l'autre la confiance que l'homme portait en lui la certitude de son union avec l'absolu. Dans cet homme, le monde se trouvait réconcilié avec l'Esprit. Dans la chute de la nature entière, la nature de cet homme seulement était divine et la nature ne pouvait être purifiée et bénie que par lui. Portant en lui la conscience de la divinité, et celle de son unité avec l'esprit absolu, et la faisant partager aux autres, la religion n'a dû commencer que lorsqu'il parut. Sa tendance devait être le mépris de la terre et de cette forme d'universel qu'exprimait l'état d'alors. Et il fallait que le symbole de ce mépris fût la croix, signe d'opprobre et de mépris pour ce monde. Le principe d'une telle religion est la douleur infinie, le déchirement absolu de la nature. Sans cette douleur la réconciliation n'aurait point de sens. Pour que cette puissance devienne religion, il faut que cette douleur soit éternelle, afin qu'il y ait une éternelle réconciliation. Il faut que la religion porte en elle ce principe, ce germe d'une souffrance éternelle afin d'y opposer une réconciliation éternelle. Elle porte en elle le principe et le sort du monde dans l'histoire même de son Dieu qui est mort comme un criminel. La mort d'un criminel ne sera

Hegel explique admirablement le christianisme, mais il n'y croit pas : car du moment qu'il l'a compris et expliqué, il le dépasse, et il prévoit une autre religion plus parfaite, tout en reconnaissant la beauté du catholicisme. C'est à la même époque et dans le même sens qu'il disait de la Réformation dans son langage emphatique : « C'est la nouvelle et dernière bannière autour de laquelle les peuples se réunissent, le drapeau de l'Esprit libre, le seul sous lequel nous servions et que nous portions. » Et encore : « L'individualisme est le génie particulier de l'humanité. Je me tiens au protestantisme parce qu'il reconnaît la liberté du sujet et de l'individu même en religion. » Au fond Hegel n'était ni catholique, ni protestant : il était de la religion de Hegel.

Cessons donc de nous écrier que nous avons trouvé le point fixe, l'*inconcussum quid* dans la doctrine de Hegel. Il y a un point aussi immobile que le roc dans la philosophie de Descartes : c'est le *cogito ergo sum*. Il n'y en a point dans le système de Hegel : cela

---

qu'un cas particulier. La considération même de cette mort comme d'une nécessité absolue ne peut nous donner l'idée d'une souffrance infinie : mais un Dieu mort sur une croix exprime la douleur sans fin. Le divin avait pénétré la vie et le divin même était mort. Rien que la pensée d'un Dieu mort sur la terre exprime le sentiment d'une douleur éternelle. Par sa vie et par sa mort, Dieu a été abaissé ; par sa résurrection l'homme a été divinisé. Cette douleur éternelle et cette réconciliation, la religion ne peut point les faire dépendre de la présence empirique d'un seul. Il faut qu'elle se constitue en culte, qui élève cette douleur et divinise la réconciliation. » *Textes publiés par Rosenkranz.*

même serait contraire à son principe qui est l'évolution de l'idée. Devant l'absolu il n'y a rien d'absolu. L'absolu est comme l'anneau de Gygès, qui faisait évanouir ceux qui le portaient. Suivant qu'on tourne le chaton, l'ombre reparaît, puis disparaît pour reparaître encore. Le tort de ceux qui expliquent Hegel est d'y chercher des points fixes; il n'y a que des points ambulatoires, et mouvants. Hegel ne croit à rien : il n'a aucune fixité dans les idées : son prodigieux esprit usera toutes les formes et se teindra de toutes les nuances. C'est le caméléon de la philosophie. En attendant il commence déjà à ébranler fortement les notions fondamentales en logique : les catégories de l'être, qualité, quantité, infinité, substantialité, causalité et réciprocité sont transformées. Qualité et quantité, détermination et indétermination ne sont que des moments de l'infini qui n'est que la négation d'une qualité par une autre, d'une quantité par une autre. Il y a deux sens du mot Infini, l'infini peut n'être que l'indéfini, l'ἄπειρον des Grecs, il peut être aussi, dans son bon sens, l'unité déterminée du déterminé et de l'indéterminé. La notionde la notion (*idea ideæ*) est l'unité du général, du particulier et de l'individuel. La notion du général n'est pas l'unité vide mais pleine, c'est l'unité des opposés. L'idée de la plus haute essence est la notion d'un être dans lequel ce qui existe revient à l'unité comme quelque chose qui n'a pas existé, d'un être dans lequel la totalité des genres et des espèces est posée comme une existence qui s'écoule continuellement, mais qui n'atteint l'Infinité que dans le moi, ou dans l'homme, d'un être dans lequel tout devient un, le particulier et le général, l'espèce et l'individu, ἕν καὶ πᾶν. L'Esprit absolu est quelque chose de plus, c'est la forme absolue de la subjectivité, l'éternel connaissant, sans distinction de la théorie ni de la pratique, le mouvement toujours égal qui va incessamment de l'idéal au réel, et du réel à l'idéal. Enfin, en 1806, l'année de la bataille d'Iéna, un professeur parcourait les rues de cette ville en quête d'un éditeur et portant sous son bras un manuscrit dont les dernières feuilles avaient été écrites au bruit du canon. Ce professeur était Hegel, et son manuscrit n'était autre que celui de la *Phénoménologie de l'Esprit.* Il se trouva que le produit viril du siècle, *temporis partus masculus,* était un monstre.

CHAPITRE III.

LA PHÉNOMÉNOLOGIE.

La *Phénoménologie* fut un événement. Rosenkranz l'appelle une crise. Cette crise correspond à sa séparation avec Schelling. Ce livre peu compris de ses disciples est le plus remarquable qu'il ait écrit. Ceux qui le vantent n'en ont guère lu que la préface. Déjà à Iéna il avait dit des paroles magiques. Il croyait le moment arrivé : « Une nouvelle époque est née dans le monde, il semble que le moment favorable est venu pour l'Esprit de se défaire de tout être étranger et de se comprendre comme esprit absolu, de produire tout le présent de lui-même et de le tenir en son pouvoir dans un parfait repos. » Mais à Iéna, Hegel parlait devant dix ou douze auditeurs tout au plus. Ses cours étaient peu suivis et avaient peu de succès, vu l'emphase du débit et l'obscurité de la doctrine; cela ne sortait pas du cénacle.

La *phénoménologie*, qui s'adressait à toute l'Allemagne, fut l'événement qui le rendit célèbre. Elle répondait à un besoin de l'esprit. Ceux que Schelling ne satisfaisait plus commencèrent à se tourner vers lui : Sinclair, Brachmann et Berger des premiers. Ils trouvaient dans ce livre plus que de simples promesses. Cette lutte avec les formes de l'Esprit du monde qu'il comparait à celle de Jacob avec l'Ange était commencée. C'était, quelque jugement qu'on porte sur le livre, un vigoureux effort pour s'élever au-dessus de la connaissance ordinaire.

La *préface* est restée célèbre : elle est en entier dirigée contre Schelling. Il rompt avec cette méthode qui demande son procédé principal non à l'idée, mais à l'extase, non à la froide nécessité et à la force intime des choses, mais à une inspiration et à une fermentation intérieure. Il donne pour véritable forme à la vérité, non pas je ne sais quelle intuition ou quel sentiment du divin, mais l'acte même de comprendre (*Begriff*). Il répudie cette prétendue connaissance supérieure à l'évidence immédiate de la foi, à la certitude de la conscience et au travail de la réflexion, qui renouvelle le procédé décrié de la mort mystique, ou du renoncement à soi-même pour régénérer l'esprit, mais qui, jouet du hasard extérieur ou de son propre arbitraire, n'atteint que le rêve et la chimère. Il se moque de cette philosophie qui se donne pour principale tâche d'arracher les hommes aux attraits sensibles, et de relever leurs regards vers les étoiles, comme si de tout temps ils ne s'étaient point fait un ciel qu'ils ont peuplé des créations de leurs pensées. Il distinguait enfin avec une profondeur véritable deux genres de profondeur d'esprit, l'une vide, l'autre pleine; c'est-à-dire que de même qu'il y a une vaine largeur d'esprit comparable à un espace vide, une extension, une diffusion indéfinie de la substance qui n'a pas la force de se replier en elle-même, il y a aussi une fausse intensité, une intensité sans étendue, incapable de se développer; une fausse profondeur, enfin, très-voisine de la superficialité. « La force de l'esprit, disait-il, se mesure à ses exertions, et sa profondeur à sa faculté de développement. » En opposition à cette trompeuse ivresse, et à cette chimérique extase de Schelling, il annonçait à mots couverts une transformation morale des peuples, hâtée par la venue d'un grand homme encore inconnu, en qui se résumerait toute une suite de grands hommes, et s'arrêterait la perpétuelle morphologie des systèmes philosophiques. « Ces natures privilégiées, disait-il, ne font rien que de *prononcer le mot*, et les peuples s'attacheront à elles. Les grands esprits qui essayent une pareille entreprise doivent pour le faire être purifiés de toutes les propriétés de la forme présente. S'ils veulent accomplir l'œuvre dans sa totalité, il faut aussi qu'ils l'aient conçue dans sa totalité. Peut-être ne parviendront-ils à la saisir que sous un point de vue, et ne feront-ils qu'avancer un peu; mais comme la nature veut le tout, elle repousse elle-même ces hommes qu'elle avait placés à la tête des autres, pour les remplacer par d'autres hommes. Il se produit ainsi une suite d'hommes uniques jusqu'à ce que l'œuvre soit terminée. Mais si l'œuvre doit être celle d'un seul homme, il faut qu'il ait connu la chose dans son tout et qu'il ait écarté tous les obstacles. Il faut, en un mot, qu'il ait été élevé dans l'école philosophique. En prenant ainsi la philosophie comme point de départ, il peut faire sortir de leur sommeil les formes endormies, les présenter sous une forme morale nouvelle, entrer en toute confiance en lutte avec toutes les formes de l'esprit du monde. Il est certain que les formes qu'il peut détruire sont anciennes, et que les nouvelles qu'il ressuscite sont la nouvelle manifestation divine. Il peut considérer tout l'être humain comme une matière qu'il s'approprie, et de laquelle il crée son individualité, son corps, une matière, enfin, qui elle-même vivante, crée elle-même les organes vivants des grandes formes. C'est ainsi que pour l'exemple de l'humanité, pour lui donner une nouvelle liberté, Alexandre le Macédonien sortit de l'école d'Aristote pour conquérir le monde. »

J'ai dit que la *Phénoménologie* était un monstre : elle l'est dans tous les sens du mot : *monstrum horrendum, ingens*. L'admiration même qu'elle excita en Allemagne porte au plus haut point le caractère de stupeur que fait naître le vertige de l'abîme. « Nous reconnaissions là, dit Strauss, les formes infinies d'un esprit qui, *produisant et détruisant tour à tour*, se manifestait par cela même comme la puissance universelle. » Détruire paraissait un signe de force à ces jeunes Allemands. L'Esprit de la terre leur était apparu et les fascinait de nouveau, comme dans la vision de Faust. On dirait, s'écrie Julian Schmidt, esprit critique s'il en fut, qu'il s'agit de la naissance d'un Dieu. Rosenkranz compare la *Phénoménologie* à la *Divine Comédie* d'Alighieri, et il fait de son auteur un nouveau Dante, qui a tiré les Allemands de l'enfer de la nature, et après leur avoir fait traverser le purgatoire de l'acte moral humain, les mène jusqu'au paradis de la réconciliation religieuse et de la liberté scientifique. « C'est, dit Haym, avec plus de raison, un mélange d'histoire et de psychologie, où la psychologie fait tort à l'histoire, et ou l'histoire corrompt la psychologie, où le doute et la foi, la religion et l'art, la liberté et la fatalité, le plaisir et la nécessité, la philanthropie et l'égoïsme, la vertu emportée dans le tourbillon des choses, et la faute que suit toujours le châtiment, *quem sequitur pœna pede claudo*, se combattent et s'apaisent dans un optimisme conciliant, où la morale et la religion nous conduisent à la science absolue, où la physique et la chimie se combinent avec les résultats hypothétiques de la physiognomonie et de la cranioscopie, » livre étrange qui s'annonce comme un livre de science, et qui n'est peut-être qu'un roman métaphysique.

Sa psychologie est fort simple à ne prendre que la donnée fondamentale. Faire l'histoire de la conscience humaine depuis ses plus humbles degrés jusqu'aux plus sublimes, voilà d'après lui-même le but qu'il s'était proposé dans ce livre. Il en suit les développements formels depuis l'état le plus simple de la conscience immédiate jusqu'au moment où se produit la connaissance philosophique. Il part de la certitude des sens la plus pauvre de toutes qui ne sait dire qu'une chose : *cela est*, pour s'élever jusqu'à la connaissance de soi-même et à l'absolue science. La conscience réfléchie, second degré du savoir, est déjà une certitude égale à la vérité qu'elle exprime. La Raison vient ensuite vérité en elle-même et pour elle, qui se connaît comme telle et qui est l'identité simple du sujet et de l'objet. Elle apparaît d'abord dans les sciences naturelles et comme méthode d'observation. Elle donne des lois, puis elle les éprouve. De ces lois, les unes, qu'étudie la psychologie d'observation, sont lois de la pensée, les autres, plus douteuses, que la physiognomonie prétend avoir découvertes, se rapportent à l'enveloppe extérieure de la conscience, à la physionomie et à la forme extérieure du crâne et reposent sur une erreur qui nous fait prendre pour réels les signes extérieurs de la personne humaine et non cette personne même envisagée dans ses actes. La foi lui est opposée en ce que la pensée pure n'a en elle aucune substance, qu'elle est purement négative, tandis que la foi a une substance sans pénétration.

Enfin l'Esprit paraît : l'Esprit se manifeste principalement sous le caractère d'absolu dans sa puissance d'isolement et de retour sur lui-même par laquelle il se concentre en soi et s'oppose lui-même à tout le reste, dans son activité propre, volontaire et libre, dans son indépendance vis-à-vis de toute influence extérieure. L'Esprit tire tout de son propre fond, agit de lui-même sans contrainte : tout sort directement de l'initiative ou de la causalité propre de l'Esprit. L'Esprit se purifie de plus en plus de tout élément étranger, il revient à travers toutes les évolutions à la pureté, à la simplicité de l'idée : il se replonge avec délices dans l'éther de la pensée pure, comme dans sa source sacrée. L'Esprit est tout. L'Esprit est l'essence réelle absolue : mais l'Esprit a besoin pour être réel de s'incarner dans l'humanité. De là l'histoire de ses abaissements, de ses transformations. C'est ce désir qu'éprouve la pensée d'atteindre à l'essence universelle, et la satisfaction qui en dérive, qui est le point de départ et le mobile de ses développements. Se développer pour la pensée n'est autre chose que saisir son contenu et ses déterminations en leur donnant la forme libre de la pensée pure, libre en ce sens qu'elle est conforme à leur nécessité interne. L'Esprit est affreusement ingrat envers ce qui le nourrit et l'allaite, car il dévore incessamment la matière et il est essentiellement la négation de l'objet fourni par l'expérience. L'Esprit est un Saturne qui dévore incessamment ses enfants, qui, jamais rassasié, finit par se dévorer lui-même dans les convulsions d'une agonie bientôt suivie de sa résurrection : car l'Esprit ne peut mourir. L'Esprit, un dans son principe, a des formes innombrables. L'histoire de Dieu est celle de l'Esprit. L'Esprit est dans les mœurs, dans les coutumes, dans les croyances, et dans la lutte contre les superstitions. C'est l'Esprit qui est l'âme de la liberté, qui, certain de lui-même, arrive à une vie morale du monde, à une culture de plus en plus avancée. Puis tout disparaît pour donner place aux admirables reconstructions du temps présent. Car il y a des formes de l'Esprit qui sont mauvaises, étroites, individuelles et bornées et qui doivent être détruites, parce qu'elles viennent de l'Esprit de la terre. Mais l'Esprit céleste qui s'élève à la généralité la plus haute, qui n'a rien d'individuel et de borné, qui ne se laisse point captiver sous la forme de l'être, c'est cet Esprit que nous aimons et que nous honorons. L'Esprit parcourt successivement trois mondes. Les Esprits particuliers des peuples qui n'en sont que les formes veillent à l'entrée du sanctuaire, semblables aux Dieux Pénates de l'antiquité. Mais l'Esprit, dans son développement, use mœurs et coutumes et tout ce que les hommes incompétents ont honoré du nom de convenances sociales, de culture avancée et même de moralité et de vertu. La vertu antique était vraiment digne de ce nom et avait une signification déterminée, parce qu'elle avait ses racines fécondes dans la substance même du peuple et qu'elle avait pour son but un bien déjà réellement existant. Nos vertus modernes, en lutte contre le cours du monde, ne sont bien souvent que vertus de parade et de mots, de pompeuses tirades contre le siècle et des déclamations qui couvrent beaucoup d'orgueil.

La religion seule arrête l'esprit plus longtemps. Car tous les grands faits humains sont du domaine de l'esprit et la religion est un de ces faits. Elle fait donc partie d'une histoire expérimentale de la conscience. Hegel distingue trois religions qui correspondent à ses trois mondes de l'esprit, la religion du monde inférieur qui n'est que la foi à la nuit redoutable et mystérieuse du destin et aux Euménides de l'esprit en divorce avec lui-même ; au-dessus la religion de l'exégèse ou l'*aufklärung* qui est déjà la religion du rationalisme, et enfin la religion de la moralité qui reconnaît le contenu positif de l'essence absolue. Mais cette division qui s'applique à la religion considérée comme la conscience de l'essence absolue n'est point la seule, il y a un devenir de la religion dans l'histoire et différentes formes de son progrès. Ces trois formes sont la religion de la nature, la religion de l'art, et la religion révélée. Mais dans toutes, c'est l'esprit, l'esprit humain qui cherche à arriver à la conscience de lui-même : ici retenu dans les liens de la sensation, adorant la lumière, la plante ou l'animal, il devient artiste et démiurge (le δημιουργὸς de Platon) dans une sphère plus haute et passe de la forme de substance à celle de sujet : enfin il devient Dieu dans celle de la révélation qui nous offre le glorieux symbole de l'homme-Dieu et nous prépare ainsi à passer de la sphère de la religion dans celle de la science absolue par une transition insensible. Car cette histoire des religions même révélées, c'est encore, remarquez-le bien, celle de l'esprit. C'est l'esprit qui prend conscience de lui-même en lui-même. C'est l'esprit qui se sait esprit, omniscient, omniprésent. C'est encore et toujours une manifestation de la toute-puissance de l'esprit humain. Dieu lui-même n'est qu'un mouvement de l'esprit, mouvement éternel, sans doute, qui tend vers le sujet, qui veut se consolider en lui, et relève le sujet vers lui. Tant il est vrai que pour Hegel *l'esprit est tout, et qu'il n'y a que l'esprit.*

Tel est le fond et comme le squelette décharné de la *Phénoménologie.* Mais, Hegel nous avertit lui-même que la matière est trop riche, et la veine historique trop abondante, pour qu'il ait pu se borner à ces développements formels de la pensée. C'est une histoire expérimentale de l'esprit humain qu'il a voulu faire où la plus fine psychologie est employée à décrire les lois du cœur, les illusions de l'esprit, les fausses perceptions des savants, les malheurs de la vertu dans le tourbillon du monde et l'orgueil d'une belle âme : livre étonnant de pensée, d'érudition, plein de faits psychologiques et moraux et qui aurait dès longtemps renouvelé la psychologie, s'il était écrit dans une langue intelligible. Il nous reste à esquisser ce mouvement d'après ce livre qui contient tout à la fois une psychologie empirique des peuples, une philosophie de l'histoire, des arts, des civilisations, des religions et une histoire de la philosophie.

Une pensée de Pascal délayée en plus de six cents pages, développée avec tout l'appareil scientifique de la nouvelle méthode, fait le fond du livre. Il y considère l'humanité qu'il envisage dans sa totalité et qu'il appelle l'*esprit du monde*, comme un homme qui s'élève graduellement par l'intermédiaire de son histoire au savoir absolu. Ainsi c'est l'expérience humaine qui doit créer la conscience du genre humain. La conscience de soi va sortir du lent travail de l'humanité sur elle-même, et doit être saisie dans les phases principales de son développement. J'aime cette idée qui a pour but de renouveler la psychologie, de lui donner pour domaine agrandi la substance des faits et d'en faire la psychologie des peuples : *volkerpsychologie*. Il y avait, sans doute, une grande hardiesse à comprendre et à interpréter ainsi le mot de Pascal dans ce sens que les peuples ont une âme, une forme d'esprit déterminée ou qui se détermine dans leur histoire. Mais il semble qu'à des gens habitués à la statue de Condillac ou même à l'homme de Descartes, ce point de vue ouvrait des horizons nouveaux. Ici du moins, c'est la statue de l'humanité qu'on nous présente. Au lieu d'ajouter péniblement un sens nouveau, puis une faculté nouvelle à l'homme, on opère sur ces grands ensembles, sur ces totalités morales absolues qu'on appelle des peuples.

On s'élève du domaine de l'erreur et du royaume des apparitions à la consc ence de soi manifestée d'abord dans les civilisations antiques par l'opposition du maître, et de l'esclave et par le contraste de la loi humaine avec la loi divine : l'une qui fait l'homme et constitue l'État, et l'autre qui fait la famille et repose sur la femme. La famille, composée par la réunion de l'homme et de la femme, manifeste cette dualité, car au premier appartient l'accomplissement de la loi humaine, et dans la seconde s'individualise la loi divine. L'esprit inconscient de l'individualité trouve son accomplissement dans la femme. Par elle, par sa médiation il devient efficace ; en elle il devient conscient. Les rapports d'homme à femme, de père à enfant, de frère à sœur expriment cette loi morale, suivant laquelle un être conscient se reconnaît dans un autre ; mais le rapport de frère à sœur, comme étant le produit d'un même sang, est le plus pur de tout mélange.

Le frère qui s'élève à la conscience individuelle dépasse le niveau intellectuel et moral purement élémentaire et négatif de la famille pour passer dans la sphère de la conscience et s'élever à une culture plus haute. Il passe de la sphère de la loi divine jusqu'à la loi humaine. Mais la sœur devient, et, femme, elle reste la gardienne du foyer et la fidèle dépositaire de la loi divine. L'*esprit* de famille rend l'homme propre à la vie commune, et comme la famille a en elle sa propre substance, la vie commune emprunte sa forme à la famille, et sa force et son maintien à la loi divine, dont la sœur ou la femme est la gardienne.

Antigone, l'Antigone de Sophocle, a été le symbole le plus pur et le plus noble de cet état; car elle est martyre de cette loi divine, que ses frères violent outrageusement et qu'elle révère. Son respect pour les morts, le culte des tombeaux, l'amour fraternel enfin, poussé jusqu'à l'abnégation et au sacrifice de soi-même, lui composent la plus douce auréole. C'est une figure telle que la Grèce seule pouvait en produire, belle d'une simplicité antique. D'autres ont dit cette piété de la fille d'Œdipe, martyre de la famille, fidèle à ses lois données par Dieu même, rare exemple de la piété envers les morts. Hegel, avec un sens psychologique profond, en fait la vivante image de la femme soumise à l'empire de la loi divine, qu'il croit exprimer d'une manière plus philosophique, parce qu'il l'enchaîne à de barbares formules; mais elle parle dans le poëte grec une langue vraiment divine, parce qu'elle est celle de la plus exquise simplicité. Sophocle ne se perd point dans des subtilités inintelligibles; il ne fait pas de l'union de l'homme et de la femme le *moyen terme* qui réunit les extrêmes de la loi humaine et de la loi divine; il ne fait point surtout de cette loi déposée par Dieu dans nos cœurs je ne sais quelle expression obscure et voilée d'une loi naturelle et sous-terrestre (*unterirdischen gesetzen*) dans son contraste avec celle d'un ordre supérieur à laquelle obéit le frère. Mais mieux que personne il exprime ce contraste, quand aux lois barbares d'un Créon, Antigone ne répond que par ces mots déjà chrétiens : « Mais moi je suis née pour aimer et non point pour haïr! »

Les civilisations-antiques ont connu la famille et les vertus qu'elle suppose : mais comme elles étaient les dépositaires d'un état moral déjà très-avancé, elles se sont élevées au-dessus, jusqu'à la culture sociale et à la belle vie de la démocratie grecque. La substance morale d'un peuple, en effet, se partage en général et en particulier : par la première de ces tendances, elle se pose comme généralité, comme familles ; par l'autre, elle se pose comme individualité personnelle, comme gouvernement, comme État. C'est l'état le plus parfait du droit et de la culture sociale. Toutes les vertus antiques si bien d'accord avec l'État social, tendent à réaliser par une totale harmonie cet idéal de l'État. C'est la substance devenue conscience, c'est l'esprit développé en une réalité organique.

Une ère de liberté commence, ère marquée par l'apparition du stoïcisme et du scepticisme, qui appartiennent au passage de l'esprit de la Grèce dans l'empire romain. Le christianisme a puissamment contribué à cette évolution de la vie de l'esprit. La personnalité, jusque là fort compromise dans l'ensemble et la totalité, est enfin sortie de la substance morale du peuple, elle devient l'indépendance réelle de la conscience. La pensée encore inefficace de cette indépendance, qui, par le renoncement deviendra une réalité, était apparue d'abord dans la conscience stoïque : et de même que cet état des stoïciens était sorti et s'était affranchi des rapports de maître à esclave, de même la personnalité sort et s'affranchit de l'empire immédiat, qui est la volonté souveraine de tous et aussi son plus obéissant serviteur. Mais ce qui n'était encore qu'une abstraction dans le stoïcisme est devenu pratique dans le christianisme ; ce n'est pas autre chose que la conscience qui, sous une forme abstraite, nous donne le principe du droit.

Alors commence l'histoire de *la conscience malheureuse* signalée par la lutte si visible pendant tout le moyen âge de l'éternel et du changeant, par le sacrifice et le renoncement à la propriété, au mariage, qui attestent cruellement cet effort de la conscience pour se mettre au-dessus de la mobilité et en rapport direct avec l'éternel. Alors les vertus elles-mêmes, comme les crimes, si belles et si sereines dans la société antique, parce qu'elles formaient une harmonie de l'homme avec la société, ont je ne sais quoi de farouche et de divisé. Elles ont à lutter contre le tourbillon du siècle, elles sont discordantes et non point harmoniques, solitaires et non sociales. Celui qui nous raconterait l'histoire d'une belle âme alors aurait à décrire cet état de déchirement interne qui a produit le cilice et la cendre, comme emblèmes de la vertu. Car l'histoire d'une belle âme alors est celle de la conscience malheureuse.

Avec les temps modernes, la raison paraît d'abord

dans les sciences naturelles et comme méthode d'observation. Mais bientôt la vie retrouvant son ancien lit, se met à y couler plus douce et moins troublée dans son cours.

Mais la conscience s'embrouille elle-même. La raison se trouve devenir le domaine de tous comme chez les peuples libres de l'antiquité. Les sages eux-mêmes déclarent que la sagesse et la vertu consistent à vivre conformément aux mœurs du peuple dont on fait partie. Il faut que la raison sorte de cet état de félicité qui particularise ses tendances. Il faut qu'elle sacrifie cette loi du cœur qui agit comme une impulsion de la nature et qu'elle s'élève à la vertu. La vertu elle-même toujours en lutte contre le siècle, cette vertu farouche, qui n'a rien de l'eurythmie, de la sérénité grecques, et qui ne rappelle que les affres du moyen âge, doit disparaître emportée dans le tourbillon des choses pour faire place à une culture et à une moralité plus élevée, à une ère de justice et d'amour de l'humanité.

Mais cet état plus parfait qui est l'état moderne ne s'opère pas sans de nouveaux déchirements et de nouvelles souillures dont l'histoire est celle même de notre dix-huitième siècle en France. L'esprit, cet esprit qui est l'essence réelle absolue et la vie cultivée d'un peuple, connaît alors une maladie sans nom jusque là. C'est celle qu'il analyse dans un chapitre fameux de la *Phénoménologie* sur *l'esprit devenu l'ennemi de lui-même*. Lisez dans ce style étrange hérissé de chiffres et d'énigmes, cette histoire de la conscience déchirée, retournée contre elle-même et renversée. Hegel excelle par ce côté négatif, qui détruit au lieu de fonder, qui analyse et dissèque au lieu de bâtir. La dissolution de la société française, la destruction, par l'esprit, du royaume de la réalité, la lutte des diverses puissances dans leurs menaces les unes à l'égard des autres, la flatterie des subordonnés, l'éloge de la puissance universelle de l'État, l'avénement de la richesse, la confusion des rangs, la valeur du jugement qui ne dépend plus de la naissance ou de la fortune, et par-dessus tout la puissance nouvelle de la parole, signe visible de l'existence manifeste de l'esprit dans cette société, tout cela est, je ne dirai pas décrit, (Hegel ne décrit pas,) mais analysé avec profondeur : les symptômes de ce renversement de l'esprit qui confond tout, qui nivelle tout, pour qui le bien et le mal, ce qui est noble et ce qui est vil, ne sont plus que des moments, la conscience honnête, l'honneur même forcés de se taire et dépassés par l'esprit du mal, qui parle seul : la conscience renversée s'affirmant elle-même avec impudence, rien n'échappe à sa pénétrante diagnostique. Il a vu la fin d'un monde dans un mauvais roman de Diderot traduit par Gœthe : *le Neveu de Rameau*, et il nous en a donné une transcription métaphysique[1].

1. Étrange coïncidence. M. J. Janin qui ne passe pas pour Hegélien, vient de nous donner une paraphrase ampoulée de Hegel dans son roman : *la Fin d'un monde et du neveu de Rameau.*

Ainsi le photographe de l'absolu cherche à rendre toutes les faces de la réalité et à saisir le Temps dans sa mobile complexité. Le siècle est là sous nos yeux. On voit tour à tour nous sourire sa face gaie, ricaner sa face grimaçante et saigner ses blessures. Pas un nom d'homme n'a été prononcé : et cependant nous avons passé en revue dans toute la largeur du royaume de l'esprit, les peuples, les lois et les mœurs, les héros qui fondent les empires et les martyrs qui fondent les religions, les philosophies les plus anciennes et les plus nouvelles depuis la physique d'Élée et la morale des stoïciens, jusqu'aux conceptions plus neuves de Fichte et de Schelling. Ainsi s'élève peu à peu, au milieu des naufrages et sur les ruines, ce phare de l'esprit d'où le sage de Kant pourra contempler l'univers du point de vue de la morale : *Die Moralische Welt-Anschauung.*

Mais à quoi bon refaire encore une histoire qui depuis Hegel a été cent fois refaite ? Que j'en ai vu de ces phénoménologies de l'esprit, mélange indiscret d'histoire et de psychologie, de logique abstraite et de symboles ambitieux ! En France même, où nous sommes en général plus sobres de ces folies, nous n'avons pas été préservés de l'influence du pathos et du phébus de l'école hégélienne, dont M. Quinet a certainement été parmi nous le représentant le plus fameux. C'est lui qui a acclimaté parmi nous le goût de ces grandes aventures, ces genèses interminables de l'esprit, ces hardis symboles et ces voyages de l'infini à travers le monde. Qu'est-ce, en effet, que « ce chaos de l'univers vivant, d'où surgit un nouveau chaos plus profond, où dorment pêle-mêle ensevelis les ébauches, les germes, les embryons des sociétés futures, » que « cette vie de l'esprit divin à travers le monde, annales de l'Éternel incarné dans le temps, » sinon les formules mêmes de Hegel traduites en français ?

Le symbolisme, l'abus des symboles, les essais de transcriptions métaphysiques hasardées, les romans de philosophie et les grandes constructions historiques, datent de cette époque de la phénoménologie. C'est toute une Égypte qu'un tel livre. C'est de là que le sphinx allemand, muet et ténébreux comme ses confrères aux bords du Nil, propose ses énigmes et défie les Champollions de l'avenir. Et pourtant le procédé est fort simple et paraît presque puéril, quand on a la clef. Il écrit l'histoire des idées en chiffres ; il enveloppe dans des hiéroglyphes convenus les faits les plus connus et les plus simples de l'histoire du monde. Je comparerais volontiers les chapitres de la *Phénoménologie* à une série d'obélisques qui présentent aux yeux des caractères bizarres. Le disciple introduit dans le sanctuaire est saisi d'un religieux respect. Les sphinx accroupis le regardent : il se trouble et se prosterne devant le Dieu. Il serait moins étonné sans doute s'il se doutait que Hegel lui apprend ce qu'on savait déjà depuis longtemps : à savoir que l'esprit a traversé dans ses phases diverses des états sans cesse nouveaux depuis la Grèce et Rome jusqu'à nos jours; que le stoïcisme et le scepticisme marquent une époque de transition dans l'histoire de la pensée; que le moyen âge est celle de la conscience malheureuse, et le dix-huitième siècle celle de la conscience déchirée; qu'il y a eu en Allemagne une époque analogue, celle de l'*Aufklärung*, ou de l'exégèse opposée à la foi et à la superstition; que cette ère a préparé une révolution dans les mœurs, ouvert celle de l'absolue liberté, et, pour parler sa langue, fait passer les hommes de la terre de la *culture* dans celle de la *conscience morale;* que les siècles modernes ont brisé l'individualisme étroit des peuples de l'antiquité, et autres vérités tout aussi vraies, qui, débitées dans la langue des oracles, font l'effet d'une révélation. Cet abus du symbolisme devait être châtié dans un livre de philosophie. L'histoire du *Neveu de Rameau*, érigée en système et devenue symbole de tout un siècle, nous a montré l'excès de sa manière et ce qu'il y a de monstrueux dans le procédé.

C'est depuis lors aussi qu'un souffle de changement et de nouveauté s'est emparé de l'esprit humain. Son histoire n'a plus été que celle du devenir et de la mort, ses plus grands ennemis. Rien ne résiste au souffle qui l'emporte. Dans les lettres, dans les arts, dans les religions, on a vu s'insinuer le germe de mort sous le masque de la vie. Dans cet immortel périple de l'esprit, supérieur aux orages et plus indestructible que le fer ou l'airain, *ære perennius*, on n'a vu ou voulu voir que le flot mouvant et la mer instable qui disperse tant de naufrages. C'est en vain que la Grèce nous offre dans les arts et dans les lettres ces types d'une perfection qui ravissait Hegel lui-même. L'âme, sous les lois de la nouvelle psychologie, n'est plus que le courant qui nous emporte. Tout coule, tout fuit d'une fuite irréparable dans la vie des peuples, dans leur poésie, dans leurs mœurs. Aucun homme n'est assez fort pour arrêter ce mouvement, ni le législateur avec sa main de justice, ni le prince avec son sceptre, encore moins le poëte avec sa baguette d'or. Voyez Sophocle, Dante, Shakspeare : vous croyiez que ces poëtes ont vécu, que leurs œuvres vivent encore par le privilége d'immortalité qui s'attache aux belles choses, malgré l'envie et malgré le temps : *tempus edax rerum atque invidiosa vetustas*. Détrompez-vous : pour le panthéiste (et Hegel n'est que le plus grand des panthéistes), notre conscience est la trame changeante et fugitive de nos joies et de nos amours, et notre art, notre poésie, expression d'une expression, image d'une image, n'est que la toile de Pénélope filée par nos mains agiles au métier bruyant du temps, ce mobile tisserand des choses. Ces œuvres de l'homme, que l'on dit immortelles, s'évanouissent avec le temps, et comme elles ont la transparence de l'eau, elles en ont aussi la fluidité. Coulez, coulez, rêves d'un jour, enfants du caprice et de l'imagination; disparaissez comme l'eau, fugitives inspirations du poëte ou de l'artiste; vous allez, comme tout le reste, à l'éternel oubli, à l'éternel néant, où se rendent avec vous les *héros, et les dieux, et Wieland*[1]. Voilà sous quel aspect insaisissable et fuyant il faut envisager l'homme et les œuvres de l'homme. C'est l'image de la vie périssable et caduque, c'est l'ombre frémissante d'un feuillage d'automne sur l'onde mobile et capricieuse qui s'écoule à nos pieds. C'est enfin tout ce que ce mot résume : *Werden*, le devenir et la mort. Tout ce qui naît doit mourir : voilà le seul grand enseignement de l'histoire des arts, des religions et des philosophies. Et c'est là ce qu'on appelle une *Phénoménologie!*

Au fond, la *Phénoménologie* est un livre qui nous enseigne que l'âme n'est point immortelle, et que Dieu n'est point personnel; que l'âme n'est le plus souvent qu'un rêve, et disparaît comme eux au réveil, et sans laisser plus de traces; que l'esprit libre et sans entraves, la connaissance élevée au-dessus du temps, l'homme devenu un moment du genre, en un mot, la pensée infinie est seule durable; que le ciel ou que les hommes ont appelé de ce nom n'est que la nébuleuse primitive, d'où sont sorties toutes choses; que Dieu n'est que le mouvement éternel qui pousse les êtres à l'existence, s'incarne ou s'objective un moment dans un temps, dans un peuple, puis

---

1. C'est le titre d'une piquante satire de Gœthe.

retrouve la liberté absolue dans la sphère supérieure de l'esprit. Ainsi, la conscience, à laquelle Fichte lui-même n'osait point toucher, la substantialité de l'âme, généralement admise depuis Descartes comme l'*inconcussum quid* de la philosophie moderne, Dieu lui-même, rien ne résiste à cette prise violente : tout est résolu, même le roc, le granit cartésien réduit en poussière, et la conscience devenue un *moment* de l'esprit. Ce livre, qui s'annonçait à l'Allemagne comme une psychologie, était la mort de la psychologie. Cette histoire expérimentale de la conscience était dirigée contre elle; il s'adressait à l'expérience contre l'expérience, à l'esprit contre l'esprit. Livre dangereux entre tous, par ce qu'il nous laisse et par ce qu'il nous ôte, par la subtilité raffinée de ses analyses ou plutôt de ses destructions, et par le calme froid, imperturbable, qui préside à ces anatomies de la pensée. Pour lui, les maladies de l'esprit sont un état fort curieux de cette pathologie qu'il raconte. Il trouve dans sa philosophie non-seulement l'explication, mais presque la justification de ces états. Helvétius, en France, vers la fin du dix-huitième siècle, a écrit un livre de *l'Esprit*. Ses conclusions sont tristes et ses dissections assez froides. C'est un meilleur livre toutefois que la *Phénoménologie* de Hegel. Le livre d'Helvétius est un livre clair, où les pensées fines et justes abondent. On sent que l'auteur a vécu dans la société la plus spirituelle et la plus polie du monde. Il y a souvent de la profondeur sous un tour léger, et son matérialisme, qui nous répugne, est trop franc, trop décidé, pour être dangereux. Hegel nous conduit aux mêmes résultats par une route plus longue, à travers la masse confuse des symboles et des antinomies. La lecture de son livre est insipide : tout parfum d'esprit s'évapore au bout des quelques pages célèbres de l'introduction, et celui qui lira ce livre de suite et d'une haleine, sans de terribles démangeaisons d'assommer son auteur pour l'ennui qu'il nous cause, je le déclare mort à la vie de l'esprit. Appeler la *Phénoménologie* un beau livre, comme M. Scherer, c'est prouver qu'on ne l'a pas lu. Tout au plus pourrait-on dire que ce sont les rudiments incomplets d'une création manquée, et le premier chapitre de cette philosophie, qu'on pourrait intituler : *De la destruction des Formes.*

CHAPITRE IV

LA LOGIQUE DE HEGEL. — L'ENCYCLOPÉDIE.

Une puissance négative incontestable, une sorte de génie naïf, un peu sauvage et pourtant très-subtil de la destruction, et aussi le don des transformations panthéistiques, des symboles et des incarnations bouddhiques poussé jusqu'à la manie, tels sont les traits distinctifs du premier ouvrage de Hegel, *la Phénoménologie;* tel il restera dans sa *Logique* et son *Encyclopédie.* Le voilà ce grand enfant de la spéculation allemande, sorte de Gargantua intellectuel assis au milieu des ruines qu'il a faites. Après ce premier repas, on pourrait le croire ivre et rassasié, mais lui, il n'a fait que se mettre en goût par cette effroyable consommation de systèmes, de doctrines, d'histoires, d'arts et de religions. Comme un enfant gourmand, l'esprit, chez Hegel, a toujours faim et crie : « Donnez m'en trop! » Il est insatiable. Il vous dira, dans un de ses jours de naïveté terrible, que le savoir ressemble à l'estomac et n'est pas moins ingrat que lui; sa voracité ne connaît point de bornes. Pour digérer l'avalanche de systèmes et le monceau des faits, le philosophe teuton s'est fait un instrument commode, tout à la fois souple et fort, sorte de haut fourneau métaphysique, capable de dévorer un monde et de le fondre en un instant. De là chez Hegel le rôle trop peu compris, trop peu observé, de la *philosophie négative*. La négation, le pouvoir de la négation domine dans sa logique. *L'esprit qui dit : non*, agit au sein du système comme principe moteur : il est le ressort de sa philosophie; c'est lui qui est l'âme de sa trinité logique sous le nom de *l'antithèse;* c'est lui qui apparaît dans l'histoire, non pas sous les traits mêmes de Satan, comme dans Schelling, mais sous les formes sataniques du crime, de la guerre et de la destruction. Hegel disait avec bonhomie à ses élèves à Iéna : « En traitant cet hiver, comme je me le propose, de la logique et de la métaphysique, je commencerai par anéantir les finis, pour, à partir d'eux, après les avoir annihilés, m'avancer vers l'infini. »

On sait maintenant comment il s'y prenait pour anéantir le fini. Il partait de la distinction connue entre la raison et l'entendement, *Vernunft et Verstand*, et immolait impitoyablement le second à la première. La philosophie, disait-il, a pour but la connaissance de l'absolu. La spéculation n'a point d'autre affaire :

mais elle rencontre sur son chemin la réflexion ou la connaissance finie qui la gêne et qu'il faut faire disparaître. L'intelligence, ajoutait-il, veut copier la raison dans la production de ses identités, mais elle n'arrive qu'à produire une identité logique ou formelle, qu'un reflet de l'absolu. Il faut donc, pour juger des copies de l'entendement, avoir les yeux sur le type qu'elle imite, la raison. Puis enfin, il faut la montrer supprimant ces catégories du fini, et niant ces formes de l'entendement. C'est là le côté négatif, le rôle destructeur de la raison qui, seul, peut donner accès en métaphysique.

A cela devait lui servir l'*antinomie*, ce nom grec de la contradiction. « Ce sont sans doute les antinomies de Kant, dit M. Sloman, qui a bien vu ce côté négatif de la logique de Hegel, qui l'ont conduit et poussé à sa *méthode négative*, qui n'est, en réalité, que la contradiction réduite en système. Dès qu'une forme se présentait à lui, il la niait, ou il lui faisait une opposition directe et grâce à cette opposition, cette forme prenait un nouvel aspect. Sa logique est une exception à la règle, qui dit, que tout le monde est content de son esprit (du tout : ce dont Hegel était mécontent, c'était de l'esprit des autres, de celui de l'ancienne logique.) Jamais satisfait du résultat, il oppose toujours une nouvelle négation aux résultats obtenus. C'est cet esprit de négation qui a conduit l'auteur à tant de merveilleuses découvertes dans toutes les parties des sciences. Sa règle logique par excellence, n'était qu'un stimulant qui le poussait en avant en renversant tout ce qui prétendait se fixer ou s'arrêter devant lui. Hegel a fait brèche dans les catégories en montrant que chacune d'elles est en partie vraie et en partie fausse. »

Sans doute c'est le propre d'un esprit absolu ou plutôt d'un esprit qui cherche l'absolu de n'être jamais content de son œuvre, de la briser et de la refaire sans cesse. La négation envisagée de ce point de vue, est le ressort de l'esprit et un stimulant pour la spéculation. Se nier soi-même, s'annuler afin de devenir meilleur, n'obtenir un progrès qu'au prix d'un sacrifice, la mort, procédé philosophique par excellence, il n'y a rien là qui ne fût connu de Platon et de tous les grands philosophes. « Pour tirer la statue du bloc de marbre, disait Leibniz, il faut enlever tout ce qui l'empêche de paraître. » C'est ainsi que procèdent la nature et l'esprit.

Mais le pouvoir de la négation si grand, si légitime même qu'on le suppose, doit avoir ses bornes, ou bien il ne reste plus qu'une terrible puissance d'annihilation sans points d'arrêt, et sans refuge que dans le néant. Où s'arrêtera Hegel dans cette voie? Où s'est arrêté ce travail de la raison négative dans son école? Un homme qui passe pour un représentant des idées et des procédés de l'hegélianisme en France, M. Proudhon, a dans un de ces derniers ouvrages, un chapitre sur la méthode très-digne d'attention. Dans ce chapitre, M. Proudhon décrit ce qu'il faut entendre par la méthode, et sa conclusion est celle-ci : La vraie méthode (la méthode hegélienne bien comprise) consiste à *éliminer l'absolu* : c'est un procédé d'élimination de l'absolu ; et il en use dans ce livre même, avec sa vigueur accoutumée, pour nous montrer les mérites de l'instrument et nous apprendre à nous en servir. M. Scherer ne contredit pas ce point de vue : il le confirmerait plutôt. Alors, la méthode absolue consisterait à éliminer l'absolu, c'est-à-dire Dieu.

Mais on va se récrier et dire que la philosophie de Hegel étant une philosophie de l'absolu, son procédé consiste à trouver l'absolu et à le constater partout au milieu des ruines du fini, bien loin de le faire disparaître. J'accorde parfaitement cela, et je n'en admets pas moins la thèse de M. Proudhon comme vraie. Avec Hegel, on ne doit pas s'effrayer de ces contradictions auxquelles il ne nous a que trop habitués ; mais ici, ce n'est point même une contradiction.

Ce que Hegel veut faire disparaître, ce qu'il annonce à ses auditeurs d'Iéna, comme devant disparaître, ce sont les finis, ce sont les catégories du fini pour employer son langage. Mais, si j'établis que ces catégories du fini sont précisément ce que nous appelons l'infini, ce que nous considérons comme revêtu du caractère et portant la marque de l'infini, il faudra bien accorder que c'est l'absolu qu'il élimine.

Or, il suffit d'un médiocre degré d'attention pour demêler en tout ceci les causes de l'erreur de Hegel. C'est une fausse application du calcul de l'infini et du procédé infinitésimal. On trouve dans les œuvres imprimées de Hegel la preuve qu'il avait beaucoup médité sur ce calcul, et qu'il était même parvenu à s'en rendre les procédés familiers. Il a voulu les transporter en métaphysique, et c'est ainsi qu'il est arrivé à éliminer de partout l'absolu, tout en déclarant qu'il trouvait partout de l'absolu.

Le procédé infinitésimal, en effet, est une arme dangereuse quand on le manie en philosophie. Appliqué aux grandeurs, aux formes et aux mouvements, il a donné de magnifiques résultats ; transporté à l'homme et à Dieu, il a tout anéanti. C'est qu'en effet ce calcul ne s'applique bien qu'aux grandeurs, et est destiné dans l'esprit de son auteur à faire la science du mouvement. Hegel l'appliquant à l'esprit, renverse l'axiome platonicien : « Il n'y a de science que de l'immuable, » pour y substituer celui-ci : « Il n'y a de science que du muable. » Enfin, Leibniz disait : « Il y a différents ordres d'infini » (et il se faisait même de la subordination de ces infinis entre eux une échelle mathématique d'une force et d'une précision merveilleuse) ; mais il n'y a qu'un seul absolu, à savoir, Dieu. » Hegel transporte ces différents ordres ou degrés dans l'absolu, et il dit : « Il y a plusieurs absolus, ou il n'y a que des absolus relatifs, et il élimine ainsi positivement l'absolu. » Un mot suffira pour développer ce point de vue.

Le mouvement de l'esprit, proclamé par Hegel, appelait et supposait une science du mouvement de l'esprit, qui ne pouvait être que l'application du calcul infinitésimal aux choses spirituelles. Cette application a produit la dialectique hegélienne. La première partie de sa logique, celle qu'il a intitulée de l'*Être*, et où il est traité du développement de la catégorie de l'*Être pur* sous forme indéterminée et potentielle, n'est qu'un essai de philosophie des mathématiques emprunté à Leibniz. M. Vera ne le nie pas[1], bien qu'il le trouve très supérieur à Leibniz : il aperçoit comme nous les rapports évidents controuvés, palpables entre la catégorie de l'être pur de la logique hegélienne et l'infini mathématique de Leibniz. Mais il prétend que l'inventeur de ce calcul et de cette méthode ne s'est pas compris, et que, seul, Hegel l'a compris, en faisant rentrer dans la logique toute cette partie détachée de cette science que Leibniz lui-même appelait avec profondeur une logique d'imagination : *logicam imaginationis*. Montrons donc à M. Vera que Hegel n'a pas compris Leibniz et qu'il s'est doublement trompé : 1° en transportant en logique la déduction mathématique du devenir des grandeurs ; 2° en appliquant les différents ordres ou degrés d'infinis mathématiques à l'absolu et en les transportant en Dieu.

---

1. *Leibniz* et *Hegel*, dans un écrit récent sur l'*Hegélianisme et la Philosophie*, par M. Vera, traducteur de la *Logique* de Hegel.

Les hautes mathématiques, traitées par Leibniz, envisagent la quantité décroissante dans son état de décroissance et la poussent jusqu'à l'infini, de telle sorte que, sans rien assurer de la réalité d'un tel état, elles feignent un *évanouir* des quantités, des mouvements qui se terminent au repos, et des transitions insensibles de la catégorie de la quantité dans celle de la qualité. Copié sur la marche de la nature, sur le *processus naturæ*, qui est d'aller toujours à ce qu'il y a de simple et de déterminé, ce procédé, récemment découvert comme une grande nouveauté dans les œuvres de Hegel sur la métaphysique de l'infini, est tout simplement contemporain de la découverte même de Leibniz. Seulement Leibniz, avec un rare bon sens et une sage réserve qui marque l'inventeur, ne va pas du premier coup transporter tout cela en logique et en métaphysique, comme Hegel. Il réserve les plus belles, les plus ingénieuses applications de la loi de continuité pour la fin de sa carrière, pour la préface des *Nouveaux essais*, et même alors il ne se prononce pas sur la réalité de l'infiniment petit. Hegel ne connaît ni ces réticences, ni ces atermoiements. Il n'est pas si diplomate, nous dit M. Vera; je le crois bien. Ces fictions commodes pour le calcul et permises aux mathématiciens, mais que les métaphysiciens font sagement de s'interdire, il en fait la catégorie par excellence, la catégorie du *devenir* et de l'*évanouir*, du *naître* et du *mourir*, il la déclare d'un usage quotidien, parfaitement licite et assurément très-commode en philosophie. Cet état de flux, comme disait Neuton, ou d'*évanescence*, comme dit Leibniz, *status evanescentiæ*, devient l'état habituel de l'esprit, de la pensée chez Hegel. Toujours elle est en train de passer d'un état à un autre, ce qui fait que jamais elle ne se fixe, quoi qu'on en dise, dans la catégorie de la qualité avec des déterminations éternelles, absolues, comme le prétend M. Vera[1]. Cela est contraire à l'essence même du système, et il faut que l'interprète ait singulièrement corrigé son auteur pour lui supposer une métaphysique aussi contraire aux textes et à sa pensée fondamentale. Hegel répète à satiété, que toutes ces déterminations qu'il considère (*Bestimmungen*) sont en tant que catégories de la réflexion rigoureusement finies et doivent être dépassées, *überwunden*, et résolues, *aufgehoben*. Or, qu'est-ce que cela veut dire, sinon, qu'il n'y a pas de déterminations fixes, éternelles et absolues, comme le prétend M. Vera? Telle est si bien sa pensée, que l'infini à ses yeux est l'unité du déterminé et de l'indéterminé. Hegel a donc ici un double tort que n'a pas Leibniz; d'abord, celui de prendre ces fictions commodes imaginées par Leibniz, et très-aptes suivant ses expressions pour déterminer les réels, *realia*, comme des déterminations réelles, comme des états vrais de la quantité, et en second lieu, de s'arrêter à cette logique que Leibniz appelait avec tant de pro-

---

[1]. *L'Hegélianisme et la Philosophie*, p. 66.

fondeur une logique de l'imagination, *logicam imaginationis*, sans en vérifier la valeur, en admettant comme réel ce qui n'est que fictif et sans se soucier autrement de l'infini qui n'est plus que l'être en puissance ou le devenir.

Mais un autre tort plus grave, c'est d'emprunter à Leibniz ses différents ordres ou degrés d'infini, et de s'en servir pour éliminer l'absolu. Je m'explique. Ce qu'il y a de plus riche et de plus fécond dans la méthode de Leibniz, c'est la subordination des différents infinis de premier, second et troisième degré qui épuisent la quantité, et disparaissent ou s'évanouissent les uns devant les autres, parce qu'ils sont, nous dit-il, incomparables entre eux. C'est une adresse de calcul qui a paru à bon droit merveilleuse, et qui lui permet d'atteindre à des précisions inconnues avant lui. Hegel s'en empare et la transporte dans sa dialectique. Il reconnaît des absolus relatifs ou plutôt il n'en reconnaît que de tels : l'absolu de l'art, de la morale, de la religion, de l'État. Tous ces absolus que sont-ils ? des absolus relatifs évidemment, puisqu'ils disparaissent les uns devant les autres, comme de simples infinis mathématiques, et qu'il n'y a qu'un absolu pour Hegel, à savoir, l'esprit libre ou la libre pensée. Mais comme d'un autre côté, cet absolu se développe successivement dans les différentes sphères, qu'il parcourt d'un mouvement éternel, et qu'il faut, de son point de vue, considérer la réalisation du beau et du saint comme quelque chose de rigoureusement fini au-dessus de quoi il doit s'élever, il en résulte qu'il n'y a pas d'absolu. Mais à quoi bon refaire une démonstration si bien faite par un admirateur de Hegel? M. Scherer a démontré sans réplique que le résultat le plus certain, le plus incontestable de la philosophie de Hegel, était *d'avoir éliminé de partout l'absolu en l'abaissant au degré du relatif*[1]. Donc, il n'y a plus d'absolu.

Il n'importe, vous diront les admirateurs de cette logique nouvelle, une grande idée a sauvé le livre. Bonne ou mauvaise, c'est une théorie du progrès qu'il a esquissée, dans cette logique et c'est la formule du progrès, de tout progrès, qu'il vous donne dans son algèbre métaphysique. Voilà pourquoi cette logique que vous trouvez absurde, a mérité de vivre. Un mot explique tout, et les déceptions des gens sages et les illusions des fous qui s'y sont donnés tout entiers. Le monde marche, il faut que tout marche, philosophies, arts, religions, littératures, mœurs, civilisations. Ce n'est peut-être pas la logique d'Aristote, mais c'est très-certainement celle du dix-neuvième siècle.

Le progrès! A ce mot je m'incline. Il n'y a rien à dire là contre : le progrès! Je sais bien que la dialecti-

---

[1] M. Scherer : article sur Hegel, de la *Revue des Deux-Mondes*. 15 mars 1861.

que de Hegel, c'est la raison négative, essentiellement négative, retournée contre elle et, pour tout dire enfin, la destruction de la raison. Le progrès! Je hasarde timidement quelques doutes sur l'œuvre de la raison positive hegélienne qui me paraît bien un peu faire la synthèse des contradictoires : le progrès! J'essaye de faire observer que la décomposition de l'école hegélienne, l'anarchie des esprits en Allemagne ne prouvent pas précisément en faveur du maître et de sa doctrine : le progrès, le progrès dans la corruption et par la décadence, le progrès par la contradiction et malgré les défaillances, le progrès qui revient vainqueur à chaque nouvelle objection, le progrès qui détruit tout pour tout transformer!! et toujours le progrès!!!

Le progrès! nom magique et plus fort que la mort même, puisque même sous la forme aride du *processus* hegélien, il a séduit et captivé l'Allemagne. Vous comprenez en ce seul mot toute l'économie de la logique hegélienne. Cette *idée*, synthèse du fini et de l'infini, qui marche, qui meut tout, qui fait l'unité de tout, c'est le progrès, non pas l'ennuyeux progrès rectiligne, mais le progrès ramené sur soi, vivifié par les oppositions, s'élançant à chaque nouvelle négation et triomphant de l'objet, puis, rentrant de nouveau dans l'éther de la pensée pure : et ce progrès, il faut l'adorer et le suivre bon gré, mal gré : car il est Dieu même.

CHAPITRE V.

DE L'IDÉE DU PROGRÈS DANS LA PHILOSOPHIE DE HEGEL

Hegel a développé dans sa plus grande généralité l'idée du progrès, dont sa fameuse déduction du devenir est restée la formule et comme le type fondamental. L'évolution primordiale de l'être suppose et appelle toutes les autres, et la logique elle-même n'est que la série des évolutions de l'Être, de l'Essence et de l'Idée. L'absolu en soi, pure idéalité, n'est que la possibilité réelle (*reale moglickheit*) de l'univers et de son progrès indéfini. Il faut, pour qu'il se réalise, qu'il devienne autre que lui-même. Car il est bien la notion de l'identité de l'idéal et du réel, mais la notion seulement, c'est-à-dire quelque chose d'abstrait. La réalisation de cette identité, ou l'unité de la pensée et de l'être devenue réelle, c'est la nature. L'idée est la forme logique de la nature, la nature est la forme concrète de l'idée. La nature est quelque chose de plus que l'idée pure : car elle la contient comme un moment. En soi la nature est esprit, mais elle ne peut pas encore se reconnaître comme telle. Du sein de la nature se dégage l'esprit, sujet et objet tout ensemble, dont l'essence est de se connaître soi-même. La vie de la nature ne suffit pas pour l'exprimer, mais l'histoire, qui est une connaissance de la connaissance, y arrive. Mais ce devenir de l'esprit, dont l'histoire est la copie, n'est qu'une ombre, un fantôme, et doit disparaître absorbé dans une sphère plus haute, celle de la religion, véritable retour à l'unité, qui ne se distingue de la science absolue que par ce que celle-ci est la conscience claire et réfléchie de celle-là. Mais la réalisation même du céleste et du saint n'est encore que rigoureusement finie : car l'absolu reste supérieur à sa réalisation et n'est jamais complétement exprimé par lui.

Vous le voyez : c'est une théorie du progrès sous forme logique, systématique. Brisez le moule étroit et les catégories fictives, qu'avez-vous ? Trois sphères, raison, nature et esprit, qui constituent une série, un développement, un progrès. Car toutes trois également absolues, si on les compare entre elles, la nature contient la raison, et l'esprit contient nature et raison d'une façon concrète. La nature est donc déjà quelque chose de plus que la raison pure, et l'esprit est au-dessus de la nature. Hegel définit la philosophie la connaissance réfléchie du *processus* de l'absolu, lequel, en tant que pure idée, n'est point affecté par le continuel changement qui se fait dans la catégorie du devenir.

Ce *processus* de l'absolu, cette marche, c'est le progrès. Le mot même est synonyme de progrès, et le mot allemand *process* exprime à merveille le procédé de Hegel : car il veut dire tout à la fois un procédé de l'esprit, un procès ou une procédure où se débat le pour et le contre devant un juge, et enfin ce procès chimique des corps en fermentation qui, par leur combinaison, leur affinité et leur répulsion, forment ce merveilleux progrès que nous étudions.

Évidemment au début de sa carrière philosophique, Hegel s'est dit : « La logique est stérile, parce que l'esprit est mort. Je féconderai la logique et je vivifierai l'esprit. » Pour le faire, il introduit dans son domaine le mouvement et la vie, les générations spontanées, des destructions et des métamorphoses, une loi d'échange et de circulation continue, le progrès enfin.

Il n'y a point d'être fixe et immobile figé dans son immobilité. *Starres und processenloses Wesen.* Si les mondes s'entr'ouvraient, nous y verrions partout le travail intérieur de la vie et de l'idée, des virtualités puissantes, des énergies internes, des ferments cachés, des forces se passant, suivant le beau mot de Gœthe, les seaux d'or dans une activité infinie. Spinoza a bien vu quelque chose de la grande fermentation intérieure, et déchiffré en partie ce secret de l'ordre universel. Mais Hegel est le premier des dynamistes. C'est par là qu'il séduit de jeunes esprits pleins de force et qui croient y trouver la vie, la vie même de l'esprit.

Dans les limites mêmes de la logique la plus ardue, il y a trois sphères que l'esprit parcourt successivement, et par conséquent il y a progrès. C'est une des grandes joies de M. Vera d'avoir montré que les trois sphères de l'*être*, de l'*essence* et de l'*idée*, ces trois parties de la logique de Hegel, ne sont pas identiques, et que le rapport et l'opposition des termes ne se produisent pas, par exemple, dans la sphère de l'*essence* comme ils se produisent dans la sphère de l'*être*. Je le crois bien, il y a là des combinaisons, des précipités, et, pour me servir du mot de Baader, des ferments nouveaux (*fermenta cognitionis*). Il y a le progrès logique qui s'accomplit de l'être à l'idée, et ce riche développement surpasse en beauté et en variété tout ce dont nous parle M. Vera. L'être, aux yeux de Hegel, est tout ce qu'il y a de plus pauvre et de plus nu. C'est un commencement et rien qu'un commencement abstrait. Le livre de l'*être*, cette première partie de la logique de Hegel, a toute la sécheresse d'un essai de philosophie, des mathématiques ou de haute analyse. C'est de la logique à la première dimension, de l'étendue sans profondeur et sans intensité. Le livre de l'*essence* est déjà presque une révélation. L'essence est vraiment une catégorie plus riche que la première.

Toute la science antique n'est qu'un ardent effort pour découvrir l'*essence* des êtres. En elle rentre tout ce travail sur la matière et la forme, entrepris par Aristote et où se perdait la scolastique. Mais voyez son rôle dans la logique hegélienne! L'essence qui n'est d'abord que le *caput mortuum* de l'abstraction et le résidu des précédentes analyses, va s'enrichir, en se réfléchissant, de formes nouvelles; celle de l'*identité* et de la *différence* dont l'*unité* fait la *racine* de toute chose; celle de l'*essence* et du *phénomène* dont l'*unité* est la *vérité* même; celles si nombreuses et si variées de la matière et de la forme, du tout et des parties, de la force et de ses manifestations, de la *substance* enfin. La substance, ce monde découvert par Spinoza, monde de puissance active et de virtualité latente où se consomme l'unité du possible et du réel, sous les formes de la contingence et de la nécessité, rentre tout entière dans la sphère de l'essence, d'où elle émane par un travail de la grande fermentation intérieure. Mais tout cela n'est rien encore auprès du livre de la *notion*, ici les mondes s'entr'ouvrent et laissent se dégager l'idée, ce fruit de l'esprit libre et pur de tout alliage. Chaque idée laisse échapper son fruit. Chaque thèse, frottée contre son antithèse, dégage sa synthèse qui la résume et la projette. Chaque phase de l'esprit devient féconde et est douée de cette propriété remarquable de poser et de poser nécessairement une idée qui la dépasse elle-même. Il y a donc une vie de l'idée qui dispose, qui forme, qui façonne les parties en vue du tout par une vertu qui lui est propre, *omnia informans verbo virtutis suæ*, dont la dialectique subtile résout le mécanisme et transforme par la finalité un simple procès chimique en un véritable progrès organique, une vie enfin auprès de laquelle les admirables synthèses des Berzelius et des Berthelot ne sont rien, et devant laquelle M. Vera, ravi en extase, déclare qu'il n'y a rien de plus beau que la logique de Hegel.

Mais l'idée n'est qu'un moment de l'existence réelle de l'absolu. L'idée éprouve le besoin de sortir de ce moment, de regarder au dehors. D'où lui vient-ce besoin? On l'ignore : mais il existe, et il suffit pour nous donner passage dans un nouveau monde, celui de la nature. C'est ici le point de départ d'un nouveau progrès, celui-là même que Schelling a rendu avec des formes exagérées mais saisissantes.

La nature est un progrès, une évolution de l'idée, qui s'y réalise sans pouvoir arriver à s'y reconnaître comme esprit. Le mouvement qui l'emporte dans sa marche progressive n'est autre que celui de la nature vers l'esprit. Il est marqué par trois phases successives et pour ainsi dire graduées : mécanique, chimique et organique. La succession des règnes et des époques de la nature le manifeste, car c'est toujours la même loi qui préside à la dialectique des choses ainsi qu'à la dialectique des idées. Il en est des procès de la nature comme des procès de la logique. Tout y croît à partir de petits commencements. Tout s'y élève à partir de la forme la plus abstraite jusqu'à la forme la plus complète et la plus riche. Tous les règnes s'y développent suivant la *loi de continuité*. Mais cela ne veut pas dire que les différents règnes soient engendrés les uns des autres.

Le progrès dans la nature n'est point, comme on l'a dit, pour Hegel, je ne sais quelle continuité panthéistique, grossière et indigne de la subtilité de cet esprit. C'est une continuité de loi et non d'être, d'idée et non de substance. Le progrès est sans doute enveloppé dans les termes qui se succèdent en ce sens qu'ils forment une naturelle progression : mais le vrai principe générateur est dans l'idée qui les résume. Le progrès des formes de la nature, pour ce subtil esprit, a pour principal mobile de combattre la dispersion qui veut se produire au sein de la nature et de ramener tout de la dispersion et de l'isolement à l'idéalité de la notion. Mais comme la nature est soumise à la nécessité et que ses développements ne sont pas libres, il en résulte qu'il n'y a point, à vrai dire, de progrès pour la nature, mais seulement pour l'affranchissement de l'esprit.

Sans doute la marche de la nature, le *processus naturæ*, est plein de dignité. Sa route est frayée dans l'intérieur de nos pensées : elle ne se produit pas comme succession dans le temps. La nature n'a point d'histoire. Indifférente à tout, elle est toute à la fois, *tota simul*. La nécessité suivant laquelle ses formes sont enchaînées ne permet point que l'une existe sans l'autre. Elle forme un tout indivisible où tout est relié au centre, une suite d'états ayant la raison de leur succession et de leur être. La nature reste éternellement la même : ses grandes œuvres sont sublimes comme au premier jour.

Mais d'un autre côté, la nature ne se suffit pas à elle-même. La nature est un mouvement vers l'esprit : la nature a donc une origine tout aussi indéterminée que la logique. L'idée objective nous apparaît d'abord sous les formes les plus rares et les plus dispersées dans la sphère du mécanisme. La nature quantitative purement mécanique, et ne pouvant pas encore être considérée comme un être réel, mais comme sortant de la pensée et marquée du caractère de l'idéalité, constitue la nature mathématique.

L'étendue considérée comme existence et sous forme d'être indépendant constitue l'espace. La succession ou devenir pur constitue le temps. L'espace et le temps sont les moments du mouvement. Le mouvement est le vrai principe de la matière et l'âme du monde. La matière par son moment négatif, c'est-à-dire par la séparation abstraite de ses parties, passe à l'état de différence : d'où la répulsion. Mais comme les parties différentes sont identiques au fond, elle maintient sa continuité : d'où résulte l'attraction. Cette identité constitue la pesanteur, par laquelle se complète et se réalise la notion de la substance matérielle. L'*inertie* est propre à la matière abstraite et purement mécanique, mais nullement à la matière concrète et physique; c'est une abstraction comme la masse proprement dite dont elle est l'attribut. La vitesse est une détermination idéale. La chute est un mouvement libre relatif.

Mais à quoi bon refaire encore cette genèse de la nature et copier ou traduire, comme on l'a fait récemment dans de gros traités de métaphysique, l'avant-propos de Michelet au tome II de l'*Encyclopédie ?*

D'abord ceux qui croient interpréter Hegel en lui substituant le *Compendium* de Michelet, se trompent. Dans la première ébauche du système que Hegel remaniera plus tard, dans cette ébauche platonicienne où l'inspiration du *Timée* est partout visible à côté de Schelling, et qu'il effacera de plus en plus par ses remaniements, on trouve après les lois du choc et de la chute une belle description des mouvements des corps lancés dans l'espace, du pendule et du levier, qui a disparu dans la *philosophie de la nature*. Et puis croient-ils rendre service à Hegel parce qu'ils le montrent ainsi luttant souvent d'extravagance avec Schelling dans ses constructions astronomiques et ses hypothèses imaginaires, faisant intervenir les mathématiques et la métaphysique et surtout l'imagination dans la physique, trouvant dans le magnétisme l'expression *naïve* d'un *syllogisme*, dans la terre le cristal général, dans la montagne primitive le squelette interne de cet organisme, le noyau glacé de la vie, et dans les démembrements minéraux de l'individu — terre (métallicité, rudesse et neutralité), je ne sais quelle ébauche d'un procédé dont le feu purificateur lui avait déjà paru l'image ?

Pour nous qui ne cherchons dans ce chaos confus de notions incomplètes prises à des sciences dont plusieurs étaient à peine formées, que l'idée du progrès, base de sa philosophie de la nature comme elle l'était déjà de sa logique, notre tâche est plus facile : cette idée en effet domine, elle y est partout, de même qu'elle est écrite partout dans les âges du monde et dans les couches géologiques de la planète que nous habitons, et dans cette immense promotion de l'être vivant à un type de plus en plus parfait. Partout la force plastique, création, nature, providence, n'importe le nom, marche d'être en être et de cadre en cadre, du moins au plus, du simple au multiple, ensevelissant d'abord sous de violents cataclysmes ses premières et incorrectes ébauches et emportant seulement sur un nouveau théâtre quelques exemplaires du règne végétal et du règne animal, comme pour rattacher un monde à l'autre par des transitions insensibles. Partout elle fait naître par d'intelligentes sélections les espèces des êtres dans le milieu qui leur est propre. C'est là sans doute ce que les genèses les plus anciennes ont exprimé par cette création des six jours, qui n'est que l'ordonnance du monde en six différents progrès. C'est là la seule explication vraiment scientifique de cette grande loi : *Natura non agit saltatim*, La nature, dit Gœthe, dans le développement organique des êtres marche sans repos ni trêve et elle attache la malédiction à tout ce qui retarde ou suspend son mouvement. Quel champ pour la philosophie de l'absolu, et comme elle s'y donne carrière! C'est Schelling d'abord qui le parcourt à grands pas. Hegel ne pouvait laisser passer de telles données : magnétisme, lumière, électricité, le conduisent au chimisme; et le travail chimique, dernier terme du progrès physique proprement dit, lui sert de transition de la phase physique à la phase organique du développement de l'idée dans la nature. Ici reviennent, pour expliquer la vie tellurique, les notions de géologie et de physiologie, zoologie, histologie, ostéologie; toutes les sciences sont hardiment pillées et mises à contribution pour montrer partout ce résultat unique, le progrès. Et comme terme suprême de ce progrès, l'homme apparaît et avec l'homme l'esprit, fin de la nature.

Ici un nouveau progrès commence, le plus riche et le seul complet : car l'esprit seul contient tout à la fois nature et raison. La raison n'est point le progrès complet, revenu sur lui-même: car elle n'est qu'un moment idéal de l'absolu. La terre n'est point le progrès : car, bien que Hegel reconnaisse une faculté de devenir meilleur ou plutôt un progrès accompli dans la planète, il n'entend pas ériger les différentes phases de son développement déjà parcourues en principe d'une science de la création de la terre. Suivant son ingénieuse remarque, la terre est privée de la faculté de revenir de la variété de ses formes à l'universalité absolue : la terre n'est donc que l'image du procédé, que l'ombre du progrès ; elle n'est pas le procédé. Le feu s'est éteint : or le temps n'a pas de puissance sur les images, le procédé lui-même est à l'état de souvenir dans son histoire, il est passé : mais l'esprit vit et l'esprit meut, soulève et perfectionne la planète. L'esprit est la source du progrès. Et c'est là ce que nous cherchons, c'est là l'objet de la philosophie de l'esprit.

La *philosophie de l'esprit*, telle qu'il l'a exposée dans l'*Encyclopédie*, n'est elle-même qu'un vaste progrès. Dans la première ébauche du système, cette philosophie, qui devait être le couronnement de l'œuvre, se réduisait à un système de culture morale ou à un cours de droit naturel où les notions de droit abstrait et de morale étaient complétement confondues avec celle de la culture morale (*sittlickeit*), sorte de république à la Platon tout idéale, d'où l'anthropologie et la psychologie étaient absentes, et que l'art et la religion n'avaient point visitée. C'était une déduction abstraite en trois parties comme toutes les autres, où toute la morale était ramenée à la soumission du particulier à l'universel, le crime ou rapport négatif au renversement de ce rapport par la soumission de l'universel au particulier, et tout enfin à cette culture morale, absolue, dont l'État est la figure et dont le peuple représente la totalité. Plus tard il abandonne ces formes trop générales et très-vagues de l'esprit pour chercher sa manifestation dans l'âme des peuples, dans les civilisations les plus parfaites, l'histoire enfin. Alors, et sous sa forme définitive, la *philosophie de l'esprit* devient le mouvement de l'esprit de l'humanité considéré dans la série de ses développements et dans la suite de ses progrès depuis la subjectivité de la raison et l'objectivité de la nature, jusqu'à l'absolu lui-même. Livre étonnant qui semble construit avec les ossements des créations primitives, et les rudiments d'une ethnologie et d'une anthropologie antédiluviennes, où l'homme apparaît comme produit complet de la vie cosmique, sidérale et tellurique, où les révolutions du globe ne sont plus que le travail inconscient de l'esprit de l'humanité encore enfoui dans les entrailles de la terre et qui se préparait sa demeure, où l'histoire devient de la philosophie et la philosophie de l'histoire, sorte *d'histoire universelle à la Bossuet*, bien que d'un autre point de vue, où la famille, la société, l'État et les gouvernements, *mouvement d'un tout qui se connaît*, sont passés en revue avec de continuels retours au passé, à l'histoire des mœurs, des législations, des arts, des religions et des philosophies qu'il explique et qu'il cherche à étreindre dans ses formules.

On comprend tout le parti que Hegel pouvait tirer de l'histoire pour cette grande doctrine du progrès de l'absolu, qui ne se manifeste nulle part autant que dans le monde de l'esprit. On pourrait dire même qu'ici seulement la doctrine du progrès prend un sens, et nous ouvre quelques vues profondes sur l'histoire de l'humanité. La nature est trop fatale, trop inconsciente. Les formes générales de la vie et de l'amour, qui étaient déjà pour lui certaines manifestations de l'esprit dans le monde, sont trop générales et trop vagues pour l'exprimer dans son intime essence et ses retours victorieux sur lui-même. L'histoire, au contraire, comme la connaissance de la connaissance, est au plus haut degré un développement (*entwickelung*) et un développement du concret (*entwickelung der concreten*). En elle se trouvent réunies les deux conditions du progrès : qu'il y ait un développement et que la matière de ce développement soit concrète, c'est-à-dire réelle.

Qu'est-ce qu'un développement, se demande Hegel, et qu'est-ce que le concret? Quand nous saurons ces choses, nous saurons ce qu'est l'histoire. Un développement, c'est ce que les Grecs expriment par le passage de la puissance (δύναμις) à l'acte (ἐνέργεια). C'est ce que sa philosophie exprime par ces mots : il faut que l'*en soi* devienne *pour soi* : que l'être devienne personne, personne libre, ayant conscience de sa liberté. Pour cela il faut qu'il développe les germes de raison qui sont en lui, qu'il les mûrisse, qu'il les change en fruits. Voyez la plante : de son germe sort une riche végétation qui était contenue et comme enveloppée en elle. La raison de ce développement est une sorte d'effort qui est dans le germe et qui le pousse à déployer ses forces et son énergie intimes. Mais ce développement a son but et il ne l'atteint que dans le fruit qui est le terme de son progrès, parce qu'il est la production d'un nouveau germe ou le retour à l'état primitif. L'esprit est comme la plante : il se développe, mais la loi de ce développement est autre. La plante se dédouble : le germe et le fruit se séparent : ils sont deux, il y a une ligne de démarcation entre le commencement et la fin de ce progrès. Le fruit et la nouvelle semence qui est contenue dans le fruit ne deviennent pas pour soi, mais pour nous. L'esprit au contraire est conscience, il est libre et, comme tel, la fin et le commencement ne font qu'un. Dans l'esprit, les deux sont de même nature. Être pour soi et être pour un autre sont même chose. Le déploiement de l'esprit consiste en ce que dans la production même qui le fait sortir de soi il revient à soi, il a conscience de lui-même; cette conscience de soi qui est son but suprême, absolu, est donc aussi le plus haut degré de son développement. Tout ce qui arrive dans le ciel et sur la terre, je veux dire tout ce qui arrive éternellement, la vie de Dieu même, et tout ce qui se manifeste dans le monde, tend à ce but que l'esprit se connaisse, qu'il se pose comme objet, qu'il se trouve, qu'il ait sa vie propre et distincte, qu'il revienne en lui-même : car c'est ainsi seulement qu'il arrive à la liberté, car il n'y a de liberté que dans l'indépendance. Ici seulement il a la pleine propriété de lui-même, dans tout le reste il n'atteint point à cette liberté souveraine. Dans la pensée seule il se purifie de toute matière étrangère, il est lui, et il est absolument libre. Mais il faut que ce développement ait une matière, un contenu ; cette matière, qui la fournira ? ce contenu, où le trouver plus riche, plus abondant que dans l'esprit ? L'esprit n'est pas un abstrait ou une collection d'abstractions, comme on se le figure trop souvent. L'esprit est un concret, il contient la nature et la raison, ses déterminations sont variées : son contenu est infiniment plus riche que celui de la nature, et l'histoire qui le développe est ainsi le développement d'un concret. L'histoire envisagée de haut et dans ses groupes principaux est la dialectique de l'esprit collectif. C'est le tribunal devant lequel toute partialité s'efface : esprit des localités, esprits nationaux, tout disparaît devant l'esprit universel; ce qu'on appelle les âges du monde, c'est l'esprit qui existait déjà privé de connaissance, enfoncé dans les profondeurs de la terre et qui s'était construit sa cage. Au-dessus s'élève l'esprit de l'humanité, qui est né de la lutte des peuples entre eux et qui cherche à faire prévaloir une morale de l'humanité, sorte de morale universelle à la connaissance et à la création de laquelle le christianisme a beaucoup aidé. Toutefois ces grands ensembles appelés peuples ont une forme d'esprit particulière. L'esprit du monde pose dans chacune de ces formes un sentiment de soi absolu plus ou moins développé, et possède dans chaque peuple une existence qui lui est propre. L'empire romain a été l'apparition sur terre de l'universalité, signalée par la disparition de l'esclavage. L'histoire universelle n'est autre chose que le développement de l'idée de la liberté hâtée par le christianisme.

L'histoire, c'est avec ce mot que Hegel s'est emparé du dix-neuvième siècle, non pas qu'il ait entendu faire de la philosophie un simple développement historique du contenu des philosophies anciennes, mais quelles que soient ses réticences et ses atténuations, il est convenu que Hegel est le Génie de l'histoire, que l'histoire est à ses yeux la science absolue, la science la plus haute à laquelle il soit donné à l'homme d'atteindre. Il faudrait bien s'entendre sur ce point.

L'histoire sera toujours la leçon des peuples et des rois, sauf à ce que les premiers n'en profitent guère plus que les seconds. J'ajoute que, vivifiée par le souffle du progrès, relevée de ses aberrations et de ses déchéances passées par la théorie de Hegel et les travaux consciencieux de nos grands historiens, elle laissera son empreinte sur notre temps, et aura une part éclatante dans nos progrès futurs. Mais, en admettant ces hautes visées de l'histoire prise de haut et ramenée à ses lois fondamentales, je ne puis accorder aux hegéliens leur principe; car, après tout, cette histoire qu'ils expliquent si bien, il est plus difficile de la faire que de la comprendre. Un grand homme d'État, un législateur illustre, seront toujours à nos yeux infiniment au-dessus d'un explicateur de leurs œuvres. Il serait bien temps de se défaire de ce risible orgueil du savant qui se croit au-dessus de tout ce qu'il comprend. Eh quoi! les actes les plus sublimes de vertu, d'héroïsme, d'abnégation, ne sont rien une fois qu'ils sont *compris*, et ne méritent pas un regret superflu. Le caractère, la volonté, l'action ne pèsent-ils point dans les destinées des nations autant que la compréhension la plus vaste et l'intelligence la plus heureuse? M. Thiers a défini le talent de l'histoire par ce mot : l'*intelligence*. Ceci même indique qu'elle n'est pas tout.

Aussi je croirais volontiers qu'on fait tort à Hegel en lui attribuant sur l'histoire des thèses qu'il n'a jamais professées, et qu'on prend l'ombre pour la réalité, un reflet de l'absolu pour l'absolu lui-même. L'astre qui le guide est le progrès et non pas l'histoire. « La philosophie, dit Hegel en terminant ce vaste parcours à travers les âges écoulés et les civilisations détruites, n'a pas d'autre objet que la splendeur de l'*idée* qui se *réfléchit* dans l'*histoire* du monde; elle s'élève au-dessus des mouvements des passions pour ne s'attacher qu'au général, au *progrès*, et son intérêt consiste à faire comprendre comment la réalité présente est le résultat des révolutions du passé. »

Tel est le plan d'une encyclopédie, suivant Hegel; et ce plan, il l'a réalisé. Il a élevé ce monument à la pensée, ce cénotaphe à la mémoire de l'*idée*. Là les différentes sciences viennent se ranger et se fondre successivement. Les mondes ne tiennent pas plus de place qu'un atome de la poussière dont ils furent formés. Au-dessus plane l'Idée, synthèse du fini et de l'infini, unité du réel et de l'idéal, lien du général et du particulier. L'école idéaliste trouve ici son expression la plus haute dans cette logique nouvelle, qui suppose toutes les connaissances naturelles et historiques rangées sous leurs principes rationnels, tous ces principes identiques pour la nature, la pensée et l'histoire, et une seule et même essence, l'idée, se manifestant sous trois formes distinctes, mais analogues dans leur développement.

Si l'on songe que tout ce gigantesque échafaudage de sciences empilées les unes au-dessus des autres repose sur une déduction fausse de la catégorie du devenir, on est pris de vertige et la tête vous tourne comme à un homme qui serait sur la tour penchée de Pise.

La logique du progrès, telle que l'a formulée Hegel, repose sur l'identité de l'être et du non-être, c'est-à-dire sur une contradiction manifeste, et sur le mouvement logique de l'idée, c'est-à-dire sur une notion expérimentale transportée sans aucun droit dans la logique par Hegel. Il ne saurait donc être aujourd'hui question de discuter une telle logique, et il vaut mieux ne s'occuper que de cette logique corrigée et améliorée par ses disciples. En admettant, et ceci est l'hypothèse de beaucoup la plus favorable à Hegel, qu'au lieu de cette identité contradictoire de l'être et du néant, base de la catégorie du devenir, on se restreigne à l'identité de l'être et de la pensée et au mouvement de l'idée, rien n'est fait encore. La première est une supposition et la seconde est une erreur. L'identité de l'être et de la pensée, qui implique celle de la métaphysique et de la logique, est une supposition : car il est bien évident que cette identité ou plutôt cet accord, cette harmonie, il n'en a conscience et il ne la connaît qu'autant que son savoir y atteint par un point ou par un autre, mais il ne s'ensuit nullement que tout l'être et toute la pensée soient identiques *a priori*. Et quant au mouvement de l'idée, quand bien même on n'entendrait par là que le besoin de s'opposer à son contraire, que la nécessité d'un progrès immanent de l'idée, rien ne prouve que ce soit l'idée ou la notion qui marche ainsi de soi et sans l'aide de personne. Car on avouera, par exemple, que pour la formation de la catégorie du devenir il est difficile d'admettre que ce soit l'être pur ou le néant en personne qui accomplisse ce mouvement qui les fait passer l'un dans l'autre, et il n'est pas défendu de supposer que la main cachée du philosophe y est pour quelque chose, à moins qu'il ne faille en croire Hegel sur parole et concevoir le mouvement du rien et un néant fécond. Et puis c'est à l'expérience qu'il dérobe ces notions de naissance et de mort : sans l'expérience il n'en pourrait être seulement question. Il en est de même de son opposition d'une catégorie à l'autre qu'il donne comme spontanée et, partant, nécessaire : tout cela est purement factice, et si

Hegel n'était pas né, personne n'y eût jamais songé. Il en est de même de sa notion des catégories entendues comme déterminations de l'être en même temps que de la raison, comme l'essence des choses et le fond de la réalité.

Mais le mode et la forme de ce développement sont plus singuliers encore. Qui le croirait? Le véhicule du progrès, suivant Hegel, c'est le syllogisme, le syllogisme, cette forme vieillie de l'école. Il est vrai que c'est le syllogisme triadique ou trinitaire; mais cela ne le rend ni plus clair ni plus nouveau. Oui, la logique du progrès, suivant Hegel, c'est le cercle[1]; le cercle est l'image du progrès. En effet, comme Pfaff le lui reproche, il en fait un des plus vicieux dans sa philosophie, *circulus in demonstrando*. Le syllogisme en est la formule et la déduction continue l'unique procédé. L'univers entier n'est qu'un syllogisme, qui se déroule en trois différents progrès.

Ainsi deux mouvements dans sa logique : l'un pour aller violemment, effrontément en avant, celui-ci obtenu par une contradiction manifeste *ex terminis*, l'absurde posé comme base; puis je vois aussitôt cet effort non moins violemment ramené sur lui, enchaîné dans les anciennes formules, stérilisé dans l'abstrait, réduit à la forme syllogistique. Il ne faut pas beaucoup de perspicacité pour voir qu'il n'y a là

---

1. On reconnaît bien là cet esprit gâté par la fausse rigueur des mathématiques, et qui cherchait d'abord à se représenter la vie de l'esprit sous la forme du triangle des triangles.

aucun progrès. Le syllogisme est une figure qui ne contient dans la conclusion que ce qu'on a mis dans les prémisses. La triade est un emprunt malheureux à l'école d'Alexandrie, qui nous ramène de quinze siècles en arrière. Où est le progrès? En tous cas, la base est démontrée fausse.

Hegel a faussé la métaphysique par l'introduction d'éléments étrangers, sans faire progresser notablement les autres sciences auxquelles il l'applique. Il a fait de la métaphysique moins une science qu'un côté de toutes les sciences. Son idéal est depuis lors abaissé, et la pureté de ses principes corrompue. Mais il s'en faut bien que les autres sciences en aient reçu les développements qu'il annonçait. Ses cadres symétriques, son progrès uniforme, et ses tricothomies monotones sont depuis longtemps abandonnés : l'appareil logique qu'il a voulu adapter aux sciences du progrès n'est ni assez souple ni assez flexible pour les contenir et les développer toutes. L'univers, d'ailleurs, n'est pas un syllogisme, et le siècle lui a donné tort en revenant de plus en plus à l'induction et aux sciences inductives.

CHAPITRE VI.

DE L'INTRODUCTION DES IDÉES HEGÉLIENNES EN FRANCE.

Hegel a voulu donner, dans sa généralité la plus grande, la formule du progrès, de tout progrès. C'est là ce qui a rendu sa philosophie populaire en Allemagne, malgré ses défauts, et peut-être même à cause de ses défauts. Tel est l'attrait de cette grande idée du progrès qui avait été, pour ne parler que des Allemands, celle de Lessing, Herder, Gœthe, Hamann et Kant, qu'apparaissant même sous des formes inintelligibles, enveloppée de brouillard, et noyée dans des formules, elle y fit une fortune prodigieuse, et y imprima un élan à la pensée. Nous lui devons la philosophie de l'histoire entendue comme un progrès des peuples, et l'histoire de la philosophie considérée comme un progrès lent, mais continu de la pensée. On conçoit qu'il eut de bonne heure une école enthousiaste et zélée. Son *Encyclopédie* nous montrait toutes les directions de la science fécondées et réunies par la logique du progrès. Le théologien, le naturaliste, le jurisconsulte, le politique, l'historien, le moraliste, tous étaient attirés vers cette doctrine qui s'annonçait comme le lien de toutes les sciences particulières, comme leur enchaînement. Je m'explique fort bien, pour ma part, l'ardeur avec laquelle ses disciples se jetaient sur les sciences spéciales pour les renouveler par la logique du progrès et avec l'espoir d'y devenir maîtres à leur tour, chacun dans sa spécialité. Je comprends le mouvement qui se produisit alors, l'enthousiasme des disciples inondant leur maître sous une pluie de fleurs, ces productions en tous genres qui allaient porter dans les sciences la séve de l'idée, ces vers mêmes en son honneur qui portaient si haut l'orgueil de la libre pensée.

« Quand l'esprit dispersé par la matière cherche à conserver ce qu'il a reconnu être sien, alors surgissent les tourments dont l'homme fort peut seul triompher, comme les rayons du soleil dissipent le brouillard. Si l'esprit sort vainqueur de la lutte, les puissances conjurées contre lui s'élanceraient par milliers du fond de l'abîme, il se rit de leurs efforts. Ce qui a lutté convulsivement sous les coups de la douleur et de la joie, l'aiguillon qui a fait saigner des milliers de cœurs, le duel entre l'acte et les tendances, déchira dès l'origine la poitrine de l'homme. C'est toi, Tout-Puissant, qui as brisé la tête de l'hydre, c'est toi qui as fait que l'acte et la volonté ne font plus qu'un. »

Ces jeunes esprits ardents et peut-être abusés par l'idée d'une renaissance intellectuelle et morale, et d'un progrès tel que le monde n'en avait point vu jusqu'ici, exprimaient naïvement leurs espérances infinies, et célébraient leur maître tantôt comme un Socrate moderne, tantôt comme l'Alexandre du royaume de l'esprit, ou bien même comme Brahma créateur des mondes. On a eu recours, pour expliquer cette prodigieuse fascination, à l'attrait du sophisme; on a prononcé les gros mots de mensonge et de captation. On a dit que Hegel était un charlatan, un bateleur de la pensée, qu'il fallait avoir contre lui une de ces haines vigoureuses comme doivent en inspirer les méchants : nous verrons tout à l'heure qu'on ne le traite pas mieux en Allemagne. Pour moi qui ne crois pas à ces perversions de la pensée et qui ne veux pas soupçonner le mal, je m'explique ce prodigieux succès par une grande idée mal comprise, mais qui était au fond de tout cela, l'idée du progrès. La puissance des idées générales pour renouveler les sciences, toutes les sciences, la conception scientifique des grands ensembles, ou des totalités historiques pour les expliquer, les lois du groupement des faits autour d'une idée principale qui est le centre et la vie de ce groupe, la force de développement qui est dans les germes et qui travaille en logique, dans la nature et dans l'esprit, partout enfin : voilà les traits principaux de la théorie Hegélienne du progrès, du progrès en tout et partout. Sans doute il a eu tort d'en essayer une déduction impossible et de l'étendre à tout, même aux choses qui par leur nature sont en dehors du progrès, Dieu, la théologie, la vérité, la métaphysique. Mais l'idée était grande et belle restreinte dans sa sphère. L'Allemagne l'embrassa avidement, et un mouvement se produisit dans toutes les sciences même qui avaient jusque-là résisté aux idées de progrès.

C'est ainsi que les idées hegéliennes prodigieusement subtiles, portées par ce véhicule du progrès, comme ces graines que le vent secoue et qu'il sème sur de nouveaux rivages, ont été répandues au loin. Il n'y a point de zone pour l'esprit ; il vente où il veut, *flat ubi vult*. Et quand un vent d'incrédulité s'élève, le même souffle propage l'erreur et la vérité, comme un même vent sème au loin la rose et le pavot, le froment et le chardon. Mais telle est la force de ce véhicule du progrès qu'il force les frontières naturelles, ne connaît point d'obstacle et acclimate les productions les plus diverses de l'esprit humain. Le Nord fut bientôt conquis. La France ne pouvait longtemps résister à cette contagion. L'idée de Lessing, Herder et Gœthe si puissamment systématisée par Hegel avait été celle de Turgot et Condorcet, dont les pensées sur la perfectibilité humaine ont trouvé leur forme logique dans les immortels principes de 1789, et leur application pratique dans la Révolution. Je ne m'étonne plus que les idées de Hegel aient trouvé de l'écho en France. Son histoire nous le montre puissamment agité, au delà du Rhin, par ce souffle de la Révolution qui venait de déraciner d'antiques abus, et dansant même avec Schelling autour d'un arbre de la liberté. Il annonce alors une ère de justice et de liberté. J'ai rappelé ses paroles à Iéna, « une nouvelle époque de l'humanité est née dans le monde ! »

Il y a toujours un peu du mystagogue et du prophète dans l'apôtre du progrès. Aussi toutes les grandes écoles du progrès qu'a vues s'élever la France, positivistes, progressistes humanitaires, disciples de Saint-Simon, sont, qu'elles le sachent ou l'ignorent, pleines de la pensée de Hegel et plus ou moins agitées de son esprit. Sans doute elles varient ses formules, et ses idées greffées sur des tiges françaises ont un autre air; mais la séve est allemande et la végétation de l'esprit s'y fait dans les cadres qu'il a tracés et suivant la loi qu'il a découverte. Car c'est par corruption que les idées s'y engendrent et qu'elles y meurent, et l'hegélianisme français n'a en cela aucun privilége sur l'hegélianisme allemand. Sans doute encore, il y a dans Hegel des parties dures et résistantes que leur grossier bon sens repousse, mais ils s'assimilent le principal. Cette forme d'esprit propre à l'hegélianisme qui consiste à voir le progrès en tout et partout, même dans la décadence, est la leur, soit que son *processus* de l'absolu, transformé par le génie de notre école polytechnique et précisé par l'esprit mathématique de Comte devienne la série des sciences au sens positiviste, soit que les pensées subtiles de Hegel sur l'Homme-Dieu aillent se perdre dans les excès de l'anthropolâtrie, soit enfin que ses principes appliqués avec mesure à l'histoire des religions et des langues prennent pour mot de passe le scepticisme érudit de M. Renan. Partout l'idée du progrès se retrouve et entraîne avec elle les impures scories du système, comme un feu qui purifie tout. C'est elle qui soutient les derniers jours de l'hegélianisme expirant en Allemagne, et qui explique les prodigieux débuts du saint-simonisme en France. C'est elle qui, après la mort de Hegel, inspire encore les vivants. Le même astre a vu le déclin de l'hegélianisme et le progrès de toutes les sciences qu'il croyait avoir conquises. En elle se touchent par quelques points les tendances divergentes des écoles de progrès humanitaire ou social. En elle se touchent par quelques points la *Profession de foi du dix-neuvième siècle*, les *Essais de palingénésie, Ciel et Terre* de Jean Reynaud, l'*Esquisse d'une Philosophie* et les théories hegéliennes de M. Proudhon; car elles admettent toutes implicitement et dans une certaine mesure la loi de l'universel devenir. *Le Progrès par le christianisme* fait exception et ne se laisse point atteindre; car il a deux points, l'un fixe et l'autre mouvant, et le progrès consiste à aller de l'un à l'autre, c'est-à-dire de l'homme à Dieu.

Ces idées circulent; elles voyagent d'un monde à l'autre, subtiles messagères d'hegélianisme, l'air en est imprégné et nous les respirons partout, que nous ne nous en doutons point encore, dans les philosophies, dans les théologies même, dans tous les livres où la contradiction fourmille, et comme si ce n'était point assez des gros livres, le roman, le feuilleton, l'histoire, la critique aiguisée par les raffinements de la culture, se développent dans le sens d'un réalisme hegélien, et lui prendraient volontiers sa devise : « Tout ce qui est réel est aussi rationnel, » en la modifiant ainsi : « Tout ce qui est réel est aussi littéraire. » Hâtons-nous d'ajouter que ces dépravations étranges, ces sceptiques blasés, cherchant pour leurs sens émoussés un dernier plaisir, ce réalisme cru, sont des formes d'hegélianisme dont n'eût point voulu Hegel. Il en est le complice involontaire; il les a malmenés de son temps, et il ne les supporterait point du nôtre.

Le spiritualisme, renaissant lui-même sans qu'on puisse bien savoir comment il alliait ces idées à son principe et les transportait dans une langue si pure, a cédé à l'universel entraînement; il était à peine né qu'il était déjà conquis. C'est à ce mouvement que nous devons les leçons de 1828, si amèrement censurées par les uns, si vivement applaudies par les autres, et si finement appréciées par l'auteur dans la préface de la quatrième édition, que l'honneur ne lui a pas permis de corriger. A cette philosophie nouvelle alors, aujourd'hui vieillie, partout présente dans l'*Introduction à l'histoire de la philosophie*, M. Cousin empruntait, il l'avoue sans crainte, « les grandes généralisations et les formules altières qui avaient déteint, dit-il, sur sa pensée et sur son langage. » Pour nous qui ne l'avons point entendu, mais qui en avons recueilli l'écho dans sa vieillesse ardente, nous dirions plutôt avec la plupart de ses auditeurs d'alors, qu'il lui doit le mouvement extraordinaire de son esprit dans cette phase où il traversait l'histoire, et les teintes les plus vives dont se soit jamais coloré son langage. Qui ne se rappelle encore, de ce fortuné auditoire, l'effet produit par la répétition habilement nuancée de sa grande formule, conclusion obligée de toutes ses leçons : « Car, messieurs, il n'y a rien dans le monde que le FINI, L'INFINI et leur RAPPORT. »

A cette philosophie nouvelle et par conséquent encore inconnue en France, il prenait tant de thèses hardies déjà familières à l'Allemagne, mais dures à la Sorbonne, sur la marche du progrès dans l'humanité, sur les grandes époques de l'histoire et sur l'ordre de ces époques ; à elle encore, car l'optimisme est confiant à cet âge, il prenait ces paradoxes un peu forts pour notre sagesse actuelle, sur le progrès par la guerre, cet échange sanglant d'idées, sur la moralité de la victoire, et toute cette philosophie des batailles par laquelle Hegel consolait l'Allemagne dans ses revers. A elle enfin nous devons ce merveilleux chapitre sur les grands hommes, écrit dans la langue de Bossuet avec les idées de Hegel, et cette théorie de la puissance et de la gloire dont il savourait le charme, et cette apologie du vainqueur qui a depuis fait fortune. A elle surtout il prenait, parmi beaucoup d'autres, ces idées justes sur l'utilité de l'histoire de la philosophie qu'il a vulgarisées dans le cours d'un enseignement fameux. Sans doute il y aurait bien à dire sur ces leçons qu'il amnistiait d'avance par sa thèse du succès, de même qu'il absolvait les défaillances de l'humanité par celle de la puissance; quelle critique plus sévère pourrait-on d'ailleurs en faire à certains égards que celle du clairvoyant auteur? Nous sommes loin de l'époque du voyage philosophique en Allemagne[1]. » Rien ne ressemble moins assurément sous ce rapport au jeune professeur de 1817, que le philosophe austère de 1861, mûri par l'expérience et désenchanté des systèmes, appelant la métaphysique hegélienne *un vieil athéisme rajeuni sous le nom de panthéisme* et *décoré des livrées de la démagogie*. Et pourtant nous regrettons le temps de ces leçons que nous n'avons point entendues mais dont nos pères ont conservé le souvenir. Il semble

---

1. « J'avais reconnu en lui un de ces hommes éminents auxquels il faut s'attacher, non pour les suivre, mais pour les étudier et les comprendre, quand on a le bonheur de les trouver sur sa route. » *Promenade philosophique en Allemagne*. Nous recommandons l'*Epilogue*. M. Cousin prévoyait déjà, dès 1817, qu'il lui faudrait entreprendre la seconde traversée de Socrate et de Platon : δεύτερος πλοῦς !

qu'un souffle généreux parcourait l'auditoire, quand le professeur, visiblement inspiré par les idées allemandes, évoquait l'ombre des grands hommes ou analysait la Charte.

M. Cousin ne pouvait pas toutefois rester longtemps dans les liens de l'hegélianisme. Il y avait là trop de thèses hardies essentiellement antipathiques à la nature de son esprit et à celle de l'esprit français. Celle du progrès de l'absolu, qui produit le progrès de la métaphysique et s'exprime par son histoire, avait bien pu le charmer d'abord; mais il suffisait d'une médiocre attention pour voir qu'elle contredisait toutes ses théories sur l'histoire de la philosophie. On connaît ce beau quadrige antique, ce char à quatre systèmes, où il était monté et où toute la France l'avait suivi. Comment pouvait-il longtemps troquer ce magnifique attelage contre le lourd chariot où était monté Hegel et l'Allemagne avec lui? Il reconnut bientôt l'infériorité de ce rival, et il fut guéri pour toujours de l'imitation et des importations allemandes. Le fait est que la différence était profonde et qu'un esprit superficiel pourrait seul la méconnaître.

Le système français ramène toute la philosophie à quatre éléments essentiels, constitutifs de l'esprit humain. C'est là, suivant M. Cousin, le fond immuable de toute connaissance. Ce sont comme les touches de notre clavier métaphysique qui résonnent plus ou moins sous les doigts des virtuoses. D'après ce point de vue, la métaphysique, science toute immédiate, résultat d'un regard de l'esprit sur lui-même, ne change pas : elle sort complète de l'esprit humain et ne suit pas les lois d'un développement graduel. Elle est au fond la même à toutes les époques, et les mêmes écoles reproduisent sans cesse les quatre systèmes fondamentaux : idéalisme, sensualisme, mysticisme et scepticisme. L'école allemande se représente par une notion profondément distincte les lois du développement de l'esprit. Elle y cherche avant tout le progrès, le mouvement, la vie. Les idées elles-mêmes, les immuables idées sont emportées dans ce mouvement et perdent toute fixité. Elles deviennent les *moments* du *processus* de l'être, une *synthèse* du fini et de l'infini, les *degrés* du bien et de la pensée. Elles ne sont plus le fond même de la raison et le principe de l'intelligence; elles deviennent l'unité du réel et de l'idéal, du sujet et de l'objet, du général et du particulier; elles ne sont plus les vraies et les pures idées qui se recueillent dans l'esprit; elles sont habitantes de la région où se forgent les fantômes, car c'est l'esprit qui fait la vérité. D'après ce point de vue, l'*histoire* prend de plus en plus le rôle de la philosophie. Et s'il n'y a, comme le disait déjà Leibniz, qu'une seule philosophie, toujours la même, elle s'exprime par des phases diverses : *Æternarum varietatum parens.* Il y a donc un véritable progrès de la métaphysique, puisqu'elle se transforme comme toutes choses et qu'elle emploie de nouveaux organes, qu'elle en crée même au besoin. Tout cela était essentiellement contraire au système français représenté par M. Cousin, et l'on doit moins s'étonner de la rupture qui suivit que de l'alliance qu'il avait contractée avec Hegel.

Le spiritualisme n'a pas eu d'adversaire plus déclaré ni plus logique que Hegel. Il le flagellait, en Allemagne dans la personne de Jacobi comme dans les vers flasques de Tieck. Il l'y a rendu désormais philosophiquement impossible, à moins d'un miracle, en en faisant le synonyme d'incomplet et d'une chose qui n'a qu'un côté (*einseitig*). Je sais ce qu'on peut répondre, ce que M. Cousin lui-même a répondu dans la préface de ses *Fragments*, et dans l'avant-propos du cours de 1828. Il est difficile de se séparer plus complétement de Hegel et de se licencier avec plus d'esprit sur ce fameux Être en soi, *das reine Seyn*, qui, par une suite de métamorphoses merveilleuses, devient le principe universel. Mais alors comment n'a-t-il pas vu dès le premier jour qu'entre Hegel et lui il y avait un abîme? Comment ne lui a-t-il pas dit, dès la première heure d'une liaison qui ne pouvait durer, dans cette belle langue qu'il connaît si bien :

Du Dieu que nous servons connais la différence.

Entre le dieu impersonnel et progressiste de l'hegélianisme et le dieu personnel et parfait du spiritualisme, il ne pouvait y avoir d'alliance. M. Michelet de Berlin lui était d'ailleurs un témoin précieux de la doctrine ésotérique du maître, de ses ἄγραφα δόγματα sur l'immortalité de l'âme, la liberté de l'homme et la personnalité de Dieu[1]. C'est lui, si j'ai bonne mémoire, qui pendant les heures de sa captivité lui donnait les premières leçons d'hegélianisme; il a dû lui apprendre que le Dieu de Hegel n'est ni une personne au sens chrétien, ni la substance universelle au sens de Spinoza, mais le mouvement éternel qui tend vers l'homme, qui vient se consolider en lui, et par là même relever l'homme vers lui. Que fallait-il de plus pour ouvrir les yeux d'un juge désormais si clairvoyant? La *Vie de Jésus*, par Strauss, les livres de Feuerbach, les derniers scandales et la honteuse défaite de l'hegélianisme à Berlin en 1848 étaient-ils nécessaires? Alors nous avons vu le spiritualisme français réveillé par ce coup de tonnerre, quitter le rocher des Sirènes :

*Sirenum scopulos
Difficiles quondam multorum que ossibus albos.*

Hegel a fortement compris certaines grandes lois de l'histoire et du monde dont de Maistre, esprit al-

---

1. Voir les discussions dans le sein de l'école de Hegel : 1° sur l'immortalité, entre Michelet et Goeschel qu'il appelle un piétiste ignare; 2° sur la personnalité de Dieu, cf. Schaller; mais par-dessus tout lire les explications si fines qu'a données M. Cousin lui-même

tier et absolu comme le sien, fut également frappé : la guerre, la mort et le destin. La mort est le travail absolu, et notre entrée dans l'immortalité ; le destin tranche les questions entre les peuples ; la guerre manifeste une loi d'échange et de réciprocité entre la création et la destruction. Écoutez le tableau qu'il en a tracé :

« La marche de la négation criminelle dans le monde est la destruction naturelle, le vol, le détournement, le viol, la vengeance et le duel. La guerre, comme forme absolue du duel, vient se placer entre le meurtre et la vengeance : c'est le besoin de la destruction et un affranchissement nécessaire. La négation entière, indéterminée, universelle, qui ne va pas à l'être, mais se dirige vers l'abstraction de ce qui est créé, constitue la destruction universelle. La nature se retourne contre la création et contre toutes les productions organisées ; et de même que l'élément objectif est soumis à la vie, l'élément contraire soumet de nouveau les choses organisées et les anéantit. Et cet anéantissement est la destruction. C'est ainsi que dans le genre humain se forme un échange continu entre la création et la destruction. Lorsque la créature a longtemps attiré la nature inorganique et

---

dans l'Épilogue d'une *Promenade philosophique en Allemagne*, véritable cours de Philosophie à la Platon, fait sur ce bateau qui nous emporte avec lui le long des bords du Rhin. La rive fuit : les systèmes passent : les hommes eux-mêmes disparaissent : mais il reste dans l'esprit comme le souvenir d'un rêve à la fois agité et agréable, et l'impression d'une sagesse paisible et lumineuse, à la Descartes.

en a déterminé toutes les formes, la non détermination se manifeste : la barbarie de la destruction apparaît, s'empare de tout, rend tout égal et affranchit tout. Cette destruction s'est montrée dans toute sa sauvage beauté en Orient, où elle avait pour représentants Tamerlan et Gengiskan, qui, comme des balayeurs envoyés de Dieu, nettoyèrent des contrées entières. Le fanatisme de la destruction, puisqu'il est l'élément absolu et qu'il prend la forme naturelle, est invincible par le dehors, la différence et la détermination étant soumises à l'indifférence et à la non-détermination ; mais il contient en lui-même, comme toute négation en général, sa négation. La marche de la destruction naturelle vers l'absolue destruction constitue la rage, qui a de même sa négation en soi. »

Il a sur la formation du grand homme, dont la supériorité est de connaître la volonté absolue et de l'exprimer, une théorie célèbre. « Jamais, dit-il avec une véritable éloquence, celle même du bon sens et de l'histoire, jamais les États ne se sont constitués par contrat, c'est la sublime puissance des grands hommes qui les a créés : ce n'est point la force physique, car plusieurs sont plus forts qu'un seul ; mais le grand homme a quelque chose en lui qui attire et qui fait que les autres sont forcés de le reconnaître comme leur maître. Ils lui obéissent sans le vouloir : leur volonté immédiate est la sienne, bien qu'il en soit autrement de leur volonté propre et réfléchie. La supériorité du grand homme est de connaître la volonté absolue et de l'exprimer. Sa puissance est donc nécessaire et légitime en tant qu'elle crée ou qu'elle conserve les États. Il vit dans cette sphère intérieure des choses, dans le vrai, dans le divin, dans l'éternel qui existe toujours, invisible à la foule, sous le temporaire et le trivial : son être est là ; sa vie est un fragment du cœur immortel de la nature. » Ses vues sur l'art mériteraient de devenir célèbres.

« La Mnémosyne, ou la Muse absolue de l'art, entreprend de nous rendre visibles et comme sensibles les formes de l'esprit. Cette muse est l'expression de la connaissance universelle du peuple. L'œuvre de l'art mythologique se continue dans la tradition vivante. De même que les races croissent et font des progrès dans leurs connaissances, de même aussi l'art croît, s'épure et mûrit, et l'œuvre d'art est le bien universel comme œuvre de tous. Chaque génération travaille pour l'améliorer. Ceux que nous appelons des génies ont acquis une adresse toute particulière, et ils cherchent à représenter dans leurs œuvres les formes universelles de l'esprit. Ce qu'ils produisent n'est point *leur invention*, c'est l'invention de tout un peuple ; c'est le peuple qui a trouvé sa manière d'être. Ce qui appartient en ceci à l'artiste, c'est son activité, son adresse particulière dans le mode de représentation. Il est semblable à celui qui se trouve au milieu d'ouvriers qui construisent une voûte dont les soutiens sont invisibles. Chaque ouvrier pose une pierre, l'artiste en fait autant. Mais il se trouve qu'il pose la dernière et termine ainsi tout l'ouvrage. Il voit, en posant sa pierre, que le tout constitue une voûte, le dit hautement et en est proclamé l'inventeur. Ou bien encore il est comme s'il se trouvait parmi des ouvriers qui cherchent une source ; c'est lui qui enlève la dernière couche de terre au-dessous de laquelle la source est cachée et commence à jaillir. Il en est de même dans les révolutions des États. Représentons-nous le peuple enfoui sous terre et un lac immense qui le recouvre. Chacun croit ne travailler que pour lui et pour la conservation du tout, en enlevant une pierre au-dessus de lui. L'air est comprimé ; on sent le besoin d'eau ; mais par le fait on ne sait pas ce qui manque ; on continue à creuser, croyant améliorer la position. L'écorce devient de plus en plus transparente. Tout à coup l'un d'eux s'écrie : « voici l'eau ! » et il enlève le dernier obstacle. Le lac entier se précipite sur eux, les noie tout en les désaltérant. C'est ainsi que l'œuvre de l'artiste comme celle du politique devient l'œuvre de tous. Il en est un qui la termine complétement, parce qu'il y travaille le dernier, c'est lui qui est le favori des Muses. »

C'étaient là les côtés humains de la doctrine, ceux par lesquels elle était le plus accessible à l'esprit français. Ce sont ceux que les belles expositions de M. Cousin ont rendus populaires. Ces lueurs magiques, ces magnifiques échappées, ces perspectives infinies, révélations soudaines et exaltées de ses doctrines exotériques, apparaissant tout à coup dans la nuit hegélienne et par contraste avec le clair de lune transcendental habituel de ce philosophe, fascinaient l'auditoire et le portaient jusqu'aux nues. Hegel était un grand homme : M. Cousin presque un Dieu :

Est Deus in nobis : agitante calescimus illo.

Ce fut un triomphe pompeusement célébré dans l'école de Hegel comme la première victoire du monde germanique sur l'univers *greco-latin*. Des membres eux-mêmes de l'Université de Paris enseignaient cette philosophie barbare sous les voûtes de la Sorbonne, devant les bustes de Descartes et de Boileau, et la Sorbonne entière retentissait du bruit des applaudissements! Déjà on voyait à Berlin le Franc conquis et demandant des lois à la science allemande. Parmi ces jeunes enthousiastes qui fêtaient le jour de naissance de Hegel, Moriz Veit se distingua par ces vers qui contenaient un chaleureux appel à la France et à M. Cousin.

Vers l'Ouest : « Nach Westen hin ! Lumière! lumière! s'écrie le Franc qui s'extasie, quand tu t'approches toi et tes pensées! O toi qui as uni par la profondeur de ton esprit et ta puissance, le Nord et le Midi, toi pour qui l'Esprit du monde a réservé aussi les contrées les plus lointaines de l'Orient, tu viens de trouver dans l'Occident une demeure éternelle pour l'Esprit. C'est autour de toi que se rassemble le meilleur et le plus noble peuple de l'Occident. » Cette joie devait être de courte durée, et le *Franc extasié* allait prendre une éclatante revanche. 1830 fut peu favorable aux tendances hegéliennes qui s'étaient manifestées dans l'enseignement supérieur. Hegel mort, et M. Cousin devenu ministre, elles ne trouvèrent plus guère que des représentants obscurs dans le sein de la démocratie; et il ne fallut rien moins que le paradoxe éclatant de 1848, pour mettre en lumière ceux de M. Proudhon, le seul hegélien français de quelque valeur qui se fût produit depuis lors.

Mais l'esprit français ne s'arrête pas en chemin : il est logique, logique à outrance, et ces prémisses posées, il devait en tirer tôt ou tard les conséquences. C'est ce qu'ont fait de jeunes esprits d'une trempe plus forte, mais moins souple que leurs aînés. Ils ne pouvaient point ne pas voir que ces leçons de 1828 étaient comme un accident et une étrangeté dans la carrière philosophique de leur auteur. Cette apothéose du grand homme, cette apologie du vainqueur, cette étude spéculative de l'histoire ne pouvaient être des faits isolés dans le système primitif d'où elles étaient tirées : *prolem sine matre creatam*. Elles devaient y former un ensemble bien lié, un enchaînement logique, et dépendre de principes cachés, mais réels. Ils ont cherché ces lois fatales des événements dont les leçons de leur maître leur offraient plutôt le hardi pressentiment qu'une déduction sévère. On n'avait levé qu'un coin du voile à leurs yeux, ils ont voulu tout voir. Qu'ont-ils vu ces rares esprits, qu'ont-ils vu plus que leur maître qui, après l'avoir imprudemment soulevé, avait si vite et si habilement tiré le rideau sur ces *folies ?* Ils ont vu...... la Nature, grande nouveauté, à les croire, rajustée à coups d'épithète, formule créatrice, prenant à leurs yeux les proportions d'un être colossal, immense, et les fascinant d'horreur comme dans la vision de *Faust.* J'ai lu ces livres de philosophie où l'on cherche dans le réalisme un dernier scandale. J'ai parcouru ces confessions naïves à force d'impudence, où des échappés de collége saluent le dieu Hegel en l'accoutrant de leur bizarre métaphysique. Je ne dirai pas tout ce que suppose de méprises et de malentendus cet effort pour abriter sous l'autorité de la *philosophie de l'esprit,* cette renaissance d'un naturalisme vieux comme le monde, mais que l'on croit renouveler par la méthode *positiviste*. Hegel, meilleur juge, qu'on ne le croit d'ordinaire, des choses de l'esprit, n'eût point accepté la responsabilité de ces doctrines d'abaissement pour la France, pas plus qu'il ne les eût souffertes de son vivant dans son école. Hegel n'a pas précisément, que je sache, professé le matérialisme de Diderot ou prétendu refaire le système *de la nature* de Robinet. Il aimait dans M. Cousin, il eût aimé dans ses élèves le goût des spéculations élevées, l'intérêt pour les grands problèmes et la patience à le suivre dans ses déductions les plus abstraites. Il a pu se tromper, il a pu surtout en reprenant ces vieux mots d'*esprit* et de *nature*, et en en faisant des catégories pour la spéculation, donner le change à ses disciples et rouvrir la porte au naturalisme qu'il croyait avoir à jamais vaincu et dépassé; *überwunden*. Mais il n'appartenait qu'à des esprits blasés de ne prendre dans son œuvre que le pus et le venin, et de laisser intacte la fleur de ses meilleurs livres : la *Phénoménologie* et la *Philosophie de l'esprit*.

Le progrès s'est fait peu à peu, aidé par la critique qui discerne et qui juge, de telle sorte qu'aujourd'hui il y a deux formes, deux philosophies, deux littératures et comme deux courants de l'esprit : l'un qui porte vers les idées allemandes, et l'autre qui s'en éloigne. Je n'entends parler ici que de cet hegélianisme largement compris, qui n'est qu'un effort pour porter le mouvement et le progrès dans l'histoire des sciences, des littératures, des arts et des religions, et qui n'est peut-être au fond qu'une plus large indépendance d'esprit avec une plus claire intelligence de la réalité.

C'est à cette nuance délicate qu'appartient, malgré une phrase altière sur Hegel, l'un des esprits les plus distingués de notre temps, esprit le plus français qui ait jamais appliqué les divinations de la science allemande à la science des mythes et à celle des langues. On trouvera singulier que nous rangions parmi les promoteurs des idées allemandes un homme qui affecte peu de goût pour la philosophie pure et suivant lequel le grand *avenir* de la métaphysique est de n'en point avoir, un homme qui n'a point eu de développement et dont les œuvres si achevées et si parfaites d'ailleurs répugnent aux Allemands par je ne sais quoi de fermé, de stérile et de délétère et par un dogmatisme tranchant qui n'a du scepticisme que le nom[1]. Je sais toutes les nuances qui le séparent des métaphysiciens allemands[2], on pourrait même regretter qu'il n'ait point un sens plus profond de cette métaphysique et s'étonner du rôle que joue *l'instinct* dans sa critique, et la *catégorie de l'idéal* dans sa religion. Certes un peu plus de métaphysique ne gâterait rien. Et pourtant il y a un spéculatif en lui et l'on peut extraire des livres de cet auteur une métaphysique qui dans ses traits principaux est, comme

---

1. Je laisse aux Allemands la responsabilité de ces critiques. Je garantis seulement l'exactitude des citations.

2. J'avoue même que la philosophie de l'esprit et du langage de M. Renan me paraît en contradiction formelle avec l'idée hégélienne du progrès. Comment si « *l'esprit humain est complet dès le premier jour*, si rien ne se crée, rien ne s'ajoute aux germes, » peut-il y avoir lieu à un « développement *graduel?* » Comment si « l'idée d'une succession, d'un progrès dans le développement des facultés de l'homme ou dans l'évolution d'une langue arrivant péniblement à compléter ses parties est ridicule, » la science de « l'universel devenir » peut-elle être son but? Comment enfin, si « les peuples ont dans leurs instincts un type impérissable et préformé d'après lequel ils construisent (comme les abeilles ou le castor) leurs langues, leurs religions et leurs pensées politiques, » serait-il encore question de cette genèse humanitaire ou positiviste dont M. Littré lui a inculqué le principe? Questions pour l'ami, comme disait Montaigne; et d'ailleurs la contradiction incessante et répétée n'est-elle pas un signe d'hegélianisme?

on l'a fort bien remarqué, de l'hegélianisme. C'est même le côté intéressant de cet esprit confiné dans la critique et né pour la libre spéculation, citadin par calcul et nomade par instinct, timide jusqu'à l'irrésolution sur une question de mots et hardi jusqu'au scandale sur les questions religieuses, partagé entre Bopp et Hegel, et tour à tour retenu par les scrupules du savant et emporté par les témérités de l'exégèse allemande. La philologie l'éloigne des *idées a priori* de l'école hegélienne sur le développement de l'humanité, et sa philosophie des religions l'y ramène. Sa philosophie du langage et des races contredit l'idée même de développement graduel [1], mais l'histoire des dogmes l'y conduit. Son individualisme politique est en progrès sur cette idée, mais sa critique religieuse est un résultat, d'autres disent, un *résidu* de la science germanique. Citerai-je ses idées si connues sur le monothéisme envisagé comme le produit d'un esprit étroit et sec et dénué de toute flexibilité, ses préférences marquées pour la race indo-européenne qui n'exclut pas l'indifférence et le mépris pour les races latines, son goût de l'histoire et des grandes généralisations historiques, et cette thèse enfin de l'*éternel devenir* qui donne à cet esprit flexible tant de

---

[1]. Les langues sortent complètes de l'esprit humain, agissant spontanément : un germe est posé, renfermant en puissance tout ce que l'être sera un jour, rien ne se crée, rien ne s'ajoute, tout y est donné et comme entassé. » — « Les races sont des cadres permanents, des types de la vie humaine, qui une fois fondés ne meurent plus, mais sont souvent remplis par des individus étrangers. »

facilité pour saisir les choses dans leur mobile complexité, puis, comme trait de mœurs, son dilettantisme religieux et ce culte de l'art qu'il déclare *le seul infini*, et cet aristocratique dédain pour les foules, pour les races inférieures, pour tous les déshérités de la pensée, qui ne voit pas de raisons pour que l'âme d'un *papou* soit immortelle, et qu'il concilie pourtant avec la divinité de l'espèce humaine prise en bloc : type rare et singulier dans notre Europe en qui se personnifie cette *phénoménologie de l'esprit*, devinée par Hegel, et racontée par lui. Le courant plus fort l'entraîne avec lui : il vous dira qu'il le remonte, mais il le suit.

Mais le coryphée principal de l'hegélianisme, celui qui, au lieu de le répudier avec horreur comme MM. Saisset et Janet ou d'entretenir de loin en loin quelques relations diplomatiques avec cette puissance un peu déchue, comme M. Renan, s'en proclame à tout propos le disciple fidèle, s'en déclare le champion à outrance et s'en est fait l'interprète habile, c'est M. Vera, que la France n'a point su garder et qui a trouvé dans le nouveau royaume d'Italie cette liberté nécessaire à la spéculation qu'il n'a point rencontrée parmi nous. M. Vera est le produit le plus complet des idées hegéliennes que nous ayons possédé dans l'Université de France, et il présente cette particularité caractéristique qu'initié à la culture philosophique qu'on y donne, nourri du suc de l'éclectisme, il s'est volontairement séparé de ses premiers maîtres et a renoncé à leurs faveurs pour professer librement cette doctrine nouvelle qu'il avait adoptée. C'est un signe de hardiesse d'esprit et de liberté de pensée, et, en effet, M. Vera ne manque ni de l'énergie du travail ni de celle du caractère, à en juger par sa carrière philosophique soudainement interrompue. On ne peut qu'estimer cette mâle franchise qui respire en ses écrits, et l'ardeur même de son zèle à défendre son maître attaqué contre ses anciens collègues. M. Vera a le mérite très-grand et très-allemand de ne point s'arrêter devant le ridicule, de braver le sens commun et d'aimer le paradoxe. Il dira avec un orgueil un peu naïf, mais d'ailleurs très-convaincu : « Nous autres hegéliens nous avons un patrimoine à nous, » sans même s'apercevoir que ce patrimoine, en tant qu'hegélien, ne lui appartient plus et est depuis longtemps du domaine public. Il professe de même qu'en dehors de l'hegélianisme il n'y a point de salut pour la grande philosophie, comme si l'hegélianisme n'avait point dû rompre ses cadres pour entrer dans la vie de l'esprit par ce qu'il y avait de vrai. Hegel est son idole et il s'en croit le prêtre unique : exalté par la contradiction qu'il rencontre dans l'Université de Paris de la part de deux collègues, il voit le monde en noir et s'imagine que Hegel est méconnu partout, qu'il faut relever son drapeau, se battre pour lui, rompre des lances en son honneur. Qu'il me permette de lui dire que ce zèle est déplacé, et qu'à défaut de professeurs de philosophie hegéliens, je connais des gens qui savent à merveille que l'hegélianisme est un grand fait intellectuel et qui sentent tout aussi bien que M. Vera lui-même que le devenir est une grande chose, bien qu'il ne soit pas tout. Il faudrait donc renoncer à ce ton d'initié et à ce style de prophète, *os magna sonaturum*, quand on nous parle de Hegel, de sa logique, de sa philosophie de l'esprit ou de sa philosophie de la nature. Il faudrait renoncer à ces habitudes scolaires qui font voir exclusivement la philosophie dans le brevet. C'est là une étiquette et rien de plus. La philosophie, depuis qu'elle n'est plus uniquement retenue dans les cadres universitaires, a pénétré dans toutes les parties cultivées de la nation. Il y a dans nos écoles de droit et de médecine des jeunes gens étrangers à l'enseignement et qui sont tout aussi curieux de la vie de l'esprit que ceux qui ont mission de faire son histoire. Ces jeunes gens savent, et M. Vera ne l'ignore pas, que la philosophie que l'on enseigne à Paris n'est pas toute la philosophie, qu'il y en a une autre qui vient de l'Allemagne, se décompose et comme un fruit mûr, laisse exprimer son suc et rend son noyau à la terre. L'hegélianisme n'est point du tout une province nouvelle de l'esprit humain : c'est une province déjà ancienne et conquise; ce qui fait qu'elle paraît nouvelle, c'est que précisément l'enseignement de l'*alma mater* a rendu l'introduction des idées hegéliennes difficile en France, et funeste même aux premiers qui l'ont essayée. M. Vera en a été la victime : *inde iræ*. Mais que M. Vera nous permette de le lui dire : nous connaissons Hegel, et si l'on présente ici sa philosophie débarrassée du grand appareil des formules, dans son fonds, dans ses idées vitales, que M. Vera le sache bien, ce n'est pas que l'auteur n'ait point pâli sur la logique, qu'il ignore cette chimie organique de la pensée, ou qu'il dédaigne de toucher aux cornues et aux alambics pour étudier le procédé et le saisir à son état élémentaire de copie de la nature dans sa sourde fermentation et sa lutte contre les éléments en courroux. Non; c'est qu'il estime qu'il y a mieux à faire que de reproduire à grands frais ce travail pénible et de se mettre à genoux devant les moindres résidus de la pensée hegélienne. M. Vera ressemble à ce chercheur d'absolu qui avait trouvé le moyen de faire du diamant avec le charbon. Sans doute, à grands frais, avec une patience peu médiocre, on peut en refaire l'expérience et, se servant des procédés nouveaux, produire un composé de carbone et d'oxygène et en extraire une parcelle de diamant. Mais cela empêche-t-il que les vrais diamants brillent d'un éclat plus vif et coûtent moins, et que la nature prodigue en ait caché des monceaux dans les mines de l'Oural ? Le tort de M. Vera, c'est d'estimer cette parcelle brillante de la philosophie de Hegel à un prix infini, sans tenir compte des frais de l'opération, sans rechercher si d'autres procédés plus simples ne conduisent pas au même but, et si l'atome de diamant qu'il nous montre mérite ce qu'il a coûté. En tout cas, il a ruiné son auteur, et tout a fini par la banqueroute de la philosophie hegélienne. Voilà ce qu'il faudrait avoir le courage d'avouer; voilà ce qu'avouent les Allemands eux-mêmes. Car enfin, si cette idée du devenir, appliquée aux différentes sphères de l'être, de l'essence et de l'idée a donné des résultats nouveaux, quelques-uns fort inattendus pour Hegel et ses disciples, sa déduction de la catégorie du devenir, reposant sur l'identité de l'être et du non-être, était fausse. C'est un fait aujourd'hui reconnu par ceux-là mêmes qui ont le plus aidé à la diffusion, à la propagation des doctrines hegéliennes, un fait attesté par les revues allemandes et qui n'est pas nié par Rosenkranz[1]. Le reconnaissez-vous ? Première question à laquelle il faut répondre. Et puis, si vous le reconnaissez, ne sentez-vous pas que l'extension qu'il a donnée ou qu'on a donnée à ce devenir vrai, obtenu par une méthode fausse, devait faire craquer tôt ou tard toutes les constructions hegéliennes. Car enfin, si vous ne laissez rien dans l'arche, si vous jetez tout en proie au devenir, même la chose en soi de Kant, les idées de Platon, les vérités éternelles

---

1. Or non-seulement M. Vera n'essaye pas de remédier à cette absurdité manifeste et reconnue, ce qui prouve qu'il ne connaît pas l'état dernier de la question hegélienne en Allemagne, mais il reproduit avec un merveilleux aplomb la vieille démonstration, sans paraître se douter qu'elle est absurde. Voir p. 178, et *Revue de Halle*.

de Descartes, les attributs de saint Thomas, les noms divins des Juifs et de Maïmonide, si tout est cosmogonie, histoire du monde, phases et évolutions successives, il est bien évident que d'affreux cataclysmes menacent la pensée ainsi dépossédée de toute base fixe et de tout point d'arrêt. Et c'est en cela que j'explique Hegel mieux que vous, ou du moins dans un meilleur sens. Il ne m'est point prouvé que Hegel ait voulu mettre toutes choses dans un continuel devenir, *in perpetuo fluxu*. Il ne m'est point prouvé surtout que Hegel n'ait pas eu l'idée de conserver et de maintenir quelque chose au-dessus du devenir. Je sais bien que le système l'a emporté, que la loi du devenir est fatale, qu'on ne s'arrête pas dans le panthéisme; mais on doit du moins savoir gré à ceux qui essayent de retenir la philosophie sur cette pente. Et quand vous dites, pour pallier ce vice du système, que le devenir n'est pas le mouvement, pas plus que la logique n'est la nature, vous oubliez d'abord que Hegel parle sans cesse d'un *mouvement* de l'idée, dont s'est moqué Schelling avant M. Janet; et d'ailleurs, d'où aurait-il pris cette idée du *devenir*, si ce n'est de celle du *naître* et du *mourir* (ce que Hegel ne nie pas), c'est-à-dire de déterminations purement empiriques et de faits naturels que vous n'avez pas le droit d'introduire dans la logique pure?

Ainsi se vérifie par un exemple éclatant cette loi de l'histoire que nous indiquions en commençant et qui sera la conclusion de ce chapitre. Il y a deux formes d'esprit en présence dans notre dix-neuvième siècle déjà si troublé. Est-ce le génie des races ou bien simplement les lois du développement individuel qui les manifestent? Je l'ignore, mais l'antithèse est réelle. La guerre est en Europe, et elle n'est pas seulement entre les peuples et les rois, entre la tyrannie et la liberté, elle est surtout entre le spiritualisme et son contraire. Il y a aujourd'hui en France des gens qui étouffent dans l'éclectisme, qui se trouvent à l'étroit dans la philosophie française, et qui veulent en sortir fût-ce même par la tempête. Il leur semble que les destructions antérieures et les négations radicales du siècle passé n'ont pas suffi pour déblayer le terrain et permettre le développement des nouvelles formes endormies dans la conscience humaine, que le scepticisme n'a été parmi nous qu'une doctrine d'opposition, et la *libre pensée* une arme légère; qu'avec l'hegélianisme est née une nouvelle époque de l'esprit humain, une nouvelle phase du développement de la pensée et, pour tout dire enfin, une *forme d'esprit* particulière à ce siècle. Ceux qui appartiennent à ce courant, et ce sont en général les plus forts, prennent en dédain les tentatives des petits esprits pour lui résister et se croient sûrs de vaincre. Pour eux, c'est un signe de force dans l'ordre de l'esprit de céder au torrent; ils vous diront : « Tous les esprits qui cherchent et trouvent sont dans le courant, ils n'avancent que par lui; s'ils s'y opposent, ils sont arrêtés; s'ils en dévient, ils sont ralentis; s'ils y aident, ils sont portés plus loin que les autres. » Ils y voient une renaissance comparable, sinon supérieure à la première. On ne saurait nier que c'est le courant spéculatif principal de l'esprit humain en dehors du christianisme, que tous ceux qui y entrent y sont irrésistiblement poussés par une même force vers un même abîme : le néant; et qu'il a déjà emporté les lettres, les arts, les philosophies et même les religions, sauf une qui lutte et qui résiste encore. Tous ceux qui sont dans ce courant l'appellent lumière, science, force des choses, et ils s'y délectent comme de la plus belle eau. Tous ceux qui sont dans le courant contraire n'y voient que ténèbres, anarchie des esprits, le non-sens le plus inepte et le plus puéril, l'absurde posé comme base. Ils disent, non sans raison, que l'hegélianisme est une *forme d'esprit* très-particulière, très-sophistique et qui ne méritait pas de durer; qu'il est dépourvu de la force créatrice qui a abondé à ces autres époques auxquelles on fait l'injure de le comparer, et que pour cacher son impuissance il emploie ce moyen violent et grossier qui consiste à remuer les contradictions; qu'il est aussi dépourvu de la beauté de la forme que de la vérité du fond, malgré ses tentatives ambitieuses pour renouveler l'esthétique; que sa logique progressive et sa métaphysique à trois temps ne tiennent pas devant l'examen; que son histoire de la philosophie tant vantée n'est qu'un essai plus que médiocre; sa philosophie de l'histoire une tentative grandiose mais avortée, et sa philosophie des religions, un leurre pour la foule, *phaleras ad populum*.

Cela est plus vrai de son système que de ses idées. Le système est détruit, mais les idées demeurent. Le dix-neuvième siècle appartient à cette grande doctrine du progrès que sa philosophie a pu fausser en l'appliquant à tout et même hors de propos ; mais la critique est venue, elle viendra de plus en plus et elle discernera l'ivraie du bon grain, éprouvera les doctrines, montrera ce qui était susceptible de progrès et ce qui n'en comportait point, et donnera tout à la fois une règle et un frein à l'esprit humain.

CHAPITRE VII.

HEGEL ÉCRIVAIN.

Le style est l'homme même, a dit Buffon, et la meilleure de toutes les philosophies serait une langue bien faite, suivant Condillac. Ces deux vérités, axiomatiques pour nous autres Français, sont parfaitement fausses pour Hegel et les Allemands. Pour lui, pour ses disciples, la plus riche philosophie comme la réthorique la plus sublime, consiste à laisser penser en soi la nature, à se retrouver dans le monde et à retrouver le monde en soi, à être écho et non point verbe : *vox per inane coacta*. Quant aux caractères de la vraie langue philosophique, il les trouvait dans la luxuriance et la fécondité des vocables employés, *prægnantia verba*, dans une diction forte, mais lourde, embarrassée, traînante, plus pleine de mots que d'idées, dans une terminologie barbare qui, sous prétexte de forme, déforme toute pensée.

A ce point de vue le style de Hegel mérite d'être étudié, c'est une production curieuse de la spéculation allemande : il y a là toute une tératologie de la pensée, avec ses lois et ses symptômes fixes, irrécusables.

Les premiers cahiers de Tubingen, retrouvés par Rosenkranz, attestent un fonds assez riche et une sorte d'enthousiasme un peu sauvage. Il était déjà comme enivré d'abstraction. Il continuait d'écrire sans s'arrêter sous l'impulsion de la faculté pseudo-créatrice; et c'est à peine si l'on aperçoit dans ses manuscrits un trait de séparation ou une surcharge. L'expression surtout dans la description des procédés idéaux élémentaires que suit la nature ou l'esprit, joint à une certaine exactitude logique une sorte de rudesse primitive, et comme l'harmonie imitative de la lutte des éléments et de la pensée cherchant à maîtriser le chaos. La nature est d'abord un fouillis inextricable, une végétation touffue et parasite où manquent l'air et la lumière, un assemblage confus de grandes formes à peine ébauchées. L'esprit, comme un éther, non-seulement pénètre tout, mais il est toute chose ; il s'insinue par tous les pores de la nature entrouverte et il la rend féconde : *fulsere ignes connubiis*. L'éther n'est pas le Dieu vivant, mais la première forme de sa réalité, comme élasticité infinie, comme procédé de fermentation intérieure, comme inquiétude immense de ne pas être aussi bien que d'être. Or, l'éther est le symbole vivant de la langue philosophique. Celle-ci n'est que le son que rend le divin éther, frappé par la première voix humaine. Son caractère doit être la fluidité : une élasticité, une fermentation sourde, une inquiétude infinie, une marche comme celle du pendule dans ses oscillations régulières.

Vous saisissez déjà le procédé : il entre en lutte avec les puissances naturelles élémentaires et cherche à faire jaillir le feu contenu dans les veines du caillou. Entrer dans l'intimité des forces naturelles, ravir la divine étincelle, sentir penser le monde en soi et soi dans le monde, être un cerveau immense et rien qu'un cerveau, où tout retentit, se développe et devient clair: voilà la méthode, le grand art et le seul procédé.

Le style impersonnel est trouvé : il est la sublime indifférence, l'état le plus élevé de la sagesse, le résultat le plus exquis de la contemplation, une neutralisation chimique de tous les éléments discordants, une sorte de polarisation, en vertu de laquelle les idées se dédoublent.

Ceux qui disent que le style est l'homme même n'ont rien compris à la philosophie. Le grand art et le grand style est la nature même et non l'homme. C'est la nature qui écrit en nous ses impressions. Le philosophe ne fait que repenser cette lave figée. Ces mondes détruits, ces coulées éteintes et refroidies, ces volcans qui ne tonnent plus, mais qui fument encore, tel est l'aliment de ses pensées. C'est alors que, penché sur les mondes, comme le vieux Saturne, le philosophe se perd dans la contemplation de l'infini. Alors se passe en lui quelque chose de comparable au chaos, et s'offre à nous le contraste le plus frappant avec ce vieillard ordonnateur de Michel-Ange, séparant dans sa course furieuse à travers l'espace les ténèbres et la lumière, la vie et la mort, l'existence et le néant. Ici c'est le contraire, tout est confondu. Un fou, dans sa course aventureuse à travers le chaos, mêle de nouveau ce que Dieu a séparé, fait de la nuit le jour et de la lumière les ténèbres. Mais alors s'empare de lui cette frénésie de destruction, ce soulèvement des puissances intérieures simulant la vie, cette faculté créatrice de riens, agissant avec enthousiasme et qui se donne carrière. Il vous dira que sa philosophie est une étude spéculative du fait. Mais il va *au delà*, ou plutôt il est emporté *au delà* par son procédé logique. Les faits saisis par cette prise violente s'y fondent comme dans un creuset : sous cette fureur de conception et cette ardeur d'hypothèses, tout vacille. Les idées, changées en hallucinations, perdent leur solidité : les êtres semblent des rêves et le rêve une réalité ; le monde, apparaissant dans un cauchemar métaphysique, ressemble à un cauchemar.

On ne saurait lui refuser toutefois une faculté de divination étrange qui lui livre *a priori* le fond de l'école d'Alexandrie et qui se joue du mysticisme de Jacques Bœhme, *philosophus teutonicus*. Il voit les groupes, les ensembles; il reconstitue les membres épars de la série; les mondes sont devant lui; il voit le tout, il sent les puissances qui l'organisent; il le reproduit par son procédé. Incapable de le peindre, car il n'a rien du peintre, il est capable de le saisir et de le comprendre par une concentration d'idées donnée à très-peu d'hommes. Après tout, son procédé, qui est l'imitation de la nature et la loi de l'histoire, est le seul par lequel nous puissions pénétrer dans la nature et comprendre l'histoire. Il consiste à recréer *l'objet* en nous-mêmes avec ses forces et ses puissances constitutives, à le vivifier par des oppositions, par des contrastes, à le fondre dans une totalité plus haute et une harmonie suprême. Seulement *l'objet* ici est le néant, un raccourci d'abîme, et le résultat un cloaque de contradictions.

Pour faire avec cela une science de l'esprit humain, il faut renouveler non-seulement la logique, mais la langue de la logique. C'est ce qu'on appelle y introduire le mouvement et la vie, lisez: le vide et l'enflure. Le procédé consiste à galvaniser les notions les plus abstraites, à leur donner une vie factice, à les faire fonctionner sous nos yeux comme les substances que la chimie considère. Il crée ainsi une sorte de langue scientifique empruntée aux sciences les plus diverses, véritable Babel intellectuelle qui renouvelle le prodige de la confusion des langues. Il copie les livres de physique et de chimie, Burdach, sur la physiologie, Schulze, sur la vie des plantes;

Ampère sur les courants magnétiques ; tout lui est science de l'esprit. Là il fait entrer les notions chimiques et les résultats nouveaux de la physiologie ou de la science de l'organisation et de la vie avec les termes d'art et de métaphysique.

Puis tout à coup l'imagination reprend tous ses droits : et de l'alliance de ces éléments étrangers se forme une philosophie fantastique qui tient du drame et de la tragédie. Des métaphores excessives font passer sous nos yeux avec une apparence de corps des rêveries grandioses : l'immensité de la nuit où surgissent les fantômes humains qui bientôt disparaissent, la fatalité du crime qui une fois commis reste attaché à la chaîne des choses comme un anneau de fer, la conduite mystérieuse qui pousse toutes ces masses flottantes vers un but ignoré et inévitable, les grandes idées et les grandes formes helléniques enfin reparaissent sur ce fonds terne de la scolastique moderne et font rêver. Des horizons nouveaux s'entrouvrent devant le lecteur étonné, suspendu entre l'impatience de ne pas tout comprendre et l'admiration pour ce qu'il a compris. C'est la grande *mélodie* de la forêt. Beethoven seul a de ces phrases qui sont tout un monde.

Mais aussitôt la dialectique reprend tous ses droits et revient avec son cortége d'êtres métaphysiques, *l'être en soi*, et *l'être pour soi*, an-und-für-sich-seyn. C'est de l'algèbre, des équations à plusieurs inconnues, des pages de chiffres reliés par les signes $+$ ou $-$.

Aussi je ne connais pas de lecture plus fatigante qu'une page de Hegel. La *Phénoménologie* passe pour son plus beau livre en Allemagne. Jamais, dit Rosenkranz, Hegel n'a travaillé plus artistement dans une langue plus noble et aussi complétement affranchie des influences étrangères. On y admire surtout, et ce n'est pas toujours à tort, ce mouvement de la méthode et cette dialectique vivante qui emploie les formes de la connaissance en les transformant, la sévère justesse de l'expression qui n'exclut pas la poésie, et nous présente les sujets les plus difficiles sous des formes neuves, originales, ces représentations esthétiques enfin, qui ne laissent apparaître les personnages historiques que comme les symboles classiques des événements ou d'une idée. Telle s'est montrée à nous Antigone, dans sa description fameuse de la loi divine et humaine ; tel encore le moyen âge avec sa hiérarchie et ses mystères de souffrance dans l'histoire de la conscience malheureuse ; telle enfin la société frondeuse, impie et retournée du dix-huitième siècle dans cette peinture idéale qu'il a faite du *Neveu de Rameau*. Il n'y a qu'un malheur : c'est que le livre n'est pas lisible, et que ces passages tant vantés, noyés dans un amalgame de pathos et de dialectique, ne ressortent point du tout dans ce texte continu. Si vous prenez le livre, vous le laisserez retomber de lassitude et d'ennui au bout de quelques heures, vaincu et pour toujours corrigé de la manie de lire la prose de Hegel. Le sphinx présentant ses énigmes n'est pas plus obscur.

Il en résulte que pour déchiffrer Hegel, la première condition c'est d'avoir un dictionnaire hegélien, et quel dictionnaire! Tantôt pour Hegel les mots sont des chiffres abstraits, métaphysiques; tantôt ils s'entrouvrent, et au-dessus du disque borné du mot, laissent apercevoir le grand sens, anagogique, hyperphysique, et ésotérique que le vulgaire n'atteint pas; tantôt la phrase, que le lourd appareil des formules empêche de se mouvoir, est cassée, tantôt elle se déroule en longues spirales et se tord comme le *convolvulus*.

Les mots *infini*, *général*, *particulier*, *détermination*, *négation*, reçoivent une signification nouvelle, ou vont se perdre dans le vague des substantifs qui finissent en *ité*. La *détermination* devient de la *déterminabilité*; et ainsi des autres. Hegel abuse des flexions; développe le mécanisme des verbes composés de prépositions. C'est depuis qu'il l'a parlé et écrit, qu'on a dit que l'allemand est le sanscrit de l'Europe : par un privilége unique, chaque mot a deux sens souvent contraires, et il faut rendre hommage à cette flexibilité infinie dont la formule paraît être le verbe *aufheben* d'un si commode emploi, et qui veut dire tout à la fois *supprimer* et *conserver*.

Sa prétendue langue scientifique est un malentendu perpétuel. Cet homme a passé sa vie à faire de la chimie intellectuelle, à dissoudre les illusions du particulier, à faire des solutions de contraires, à analyser la substance philosophique. Son langage s'en ressent : il parle la langue de Berzelius en métaphysique : un *abstrait* est pour lui quelque chose de vide et d'incomplet; le *concret* seul est complet et parfait. Il y est question, dans le domaine intellectuel pur, de naissances et de morts, comme sur les registres d'une municipalité, et d'attraction et de répulsion, comme dans un livre de physique. Il y parle d'une substance logique, jusqu'à ce jour insaisissable à nos cornues et à nos alambics, sur laquelle il travaille comme un autre sur l'oxygène ou le gaz acide carbonique, qui vit et se meut en nous et dans les choses, et cette substance est l'idée! La mesure, τό μέτρον, la plus abstraite des quintessences devient Dieu et, comme telle, donne des bornes à toutes choses, aux continents et aux mers, aux fleuves et aux montagnes, en véritable émule de Jéhovah. Mais c'est aussi la grande loi de la chimie, et le voilà qui du Dieu des Juifs et de la Némésis antique passe sans transition à la théorie des affinités et des équivalents! C'est bien pis quand on arrive à la science de l'essence, deuxième degré de cette chimie intellectuelle. L'*essence* est le *caput mortuum* de l'abstraction. Là il est question de termes qui sont à l'état de tension, comme des fluides, dans le phénomène de la réflexion. La polarité, découverte physique, et l'électro-dynamisme, la loi des courants magnétiques de OErsted, lui fournissent les trois quarts de sa science de l'esprit humain.

Puis, comme s'il ne suffisait pas de parler une telle langue, de l'assouplir et de la dompter, il veut encore la faire tenir dans des cadres déterminés, dans des formules toujours trop étroites, si larges qu'elles soient, pour la substance d'un monde. La substance des choses fait craquer le cadre, brise le moule, triomphe des formules. Mais cela même est le ressort du procédé; c'est ainsi que de négation en négation on s'élève à l'absolu, avec des pieds meurtris par ces brodequins de fer, alourdis par ces semelles de plomb qu'il nous fait traîner, qui doivent nous rendre la démarche plus légère. Malheureux pileur de mots, dirait Carlyle, et le plus grand assembleur de nuages depuis les *Nuées d'Aristophane!*

La terminologie de Hegel, souvent barbare, n'est pas ce que je lui reprocherais le plus; il y a des raisons profondes à cette justification qu'il en essaye. « Pour fixer l'idée, dit-il, il y a un moyen qui remplit le but désiré, mais qui peut devenir plus dangereux que le manque même de mots pour l'exprimer, c'est la terminologie philosophique, qui forge des mots tirés des langues étrangères, du latin et du grec. C'est le fait d'un grand peuple de pouvoir tout dire dans sa langue. Les idées que nous exprimons à l'aide de mots étrangers ont un air étranger, et paraissent ne pas nous appartenir en propre. Les éléments des choses ne nous paraissent plus être les notions présentes avec lesquelles nous avons coutume de vivre. Les mots : *être, non-être, un, plusieurs, création, grandeur,* sont des êtres purs, avec lesquels nous avons l'habitude de vivre. De pareilles formes ne nous semblent pas dignes d'exprimer l'idée de l'absolu : une expression étrangère nous paraît plus convenable, parce que l'absolu, l'être surnaturel est lui-même quelque chose d'étranger pour nous. Cependant ce qui est *par soi-même* ne doit pas avoir pour nous cette physionomie étrangère, et nous ne devons pas l'exprimer par une terminologie empruntée; mais nous devons être assurés que l'esprit vit en nous, et qu'il peut être exprimé par les mots de notre langue nationale. Dans la conversation, nous le résumons dans des termes concrets; par exemple : *l'arbre est vert*, phrase qui arrête notre pensée sur les termes d'arbre et de verdure. C'est que dans la vie ordinaire nous ne réfléchissons pas à l'*être* pur, comme fait le philosophe; nous ne considérons que la manière d'être présente. Je ne bannis pas tout usage d'une terminologie étrangère : elle devient nécessaire quand nous ne trouvons pas dans notre langue des mots pour exprimer complétement le sens d'une notion. Nous n'avons pas l'habitude de forcer notre langue et de créer des mots nouveaux avec les mots anciens; notre pensée ne trouve pas toujours à s'exprimer convenablement dans notre langue; mais la terminologie étrangère, quand on l'emploie inutilement ou mal à propos, devient un mal, parce qu'elle pose, comme quelque chose d'invariable et de fixe, des notions qui sont le mouvement et la vie de l'esprit. C'est ainsi que la philosophie devient un vide formalisme sans profondeur véritable, et bon tout au plus pour tromper les ignorants : car rien n'est plus facile que de s'en rendre maître, et une fois en possession de l'outil, je puis me permettre de dire les choses les plus saugrenues, pourvu que j'aie le front de parler devant le public une langue qu'il ne comprend pas. »

Dans cette voie excellente et vraie, il ne pardonne pas à Schelling son amphigouri, et ce qu'il appelle quelque part sa rhétorique ambitieuse[1].

---

1. On peut rapprocher ici ce que le fantastique Heine dit de leur style dans ses *Reisebilder* : « Rien ne veut rétrograder dans le monde, me dit un vieux lézard; tout marche, et à la fin il y aura un grand avancement dans la nature : les pierres passeront plantes, les plantes animaux, les animaux hommes, et les hommes deviendront dieux. — Mais, répliquai-je, que deviendront ces bonnes pâtes de vieux dieux? — Cela s'arrangera, mon cher ami, me répondit-il. Il est probable qu'ils abdiqueront ou qu'on les mettra à la retraite d'une manière honorable. » J'ai appris encore bien d'autres secrets de mon ami le philosophe de la nature, à la peau hiéroglyphique, mais je lui ai donné ma parole d'honneur de n'en rien dévoiler. J'en sais maintenant plus que MM. Schelling et Hegel. « Que pensez-vous de ces deux hommes? me demanda avec un sourire moqueur, le vieux lézard, quand je prononçai devant lui ces deux noms. — Quand on pense, répondis-je, qu'ils ne sont que des hommes, et non des lézards, on doit beaucoup s'étonner du savoir de ces gens. *Ils n'enseignent dans le fond qu'une seule et même doctrine, la philosophie de l'identité, qui vous est bien connue; ils diffèrent seulement dans la manière de la présenter.* Quand Hegel pose les principes de sa philosophie, on croit voir ces curieuses figures qu'un adroit maître d'école sait former par un habile arrangement de toutes sortes de chiffres, de telle sorte qu'un spectateur ordinaire ne voit absolument que l'apparence, la maisonnette, le bateau ou le soldat que forment ces nombres, pendant qu'un écolier penseur y peut reconnaître la solution de quelque profond exemple de calcul. Les expositions de M. Schelling ressemblent plutôt à ces tableaux d'animaux indiens qui sont un concret de toutes sortes d'êtres, serpents, oiseaux, éléphants et autres ingrédients vivants réunis ensemble

La poésie molle, la demi-poésie, cette naïveté qui touche à l'impudence, son galimatias enfin, trouve en lui un juge inexorable. Il décompose, en homme qui en a connu tous les secrets, ce mécanisme de style qui avait fait illusion aux soi-disant amis de la nature, cette profondeur vide que ne remplit point la substance de la pensée, cette rhétorique ambitieuse qui emploie des mots longs d'une aune : *Ampullas et sesquipedalia verba*. Le procédé dont s'est servi l'auteur de la *Philosophie de la nature* y est analysé de main de maître : « On ne m'en imposera pas, s'écrie-t-il, en prétendant que derrière ces mots, qui pèsent plus de cent livres, se cache un sens profond : il est curieux de voir l'étonnement naïf dans lequel ces tours de force jettent le vulgaire ignorant. Par le fait, il faut une demi-heure pour se rendre maître de ce vide formalisme. Il consiste, au lieu de dire qu'une chose est *longue* ou qu'elle est *large*, à décomposer ce jugement et à lui substituer son équivalent physique et à dire : « Telle chose *s'étend* en longueur ou en largeur, et dans un cas ceci est l'effet du magnétisme; dans le second, de l'électricité. » On ne dira pas non plus d'une chose qu'elle est un corps, mais qu'elle a trois dimensions. Pour exprimer qu'elle est

---

par des enlacements fantastiques. Ce mode d'exposition est beaucoup plus gracieux, plus riant, plus chaud, plus animé; tout y vit, tandis que les chiffres abstraits de Hegel sont bien sombres et nous glacent d'un froid mortel. » (*Heine.*) C'est lui qui, dans *Lutèce*, fait appel à la lucidité proverbiale du talent de M. Thiers pour lui expliquer l'obscure philosophie de ses deux compatriotes.

pointue, on fera intervenir le pôle de la contraction. Un *long poisson* se trouvera être *sous les lois du magnétisme*. Rien n'est plus ridicule : cette affectation de science rappelle à s'y méprendre le langage ampoulé d'une autre sorte de précieuses. »

Mais Hegel qui reproche à Schelling ses formules poétiques et ses métaphores ambitieuses, s'en permet d'étranges. Sans parler ici de *l'idée de l'absolu*, qu'il appelle la *nuit du divin mystère*, de ces *Théophanies*, dont il abuse, de ces *notions* qui éprouvent le besoin de *regarder dehors* et de certaine *idée* qui *se crée son corps*, j'ouvre sa *philosophie de la nature* et j'y tombe sur des *métaux* qui sont des coagulations de la lumière, des *cristaux* qui manifestent l'*activité inquiète du magnétisme arrivé au repos*. J'y trouve des calembours douteux comme celui-ci sur la bile (en grec χόλη), qui est la *colère* de l'organisme. Enfin j'y vois *des soleils égoïstes* et des *étoiles*, brillantes figurations, qui ne sont qu'*une éruption cutanée de la voûte céleste!*

Qu'on me vante après cela tant qu'on voudra ses tendances qui étaient justes et saines en littérature. Je sais bien que Hegel ne partageait point tous les errements du romantisme. L'affadissement, le romantisme niais, tel que celui de Henri de Kleist, était signalé par lui, avec beaucoup de raison, aux censeurs de son école. Le principe de l'*ironie*, ce mauvais emprunt qu'avait fait Frédéric Schlegel à la philosophie de Fichte, et qui avait produit tant d'étranges solécismes, tant en littérature qu'en morale, n'eut pas d'ennemi plus déclaré. Il en signale avec force, dans son cours, l'abus et le défaut, tels que l'affaiblissement des caractères, l'absence du but, la platitude et l'insignifiance des personnages, dont *le prince de Hombourg et Catherine* étaient alors de tristes exemples. Le spiritualisme un peu mou, un peu flasque de Tieck et Novalis, n'échappait point à sa sévère critique, et l'on pourrait, de ce point de vue, voir en lui le père de la tendance réaliste, immodérément développée depuis, mais qui, dans ce qu'elle a de bon, peut remonter jusqu'à la philosophie de Hegel. Son *esthétique*, j'en conviens, n'est point du tout un ouvrage médiocre.

Mais Hegel n'en est que plus coupable d'avoir sacrifié à une mode de l'esprit qu'au fond il réprouvait. Il savait fort bien à quoi s'en tenir sur ces philosophies de la nature qui séduisaient l'Allemagne et la France, et sur ce faux romantisme qui en a été la suite. Il alla même un jour dans cette voie et par réaction contre Schelling, jusqu'à s'attirer le reproche de méconnaître la poésie de la nature, jusqu'à professer un certain mépris pour elle. Il disait : « Que la nature soit ce qu'elle voudra, l'esprit seul, envisagé comme caractère, peut prétendre à l'individualité véritable ; sa forme, essentiellement négative à l'égard de la nature, la méprise comme *l'autre* de lui-même, et ce mépris l'en éloigne et l'affranchit. L'individu est d'autant plus libre et plus élevé que son mépris pour la nature est plus grand. » Et plus tard, ayant eu connaissance que l'on entendait ces paroles comme s'il s'agissait d'un mépris théorique et non pratique, il ajoutait : « L'individualité morale sort de la nature; la nature n'est pour elle qu'un instrument. » Page excellente et qu'il faut toujours citer. Mais alors pourquoi écrire et dicter sur la *philosophie de la nature* dans le goût de Schelling, et pousser ce travers plus loin que Schelling même? Si Schelling, qui est un grand artiste après tout, abuse quelquefois de ces expressions courtes, équivoques, paradoxales, qui semblent dire beaucoup plus qu'elles ne disent réellement, Hegel fait avaler, jusqu'à la nausée, à une jeunesse ardente ses incommensurables phrases, qui ne veulent rien dire du tout. Plus tard, et mieux inspiré, il est revenu sur ces folies et a corrigé ces excès; mais, outre qu'il était bien tard et qu'il eût mieux valu prêcher d'exemple, ses théories esthétiques sont-elles toujours irréprochables et son goût toujours pur?

Hegel attaquait surtout trois tendances comme fatales aux lettres et à la philosophie, le romantisme, le mysticisme et le spiritualisme. Il eût eu raison dans sa critique s'il eût caractérisé ces tendances d'un mot : le *faux* romantisme et le faux mysticisme. Je ne connais rien de plus fort que ses critiques du mysticisme schellingien, qui demande à l'enthousiasme, à l'extase, une connaissance du sixième genre, qui cherche à saisir l'être sous la forme de représentations sensibles, et qui veut, à partir de ces représentations, descendre dans l'existence des êtres, les dominer et les connaître. Je ne ferai point difficulté non plus d'avouer que Hegel avait raison de prémunir l'Allemagne contre un certain spiritualisme vague, genre faux qui se stérilise dans l'abstrait, et de lui signaler les dangers de l'affaiblissement. Mais est-il bien vrai que le spiritualisme fût un danger, et sa tentative pour y substituer partout un vigoureux panthéisme n'a-t-elle pas échoué misérablement à son tour? Le théâtre, en Allemagne, a parcouru, dans ces vingt dernières années, toutes les phases d'une décadence trop réelle. L'aplatissement des caractères dans le drame, dans le roman et dans la vie réelle est un mal aujourd'hui invétéré, et dont l'emphase n'a point prémuni de plus récents essais. Et cependant le panthéisme y était la philosophie dominante, que dis-je? la seule philosophie. Nous avons vu sous son règne s'acclimater à la scène, avec une facilité déplorable, les imitateurs de second et même de troisième ordre.

L'état de l'école hegélienne n'est point de nature à nous rassurer sur ces tendances. Qu'avons-nous vu, de Berlin jusqu'à Munich, dans les livres de philosophie et même ailleurs? Les formes creuses, la symétrie niaise, les tricothomies savantes et les triades monotones, les masques sous lesquels nulle figure ne vit et ne respire, les cadavres des grandes phrases dont l'esprit s'est retiré, où il n'habita peut-être jamais, partout la confusion des genres, un style empesé couvrant la nullité du fond, et puis chez quelques-uns, le cynisme tenant lieu d'originalité, le fantasque, l'impuissance bizarre agitant sa marotte et secouant ses grelots, et dans un coin du tableau quelques mélancoliques qui m'ont tout l'air de penser creux. Tel est le spectacle que nous offre l'Allemagne dans ces *Hegel Jahre* dont la trace s'efface de jour en jour, et qui ne seront bientôt plus qu'un souvenir.

Comme on devait s'y attendre, c'est par ses défauts qu'il a fait école. On pourrait aujourd'hui donner la recette invariable, infaillible pour faire tous ces livres de philosophie hegélienne dont l'Allemagne fut inondée. Elle est fort simple, et la voici. Pour combler le vide de la pensée, masquer la pauvreté du fond et dissimuler la médiocrité de la forme, enveloppez-vous dans des périodes interminables, créez des mots nouveaux, donnez-vous les apparences de la profondeur vide, habillez les idées les plus triviales de vêtements magnifiques, dites les choses les plus vulgaires dans un style précieux et maniéré.

Jusqu'ici la règle suprême était d'écrire comme on pense, fi donc! c'est bon pour des cartésiens. Mais les hegéliens s'y prennent autrement. Ils suent sang et eau pour se donner l'apparence de la profondeur; mais par un juste châtiment de leur orgueil, les efforts qu'ils se donnent pour produire un trompe-l'œil de l'esprit ne font qu'en attester l'absence. Pour cacher ce vide de la pensée si douloureusement ressenti, il n'y a point de sacrifice qu'ils ne s'imposent, d'artifice, de ruse à laquelle ils ne recourent. On les voit se faire un appareil imposant de vieilles formules, de mots composés, d'arabesques étranges et de périodes impossibles. Désireux de duper le bon public, ils varient leurs procédés pour atteindre leur but, comme on change de masque pour ne se point laisser reconnaître au théâtre. Les simples, les niais s'approchent, regardent le masque et s'y laissent prendre ; puis bientôt ils démêlent l'artifice, reconnaissent la supercherie et s'en moquent. La ruse est connue et la finesse usée. Elle consiste à écrire dans une langue obscure, inintelligible, à se redresser et à dire au public, qui bâille : « Tu vois bien ! je suis un puits de science ; car tu n'y comprends rien ! » On commence à les siffler, mais on n'en voit pas moins de pauvres diables d'auteurs à bout de ressources, tantôt tisser péniblement leur subtile dialectique sur le métier bruyant de Hegel, tantôt employer le style du dithyrambe, comme s'ils étaient tout à coup inspirés, et puis, à la page suivante, faire étalage d'une érudition déplacée et d'un pédantisme insupportable, et se montrer plus prolixes que le maître lui-même : ce qui n'est pas peu dire. Ne leur demandez point de parler comme tout le monde : de naïveté il n'en saurait être question ici, et l'on a de furieuses envies de leur dire comme Pistol à Falstaff : « Dis ce que tu as à dire dans la langue des hommes d'ici-bas ! » Mais Hegel leur a appris, sur l'autorité d'Homère (le divin Homère!), que les choses ont deux noms, l'un dans le langage des dieux, et l'autre dans celui des mortels; et ils s'imaginent bonnement qu'ils parlent la langue des dieux, les bélîtres! disait Schopenhauer, ils parleraient plutôt celle des ânes.

Rien n'atteste mieux le vide de la pensée dans ces esprits éteints, que la peur des mots forts. Ils ont réussi presque à les proscrire. La langue allemande, cette langue des vieux Germains, qu'ils déshonorent, a des mots énergiques qu'ils ont rayés du dictionnaire. Ainsi pour dire *causer* ils emploient *bedingen*, conditionner, à la place de *bewirken*, opérer : toujours le mot abstrait à la nuance indécise et fuyante, au lieu du verbe fort et du mot concret, qui parle aux sens, et peint la pensée aux yeux. Si l'on n'y prend garde, ils appauvriront la langue de ses mécanismes indispensables, pour leur en substituer d'inutiles.

Aussi quand on lit cette prose flasque et molle, on n'en reçoit le contre-coup d'aucune idée, on ne sent point sa connaissance agrandie, son esprit fortifié, et l'on répète involontairement le proverbe arabe : « J'entends bien la roue du moulin, mais je ne vois pas la farine. » Il faut se contenter de viandes creuses comme celle-ci : « Le monde est l'existence de l'infini dans le fini, » ou bien : « l'esprit est le reflet de l'infini dans le fini. » Où trouver chez de tels philosophes, ces intuitions vives, ces pensées distinctes, cette vue claire du monde et des choses? Ils n'ont rien du penseur; ils tirent tout du dehors. On est toujours dans un effroi mortel que dans ces têtes vides, ces pensées étrangères, imparfaites et flasques, ne se résolvent en phrases et en mots. Une épingle suffit pour vider ces outres gonflées de vent.

Et pourtant c'est là ce qu'un sot public a longtemps admiré, donnant deux fois raison au poëte :

*Omnia enim stolidi magis admirantur amantque
Inversis quæ sub verbis latitantia cernunt.*

Une jeunesse naïve et inconsidérée a cru que la philosophie consistait vraiment dans cet abracadabra. Ainsi s'est produite une génération de têtes impuissantes, de cervelles vides de pensées mais pleines de mots, gonflée d'orgueil, pauvre de vue et châtrée quant à l'esprit et à la judiciaire. A force d'entendre ces *vaniloques* leurs maîtres, répéter sur tous les tons qu'ils avaient atteint des hauteurs d'où ils regardaient Kant en pitié, ces imprudents ont fini par le croire. Le vieux Kant, dont Hegel n'était point digne de dénouer la chaussure a été négligé, méprisé. Peu à peu la génération qui l'avait étudié a disparu, et l'ignorance du kantisme la plus scandaleuse s'est affichée dans les livres, dans les revues, dans les cours de philosophie; et l'on a vu cette race de géants remplacée par des nains qui, incapables de prendre à Kant sa méthode et son esprit cherchaient à lui dérober l'apparence de son procédé, comme ces enfants qui jouent avec la canne et le chapeau de leur père. Quoi d'étonnant, après cela, si la jeunesse toujours crédule a cru ce qu'on lui disait de haut et avec des airs de sycophantes, si même elle a déserté à la suite de ses maîtres, le temple de la Sagesse qui avait abrité leur père, pour aller chanter des hymnes aux trois sophistes? Quoi d'étonnant si la philosophie alors est tombée dans les méthodes ineptes et les procédés absurdes, dans une barbarie mal dissimulée sous la pompe des mots, dans un naturalisme pire que celui de l'époque antérieure à Kant? N'est-ce pas Hegel qui a remis en vogue ces mots de *nature* et d'*esprit*, qui les a opposés, qui les a réunis, qui en a fait les catégories de sa langue philosophique, les titres de ses deux principaux livres, sans les avoir jamais définis? Il eût mérité qu'un de ses auditeurs, moins endurant que les autres, l'eût interpellé sur l'impudeur avec laquelle il parlait de ce qu'il ne connaissait point, et lui eût dit : « L'esprit? D'où le connaissez-vous? N'est-ce pas une hypothèse que vous n'avez pas une seule fois définie, déduite ni démontrée? Votre monde auquel vous appliquez les attributs théologiques de l'omniscience et de l'omnisagesse est un monstrueux sens dessus dessous. Croyez-vous donc avoir affaire à un public de vieilles femmes? » Mais cet homme ne s'est point rencontré dans la patrie de Hegel. Et c'est là ce qui explique que le siècle de Kant, de Gœthe et de Mozart ait été l'ère des philosophastres, et appartienne encore aux sophistes !

DEUXIÈME PARTIE

ARTHUR SCHOPENHAUER

CHAPITRE PREMIER.

LUTTES CONTRE L'HEGÉLIANISME. — HAINE DES PROFESSEURS DE PHILOSOPHIE. — IMPOPULARITÉ.

C'est au milieu de cette période d'aplatissement pour la pensée, quand Hegel avait créé une routine universitaire mille fois pire que l'ancienne, développé la sophistique et produit une philosophie d'État, que surgit tout à coup un philosophe dont le premier écrit remonte au premier empire et qui n'est guère devenu célèbre que depuis sa mort (23 septembre 1860). Nous raconterons bientôt le peu que l'on sait de la vie d'Arthur Schopenhauer. Mais il faut d'abord, si l'on veut comprendre quelque chose à son œuvre, le montrer dans son naturel, en plein courant d'hegélianisme, le remontant et luttant avec une singulière énergie contre ce qu'il appelle la détestable influence des trois sophistes[1].

Voici un homme qui à l'époque où tout pliait sous la verge respectée de Hegel a osé lever le front et dire hardiment: « Je ne serai point ton esclave! » qui dans cet universel abaissement ne fut pas conquis, et qui, malgré l'impopularité à laquelle il vouait son nom et sa vie, a tenu tête aux professeurs de philosophie et écrit des pages comme celle-ci :

« Si Hegel avait d'abord montré *l'absurde principe* qui dirigeait sa *philosophie retournée*, s'il eût dit qu'il fallait renverser les questions, *les mettre la tête en bas* et tirer l'existence du monde empirique d'idées abstraites, d'autant plus vides qu'elles sont plus générales : si, dis-je, il avait d'abord produit à la lumière ce monstrueux sens dessus dessous (ὕστερον πρότερον), en termes clairs et intelligibles à tous, on lui aurait *ri au nez*, on aurait *levé les épaules*, et l'on aurait trouvé cette bouffonnerie de mauvais goût[2]. »

Un tel homme méritait mieux que l'indifférence de ses contemporains : mais j'éprouve quelque embarras à le citer. Le discrédit où l'école de Hegel est tombée, cette nuit profonde succédant tout à coup au jour le plus éclatant, doivent nous rendre très-

---

[1]. Hegel, Fichte, Schelling.
[2]. Nous citerons les œuvres mêmes de ce philosophe, bien que les lettres de Frauenstadt contiennent une exposition populaire de son système.

modérés dans nos appréciations sur des hommes qui ont pu se tromper et tromper l'Allemagne avec eux de bonne foi. Dans un temps où l'hegélianisme est par terre, où Feuerbach fait de la porcelaine et Michelet des sermons, quelle convenance, quel bon goût y aurait-il à appeler encore Fichte, Schelling et Hegel les trois sophistes, Hegel en particulier un plat charlatan, un Caliban intellectuel et la personnification même de l'absurde?

Mais transportez-vous en plein triomphe de l'hegélianisme, à l'époque où l'école était florissante, où Heine nous représentait dans ses *Reisebilder* comment dans le caravansérail savant de Berlin, les chameaux se rassemblent autour de la fontaine de la sagesse hegélienne, s'agenouillent, reçoivent leur fardeau d'outres précieuses et partent pour traverser les déserts de sable du Brandebourg. Alors il y avait bien de l'à-propos à rire de ce monde à l'envers et à se licencier sur cette arlequinade philosophique, *eine philosophische Hanswursiade*. Il y avait bien quelque courage à tirer l'Allemagne de sa léthargie, à se condamner à une solitude et à un silence de cinquante années plutôt que de prendre part à cette gigantesque orgie de bacchantes. Si parfois vous le trouvez trop amer, trop acerbe, dans la satire des travers de l'hegélianisme, dites-vous que, trente années durant, cet homme en qui l'Allemagne reconnaît aujourd'hui son premier écrivain philosophique, a lutté sans un seul partisan, dénonçant l'ennemi, opposant système à système, et se consolant de tout, même de la conspiration du silence ourdie contre lui, par sa maxime : « Le vrai peut attendre, il est immortel, » ou par celle-ci tirée de Sénèque : « *Paucis natus est qui populum ætatis suæ cogitat;* » et vous comprendrez alors ces boutades, ces traits humoristiques, ces satires d'un haut comique, parfois sanglantes, comme ce début de sa première préface : « *J'écris pour être compris;* » et vous lui saurez gré peut-être d'avoir écrit sur Hegel des pages comme celle-ci : « Le spinozisme renouvelé de nos jours, le panthéisme enfin, est tombé si bas et a conduit à de telles platitudes, qu'on en est arrivé à l'exploiter pour en faire un moyen de vivre pour soi et sa famille. La principale cause de ce suprême aplatissement a été Hegel, tête médiocre qui par tous les moyens connus a voulu se faire passer pour un grand philosophe, et est arrivé à se poser en idole de quelques très-jeunes gens d'abord subornés, puis maintenant, à jamais bornés *eine schar anfangs suborniter, ietzt bloss borniter junger.* De tels attentats contre l'esprit humain ne restent pas impunis. Le germe en est semé. »

Schopenhauer, polémiste éminent, était en avant de son temps et de son pays. Les trois fléaux de l'Allemagne, il les a vus et dénoncés dès 1819, il a consacré sa vie à les combattre, il y a gagné une immense impopularité, mais aussi une force et une vigueur de polémique agressive dont il y a peu d'exemples. Ce triple fléau qu'il dénonçait à l'Allemagne, c'étaient

Hegel d'abord, puis les professeurs de philosophie en général, et en particulier les professeurs de philosophie hegélienne, et enfin les démagogues sortis de cette école et qui se sont appelés la jeune Allemagne.

Hegel est le plus grand : car il est le père des deux autres : nous venons de voir comment il traite « ce philosophe phénoménal, hypertranscendant et acrobatique, qui a eu le malheur de perdre son corps. » Passant aux professeurs de philosophie sa bête noire, il les appelle avec une verve vraiment pantagruélique, casseurs de têtes, démonteurs de cervelles, la clique à Hegel, exploiteurs du panthéisme, débitants de sagesse lucrative, *sapientiam cauponantes*, pachydermes hydrocéphales, castrats pédants, cortége apocalyptique *della Bestia triumphante*. Il les poursuit de sa haine, il les débusque de toutes leurs positions, il ne laisse pas de trêve à ces maraudeurs, à ces pillards qui se sont, en dernier lieu, ralliés sous le drapeau des *Halleschen Jarbucher* et embusqués derrière l'écritoire pour continuer quelque temps encore leur sot métier. On sent qu'entre eux et lui c'est une guerre à mort.

Leur impuissance, dont il les raille, ne leur a pas même permis de remettre sur pied la fameuse démonstration cosmologique de l'existence de Dieu. « Qu'ont fait, je vous prie, s'écrie-t-il, nos professeurs de philosophie qui placent par-dessus tout l'esprit et la vérité, qu'ont-ils fait pour cette chère démonstration cosmologique, blessée à mort par la raison critique de Kant? Un bon conseil en pareille matière était chose précieuse, car ils savent (les dignes gens) que *causa prima* aussi bien que *causa sui* est une *contradictio in adjecto;* ils savent qu'une cause première est tout aussi *cogitable* que le point où l'espace finit, et celui où le temps commence. Car toute cause est un *changement* qui amène la question du *changement* précédent, et ainsi de suite *in infinitum, in infinitum!*

« On ne peut pas songer à un état de la matière duquel auraient procédé tous les autres; car si cet état avait été en soi la cause, il eût dû l'être de tout temps, et l'actuel ne daterait plus d'aujourd'hui. Que s'il est devenu *causal* à partir d'un temps déterminé, il faut que quelque chose l'ait modifié pour faire cesser son repos; mais il y a dû y avoir quelque changement antécédent, dont il faut rechercher la cause; nous voilà donc forcés de remonter l'échelle des causes, et ainsi *fouettés* (sic) de hauteur en hauteur par l'inexorable loi de la causalité, *in infinitum, in infinitum!*

« Cette loi de causalité ressemble assez au balai enchanté de Gœthe, lequel, ayant commencé de fonctionner, ne cesse de courir et de pomper l'eau que lorsque le vieil enchanteur, son maître, le rend au repos. Mais pour en revenir à ces nobles et intègres amis de la vérité, qu'ont-ils fait pour leur vieille et agonisante amie, la démonstration cosmologique? »

La jeune Allemagne est flagellée de main de maître.

« Voyez, disait-il, ces jeunes gens, l'espoir du siècle, les nobles fils du temps présent, têtes chauves, longues barbes, des lunettes à la place des yeux et, comme accompagnement de leurs pensées, un cigare dans la bouche, un sac sur le dos en guise d'habit, flâneurs, vantards, arrogants, sans savoir, de l'impudence et de la camaraderie au lieu de vrai mérite ; voilà la jeune Allemagne. » En France, où le fléau n'existe pas au même degré, où le mot a un sens différent, où la profession réveille de tout autres idées, nous ne comprenons pas ces dédains et ces colères : mais, ne l'oublions pas, nous sommes en Allemagne, en pays d'université, dans la patrie de l'*Herr Professor* et du *Rector magnificus*. Il faut avoir vu les folies de la gauche hégélienne, pour comprendre la verve indignée du vieillard et la justesse de ces coups qui nous paraissent hasardés.

L'enseignement universitaire scolastique et routinier de l'Allemagne ne lui paraît bon qu'à déformer la tête et l'esprit des jeunes gens, depuis surtout que Hegel a partout remplacé la pensée dans les chaires allemandes par des marionnettes hégéliennes, que sa philosophie de convention met en branle toutes ces poupées plus ou moins intelligentes, depuis que maîtres et disciples se passent les mots et les phrases, comme les touches usées d'un jeu de dominos et que la recette unique, invariable, et très-homœopathique pour faire des livres de philosophie, est celle-ci : « Diluez un *minimum* de pensée dans cinq cents pages de phraséologie nauséabonde et fiez-vous pour le reste à la patience vraiment allemande du lecteur. » Cette mystification étant jusqu'ici sans exemple, il concluait à ce que l'on conservât dans toutes les bibliothèques publiques les documents de cette histoire, *spiritus nutrimentum*, avec les œuvres complètes de ce philosophastre et celles de ses adorateurs, soigneusement reliées en veau, pour l'instruction, l'étonnement et le plaisir de la postérité. J'ai cité cet exemple de sa manière entre mille. Le trait malin est là pour enfoncer une vérité capitale et faire comprendre à ces esprits entichés de Hegel le besoin d'une réforme universitaire. Quant à lui, persuadé que la philosophie ne s'apprend pas et qu'on ne fait pas des philosophes comme on improvise des bacheliers, il voulait qu'on retranchât la philosophie du programme universitaire et qu'on se bornât à un cours de logique. On n'écrit pas une Iliade, dit-il dans un jour de boutade à un de ces jeunes gens farcis de Hegel et pleins de forfanterie et de phébus philosophique, quand on a pour mère une oie et pour père un bonnet de coton, aurait-on étudié d'ailleurs dans les six universités. Sa porte, ouverte aux étrangers, était impitoyablement fermée aux professeurs de philosophie.

« Je ne connais pas, disait-il, de temps plus défavorables à la philosophie que ceux où l'on s'en sert comme d'un moyen de gouvernement. La vérité n'est pas un employé ni un serviteur à gages, c'est un homme libre. »

Nous n'avons point à rechercher ici, si Schopenhauer ne confond pas les fautes individuelles avec les vices de l'institution, et ne fait pas supporter aux universités allemandes l'erreur de quelques pédants. Nous le croirions même assez porté à s'exagérer l'importance de ces fonctionnaires, qui, très-influents sous le dernier règne, n'ont conservé qu'un mince crédit à la cour du régent. Mais à l'époque très-rapprochée de nous dont il parle, le mal était réel, incontestable, avoué même par ceux qui en avaient été les auteurs. La défaveur marquée dont jouissent les philosophes à Berlin, les frayeurs et les colères du piétisme, attestent le mal sans l'expliquer. Schopenhauer seul l'explique et, si l'on ne saurait partager toutes ses rancunes, on ne peut qu'applaudir aux réflexions qu'il lui inspire. Il y a là de piquantes révélations sur cette *philosophie d'État* qui, sous le dernier règne avait son centre à Berlin, et qui était comme au dix-huitième siècle en France ou à la cour de Catherine II le chemin de la fortune et des honneurs. Il ne tarit pas de sarcasmes sur la philosophie payée : « Ceux qui vivent de la philosophie, dit-il, sont rarement ceux qui vivent pour elle. » Le désarroi où la mort de Hegel avait mis son école l'amusait beaucoup. Avec sa finesse habituelle, il avait prévu le dénoûment de cette farce, mais il fallait l'entendre sur ce qu'il appelait l'épilogue de la grande pièce, je veux parler de la conversion de M. de Schelling du panthéisme au bigotisme, et son changement de Munich à Berlin, salué par toutes les trompettes du journalisme et qui aurait pu faire croire qu'il avait *dans sa poche* ce Dieu personnel, dont le besoin se faisait si vivement sentir. Il se moque avec esprit de ces professeurs de philosophie qui, depuis la leçon de 1848, s'efforcent de marier le théisme avec le panthéisme : ils lui rappellent, dit-il, « le tisserand Bottom du *Songe d'une nuit d'été*, qui promet de rugir comme un lion et de susurrer doucement comme un rossignol. » Ne lui parlez pas non plus de ces essais de philosophie religieuse, productions hybrides de notre temps, trop semblables aux monstres de la mythologie grecque et qui lui rappellent les sirènes et les centaures, ou l'hermaphrodite du musée de Naples.

Fontenelle avait coutume de dire que s'il avait la main pleine de vérités, il ne l'ouvrirait pas. Schopenhauer, plus courageux ou moins sage, pousse la franchise jusqu'à l'imprudence et la sincérité jusqu'au scandale. On conçoit aisément qu'il se soit fait des ennemis. Voici un homme armé d'une logique impitoyable, d'un sarcasme terrible et d'une raison hautaine, qui parvient à se faire écouter, à tirer l'Allemagne de sa léthargie et à faire compter avec lui. Cette raison altière que Hegel avait faite si grande, dont le culte était poussé jusqu'au fanatisme le plus insensé par son école, qui était devenue une sorte de grande institution allemande avec son pontife et ses fidèles, il nous la montre nue et dépouillée de tout ce prestige, comme Bossuet « plus de partie haute : tout est à terre. » Cet absolu savoir dont la possession chimérique avait si longtemps flatté l'Allemagne d'un vain espoir, relégué avec la pierre philosophale parmi les plus impudentes mystifications, son Dieu, son Dieu impersonnel, « bon pour en imposer aux niais et faire marcher les cochers de fiacre, » renvoyé avec les prétentions à la théologie spéculative dans le pays des chimères, son optimisme enfin combattu dans sa source, l'orgueil, convaincu de fausseté dans ses résultats et réduit à n'être qu'une amère raillerie ou une négation stoïque : rien enfin ne surnageant de Hegel, de son système et de ses livres, que l'implacable ennui dont il assomme ses lecteurs. On avouera que le coup était rude. Réveiller l'Allemagne, bafouer Hegel, rire du grand Pan, se condamner à une solitude et à un silence de cinquante années, plutôt que de prendre part à cette gigantesque orgie de bacchantes que Hegel lui-même appelle un divin délire, et, qui plus est, jeter la coupe au nez des Ménades échevelées et dire : « Je ne boirai pas! » voilà ce qu'un parti ne pardonna jamais et c'est là le grand crime de Schopenhauer. Si vous allez à Berlin, on ne vous en parlera pas; si vous insistez, on vous répondra par quelques anecdotes.

Pour nous, Schopenhauer est surtout un témoin précieux de l'état de la philosophie universitaire en Allemagne, un guide d'autant plus sûr, qu'il a débuté par elle. Ce que j'aime de sa critique de la philosophie allemande, c'est qu'il la connaît à fond.

L'ancien étudiant de Gœttingue, l'*ex-privat-docent* de Berlin se retrouve dans un monde qu'il a vu, qu'il a fréquenté. Nul n'a jeté un regard plus profond sur les cinquante dernières années que la pensée vient de parcourir en Allemagne. On lira avec un intérêt soutenu ces cent pages où respire une conviction émue qui gagne le lecteur, quand à la plaisante philosophie des universités, à cette philosophie bien rentée et richement dotée de traitements et d'honoraires, et même de titres de *conseillers* (hofrathstiteln), qui regarde de son haut un pauvre diable de philosophe sans titre et sans brevet, il oppose le penseur indépendant et solitaire. Je ne connais rien de plus éloquent que cette profession de foi du vrai philosophe. « Celui, dit-il, avec un retour sur lui-même, celui qui aime *la vérité, la fiancée sans dot,* celui-là doit renoncer au bonheur d'être professeur d'État et à l'espérance d'avoir une chaire. Il sera, s'il le porte haut, *un philosophe de la mansarde.* Mais les autres ne peuvent pas soupçonner combien elle est belle, combien est digne d'amour la vérité qu'ils dédaignent ; quelle joie on éprouve à suivre ses traces, quelles délices à en jouir. Comment peuvent-ils s'imaginer que celui qui a vu une fois son visage puisse la quitter, la renier ou la souiller? Mieux vaudrait polir des verres comme Spinoza, ou puiser de l'eau comme Cléanthe ! »

Ce que j'aime en second lieu de sa critique des philosophes modernes de l'Allemagne, ce qui me ferait passer même par-dessus bien des hardiesses et quelques grossièretés, c'est qu'il sait distinguer entre la vérité et le mensonge, entre le vrai philosophe et les sophistes. Il est très-remarquable que cet homme qui professe le plus profond dédain pour tous les philosophes et les professeurs de philosophie en particulier, vénère le vieux Kant comme un père et un génie. Autant il méprise Hegel, ce sophiste et ce charlatan, qu'on ne réfute pas, autant il aime et il respecte Kant. Son mépris pour Hegel est même en raison de son respect pour Kant. C'est notre maître à tous, s'écrie-t-il. Il lui prend les conclusions de l'esthétique transcendantale, son chef-d'œuvre; il lui prend sa critique de la psychologie rationnelle, qu'il raye après lui de la liste des sciences. Il lui emprunte, en la complétant, sa critique de la théologie spéculative, je pourrais dire de toute théologie, avec la réfutation des preuves de Dieu. Partout il suit Kant ou il le dépasse; c'est là le côté le plus curieux de son œuvre; c'est par là qu'il appartient à l'histoire de la philosophie moderne en Allemagne.

A Kant encore, il doit cette conscience claire de la philosophie, de son origine, de son domaine, de ses limites; de ses limites surtout. Le charlatanisme scientifique de Hegel et de Fichte consiste dans une illusion puérile qui les fait disparaître un moment, et ne fait qu'en rendre la gêne plus insupportable aux générations suivantes. Pour lui, il écarte les problêmes insolubles, Dieu, la création du monde, et avec ces problèmes les essais de solution qu'on a tentés de nos jours, ces cosmogonies interminables, ces évolutions impossibles, qui prétendent expliquer historiquement la naissance ou le devenir du monde, et qui retombées fatalement dans les vieux systèmes d'émanation, inventent pour les renouveler une terminologie barbare de mots inintelligibles et vides de sens : la catégorie du *devenir*, la *séparation primordiale*, *l'apparition à la lumière en sortant de la nuit du chaos*, et autres primordialités. « On peut demander, dit Schopenhauer, d'où est venue la volonté, pourquoi elle est sortie du sein du néant. A cela il n'y a pas de réponse, parce que la philosophie ne doit pas se donner pour tâche d'expliquer l'origine du monde, mais se borner à montrer la liaison des expériences entre elles, et l'unité de l'ensemble. La philosophie ne doit rien prétendre au delà, elle explique *ce qui est* : le reste est du domaine de la théologie. » Ce n'est pas, ajoute-t-il, la cause efficiente ou la cause finale : *le pourquoi, le comment*, mais *le ce qui, was die welt sei*, que cherche la philosophie. Le monde est son objet. L'expérience est son domaine. Comme elle a son point de départ dans l'expérience, elle a son critérium dans son accord avec l'expérience interne ou externe, et pour mieux marquer son rapport avec Bacon, il lui emprunte cette admirable définition de la philosophie : « Elle est la dictée même de l'univers, une glace polie qui le reflète sans l'altérer, un écho qui répète purement et simplement sa voix[1].

Cette conscience claire des limites de la philosophie, cette position si tranchée qu'il prend entre l'omniscience de Hegel et le *nihil scire* de Kant, s'allient avec un sentiment élevé, plus élevé que celui de Kant, des destinées de la philosophie. La philosophie châtiée de Kant a donné lieu aux gigantesques évolutions de la science allemande. Cela est plus vrai de la philosophie de Schopenhauer que de celle de Hegel ou de Schelling : comme la filiation est plus directe, la crue fut soudaine. Ainsi restreinte et débarrassée par une perte salutaire, elle regagnait en profondeur ce qu'elle perdait en étendue, et cette étendue même fut encore celle du monde en ses deux hémisphères : *Die Welt als Wille und Vorstellung*.

La philosophie ne saurait périr, non plus que la religion, parce que toutes deux répondent à un secret instinct de notre nature qu'il appelle le *penchant métaphysique*. Aucun peuple ne saurait se passer complétement de toute métaphysique; bonne ou mauvaise, il lui en faut une. « Les temples, les églises, les pagodes, les mosquées, nous dit-il dans une admirable page, attestent les penchants métaphysiques du cœur de l'homme non moins que les livres de philosophie. Voyez le Coran : ce mauvais livre a suffi pour fonder une religion, pour satisfaire depuis douze cents ans

---

[1]. Page 65.

le penchant métaphysique de millions d'hommes, pour leur enseigner le mépris de la mort, pour les amener aux guerres les plus sanglantes et aux plus magnifiques conquêtes. Et cependant qu'y trouvons-nous ? le théisme sous sa forme la plus plate et la plus pauvre. Je ne l'ai lu que dans les traductions, mais il m'a été impossible d'y découvrir une seule pensée de valeur. » Quelle preuve que si la faculté métaphysique ne va pas toujours de pair avec l'instinct métaphysique, cet instinct n'en est pas moins un invincible penchant de la nature humaine !

La philosophie étant la science des sciences, demande un noviciat difficile. « D'autres, dit-il, tiennent leur ministère de l'État, moi de la nature. » Une telle vocation, quand elle est réelle, suppose certaines épreuves et comme une initiation préalable. N'est pas philosophe qui veut ; on devient physicien, mais on naît philosophe. Il y faut certaines facultés intellectuelles et morales dont la rencontre est fort rare. Deux conditions sont d'abord indispensables : savoir ne rien garder sur le cœur et avoir une conscience claire de tout ce qui se comprend de soi-même. Il faut avoir l'esprit désintéressé, ne poursuivre aucun but. La finesse n'y suffit pas : elle rend sceptique. Le scepticisme dans la philosophie joue le rôle de l'opposition dans le parlement. Il faut être exempt de préjugés surtout : le préjugé nous rend ineptes à la philosophie. Le principal obstacle à la découverte de la vérité n'est pas tant l'apparence qui nous trompe ni même la faiblesse de l'entendement que ces opinions préconçues, ces préjugés enracinés, qui sont comme un mur entre la vérité et nous. Il ne craint pas le paradoxe : le paradoxe est l'antipode du préjugé ; c'est le clou qui nous enfonce une vérité dans la tête. Celui-là mérite seul le nom de sage, est digne d'être admis dans la société des philosophes qui, à tous les dons naturels qu'elle suppose, joint encore la trempe d'un caractère moral. C'est pourquoi la philosophie ne sera jamais le lot de la foule, et, en voyant les épreuves qu'elle impose, les initiations qu'elle demande, il faut s'étonner plutôt qu'il y ait encore des philosophes.

Sa philosophie, que nous allons apprécier dans ses tendances les plus générales, est une philosophie de la volonté qui n'est ni l'idéalisme, ni le réalisme, ni le spiritualisme, ni le matérialisme, ni le panthéisme, mais une refonte de tous ces systèmes faite à l'aide d'un principe nouveau et plus large et d'un vigoureux éclectisme qui s'assimile tous les résultats par la force même de son principe. Son originalité est moins dans les idées que dans le lien qui les assemble et la force qui les tient unies. C'est là ce qu'il y a de vraiment neuf et de piquant dans son livre; il semble qu'il ait voulu, par le groupement de ces éléments divers et à première vue hétérogènes, par l'habile fusion de ces métaux réfractaires et qui bouillonnent dans sa prose comme le bronze dans la fournaise du Florentin, nous montrer la force d'un esprit hardi et d'une volonté énergique en ses desseins. Avec quelle facilité il s'assimile les résultats de la science, de toutes les sciences, et les fait servir à sa grande démonstration de la suprématie du vouloir! L'Inde et la Grèce sont sans cesse invoquées. Les principaux philosophes et les grands poëtes de ces deux contrées lui apportent leur tribut d'observations fines ou d'intuitions vives. Il ira de Kant à Platon et de Platon à Bouddha. Gœthe, Byron, Lamartine sont ses poëtes préférés. Il n'y a pas jusqu'aux philosophes anglais, trop négligés, qu'il ne paraisse avoir beaucoup étudiés; les noms de Hobbes, Locke, Berkeley, Hume et Priestley reviennent sans cesse sous sa plume : c'est à ce point que, si on lui appliquait un procédé connu, et qu'on voulût lui faire rendre à chacun ce qu'il paraît lui avoir pris, on pourrait retrouver sa théorie fataliste de la volonté dans Hobbes, son idéalisme dans Hume et Berkeley, dont il exalte sans cesse la grande découverte : « *Point d'objet sans sujet,* » ses analyses de la matière dans Priestley, dont il n'ignore pas le grand mérite, et son principe de la sympathie dans Smith, dont il a connu la théorie des sentiments moraux. La part de la France, au contraire, est assez petite : ses jugements sur notre histoire ne paraissent pas empreints d'une grande sympathie pour nos philosophes spiritualistes, et je suis forcé d'avouer qu'il cite de préférence les philosophes du dernier siècle, Helvétius, Chamfort et nos physiologistes contemporains, à commencer par Bichat et en finissant par Claude Bernard.

Sa position vis-à-vis du panthéisme n'est point celle d'un simple adhérent et encore moins d'un disciple de Spinoza. S'il a, comme tout Allemand, un penchant décidé pour cette antique doctrine de l'Ἕν καὶ πᾶν, de l'unité de substance qui est déjà dans les Éléates, qui est aussi dans Scot Érigènes, que Jordano Bruno et Spinoza ont développée, et que Schelling a rafraîchie avec un merveilleux talent, s'il croit avoir trouvé cette commune essence, ce fonds substantiel de l'être dans la volonté, si par là même il s'est attiré le reproche de panthéisme, il ne l'accepte pas dans toute l'étendue de ce mot, et il ne le mérite pas, à considérer l'étymologie même de ce mot πᾶν θεός. Car il prend à Spinoza l'ἕν καὶ πᾶν, mais il ne lui prend pas le πᾶν θεός : Tout est un ici bas, mais tout n'est pas Dieu : Schopenhauer ne met pas l'homme dans ce Panthéon superbe dont la voûte éclairée d'en haut reçoit la lumière divine et la distribue partout dans le temple. L'humanité est bien plutôt pour lui, l'homme universel et progressif de Pascal.

Quand Spinoza, dit-il avec esprit, appelle le monde Dieu, je me rappelle que Rousseau, dans le *Contrat social*, désigne invariablement le peuple par ces mots, le *souverain*. Il fait comme ce prince qui, voulant supprimer la noblesse, prit le parti d'ennoblir tous ses sujets. Pour lui, le panthéisme est faux, parce qu'il ne rend pas compte du mal dans le monde. C'est un système égoïste qui ne parle à l'homme que *de vivre, de conserver son être, de chercher son intérêt* ; qui, remplissant tout de son absolue substance, ne laisse pas de place pour la possibilité d'un monde meilleur, que Schopenhauer désigne négativement par les mots de sacrifice, et de renoncement, mais pour lequel sont faits aussi ceux de charité et de dévouement. Son optimisme qui n'est qu'une flatterie à l'adresse de l'homme, le met en désaccord avec les trois plus grandes religions de la terre, le Brahmanisme, le Bouddhisme et le Christianisme. Enfin, Schopenhauer se sépare de lui sur un point non moins essentiel, sur la méthode. Tandis que le panthéisme suit et est condamné à suivre invariablement la voie synthétique *a priori* et à expliquer le connu par l'inconnu, Schopenhauer tient ferme pour la voie analytique, et la recommande comme la seule méthode philosophique. Il est de ceux qui, comme Whewell en Angleterre, Apelt en Allemagne, M. de Rémusat en France, recommandent la méthode inductive.

Tel est ce penseur, l'un des plus originaux de la génération présente : esprit exempt de préjugés, libre de fausse honte comme d'une feinte modestie, sans frein comme sans scrupule, incapable de retenue, plein d'orgueil, mais que cet orgueil individuel n'aveugle pas sur les limites de la philosophie, pour qui, comme pour Aristote, l'admiration est un sentiment très-philosophique. Fichte le fils l'appelle un hypocondre. Mais si l'hypocondrie, c'est l'égoïsme, un égoïsme incurable, qui nous détourne des beaux et grands spectacles que le monde nous offre, une attention exagérée à tout ce qui concerne le corps, et de plus si l'hypocondrie est une maladie qui tue; comment en trouvera-t-on le germe dans cet homme dont la morale est le renoncement à soi-même, qui enseigne que l'hygiène de l'âme, c'est l'ascétisme, qui est mort enfin, à soixante-douze ans, d'une apoplexie pulmonaire? Sans doute, cette apoplexie des poumons prouve une surexcitation du sang, rare à cet âge, et dont son quiétisme n'avait pas apaisé l'ardeur. Mais, est-ce là le mal de l'hypocondre, et faut-il se laisser prendre, à quelques singularités que la malignité des Allemands a relevées? Je ne voudrais pas médire de l'optimisme, Philinte a du bon, sans doute; mais en ces temps de petites lâchetés et de faciles compromis, quand je rencontre Alceste, je salue jusqu'à terre.

CHAPITRE II.

L'HOMME : SA BIOGRAPHIE.

Il serait curieux d'écrire la vie de ce philosophe si longtemps inconnu et qui n'est célèbre que depuis sa mort : mais outre que comme celle de Descartes, c'est une vie toute solitaire et retirée, jusqu'ici les sources manquaient. Car Schopenhauer trouvait méprisable ce soin des biographies, et plus encore celui des auto-biographies, et sans les confidences de son exécuteur testamentaire, dont les heureuses indiscrétions nous mettent à même de satisfaire en partie le lecteur, nous ne pourrions reproduire la physionomie singulière de cet homme extraordinaire ni celle de ses auteurs, lacune assurément regrettable dans la vie d'un philosophe, dont une thèse capitale était celle de l'hérédité des propriétés intellectuelles et morales et de la part très-différente des deux parents dans leur transmission. Qu'il suffise de savoir que sans doute, un peu par le résultat de son expérience personnelle, il attribuait au père la plus grande influence sur la volonté de l'enfant et la formation de son caractère, et qu'il laissait à la mère le germe du développement des facultés intellectuelles. Or, son père était un homme de caractère, d'une gaieté humoristique, patricien de Dantzig, aristocrate animé d'un sincère amour du droit et de la liberté, aimé et respecté de ses concitoyens, qui passe pour s'être tué à la suite de pertes de fortune. D'autres pensent qu'il est mort par accident. Sa mère était la célèbre Johanna Schopenhauer, auteur de romans fameux, l'amie de Gœthe, femme exaltée, romanesque, sans le moindre esprit d'ordre ni de conduite, mais douée d'une sensibilité extraordinaire, d'une imagination vive et d'un esprit qui ravissait Gœthe. Arthur Schopenhauer naquit à Dantzig, le 22 février 1788, dans cette chambre de sa mère, entourée de toutes les recherches de l'art et de tous les souvenirs de ses voyages. La Grèce, la France et l'Angleterre furent comme les fées qui présidèrent à sa naissance, mais bientôt les horreurs de la Révolution française et le blocus de Dantzig forcèrent ses parents de se réfugier à Hambourg (1793), où le cercle d'attraction de Johanna commença à s'étendre et où ils connurent Klopstock, Tischbein, Reimarus, le baron Staël, Mme Chevalier, Büsch, le comte Reinhard, Meisner de Prague, le feld-maréchal Kalkreuth, lady Hamilton et Nelson. Bientôt ils partirent pour un long voyage à travers la Belgique, l'Angleterre, la Suisse, l'Allemagne et la France. Son père qui, sous Louis XVI, venait régulièrement passer six mois à Paris, y fut surpris par la Révolution. Schopenhauer encore enfant, y vit les fêtes de la déesse Raison; ces saturnales avaient fait sur lui une impression profonde et laissèrent dans son âme une salutaire terreur. Ce fut Mercier, du *Tableau de Paris*, qui leur montra la ville agitée, mais non encore attristée par de sanglantes horreurs. On partit bientôt pour le Havre où la famille s'embarqua pour l'Angleterre. Schopenhauer mettait le peuple anglais au premier rang de la civilisation; on s'en étonne moins quand on pense qu'il avait vu Paris sous la Terreur, et que son père, fort original, mais lui-même très-remarquable, lui avait recommandé la lecture du *Times*, ce tableau mouvant de la société et du monde, habitude à laquelle il resta fidèle jusque dans sa vieillesse. Il dut à ses voyages la connaissance, trop rare en Allemagne, du français et de l'anglais. Ses études à l'université de Gœttingue, où il eût pour contemporain Bunsen, qui l'a suivi de peu de mois dans la tombe, furent dirigées par G. E. Schulze, qui stimula dans le jeune homme le goût des spéculations philosophiques, mais en lui recommandant de ne toucher à aucun philosophe, et surtout à Aristote et à Spinoza, avant de s'être identifié avec Platon et avec Kant. Schopenhauer suivit ce conseil, et il s'en trouva bien. La médecine l'occupait aussi. Sa vie était déjà solitaire et retirée. En 1811, il se rendit à Berlin, où professait alors Fichte, pour lequel il avait une admiration *a priori*, qui ne tarda pas à se transformer en son contraire. Sa thèse préparée pour la promotion au grade de docteur, ne put être soutenue à Berlin.

La Prusse tout entière était en armes; l'enrôlement forcé n'épargnait personne et prenait l'étudiant aussi bien que le fils du noble. Au lieu de voler aux frontières, c'est à Iéna que le philosophe livra sa première bataille : il passa sa thèse au bruit lointain du canon. Cette thèse, où il déposa le principe de sa future théorie, a été publiée sous le titre : « *De la quadruple racine de la raison suffisante.* »

Qu'importait au conquérant armé qui faisait trembler l'Allemagne, ce rêveur attardé qui dissertait sur la cause? Mais, chose plus singulière encore! le jeune étudiant qui préparait déjà son grand ouvrage sur le *monde, en tant que volonté*, ne paraît pas s'être beaucoup soucié de cette volonté faite homme qui s'appelait Napoléon. Comme Hamlet rencontrant l'armée du jeune Fortinbras, il savait ce qu'il fallait penser sur cette manie des conquêtes qui laisse à peine sept pieds de terre au plus grand capitaine, au plus fortuné conquérant. Était-ce qu'il y avait là, comme dit Pascal, deux ordres de grandeur que sépare un abîme : l'action et la contemplation? Il avait vu cependant Napoléon dans toute sa gloire : il l'avait vu à Erfurt, planant sur ce parterre de rois que

Gœthe dépassait seul de sa tête haute; il le vit encore
à Weimar rudoyant ces malheureux qui mendiaient
un trône, comme d'autres une obole. Mais, à Weimar,
un autre spectale, plus intelligible, captivait tout entier le jeune philosophe : Il avait vu Gœthe, cet autre
exemple de la force dans le génie; il avait été reçu
par lui avec bonté. Il voua, dès lors, un culte enthousiaste à celui qu'il appelait le plus grand homme de
la nation allemande. Johanna Schopenhauer l'avait
introduit dans ce cercle où ses romans et ses vers
l'avaient fait accueillir. Son salon réunissait, deux
fois la semaine, Gœthe et Wieland, Falk, Heinrich,
Meyer, Fernow, le prince Pukler, les deux Schlegel
et plusieurs autres hommes célèbres. Sa mère était
une femme d'esprit, douée de sensibilité et d'imagination, mais de peu de tête, et qui mangea en partie
la fortune de ses enfants. Schopenhauer, qui avait
toute une théorie sur l'épargne et qui la mettait même
en pratique, ne lui pardonna jamais ses prodigalités,
non pas qu'il ait jamais plaidé contre elle, comme
l'ont malignement répandu ses ennemis depuis sa
mort; mais l'exemple de cette mère ruinant ses enfants, joint aux amours très-prosaïques de Gœthe,
dont il fut presque le témoin et le confident, avaient
pu contribuer à lui donner cette pointe de cynisme
dont il faisait preuve à l'endroit des femmes. Il
avait aimé pourtant à Berlin, puis à Dresden et surtout en Italie, où nous le retrouverons bientôt spectateur et acteur dans ces nuits de Venise où Byron

égala son modèle : *In Italia mille e tre*. De 1814 à 1818, il vécut à Dresden ; il passait les heures que lui laissait son cours et un amour au palais, dans cet incomparable musée où il s'initiait à l'art. Un petit traité qu'il publia sur la vision et les couleurs, et qui fut très-remarqué par Gœthe, critiqué même dans une longue et belle lettre à Schopenhauer, n'est pas étranger à cette nouvelle direction de ses études et ne l'est pas, non plus, sans doute, à la vigueur avec laquelle il a toujours défendu les principes de Gœthe contre ceux de l'optique de Newton. Dès cette époque, il préparait son œuvre capitale : *Le monde en tant que volonté et représentation*, qui parut à Leipzig en 1819. Il est singulier qu'il fût parti dès l'automne de 1818, sans attendre l'effet de ce livre, qui contenait toute sa théorie métaphysique, exposée avec une vigueur et une clarté singulières. — Il est vrai qu'il l'attendit trente ans.

Ce fut en Italie qu'il passa l'année 1819, à Rome et à Naples. A son retour, en 1820, il professa, pendant un semestre ; au printemps de 1822, il reprit encore le chemin de l'Italie ; où il demeura jusqu'en 1825. Ces années de voyages ont laissé leurs traces dans son œuvre. Ce fut, dans cette seconde patrie du beau, que son imagination s'ouvrit à l'art. S'il doit à l'Allemagne la profondeur métaphysique, il a rapporté d'Italie cette fleur de goût qui ne se trouve que là, non qu'il fût en peinture ce qu'on appelle un connaisseur, mais ses vues sur l'esthétique sont en général justes et profondes. A son retour, il songea sérieusement à se fixer à Berlin pour enseigner la philosophie. Mais Berlin ne devait pas le garder longtemps. Le choléra de 1831, qui avait emporté Hegel, fit fuir Schopenhauer, qui se souciait peu de le remplacer dans sa chaire et encore moins de le suivre au tombeau. Ce fut sur les bords du Mein, dans cette partie de l'Allemagne méditerranéenne qui, suivant une ingénieuse remarque de Humboldt, est au climat de Berlin ce que Milan est à Francfort, qu'il se fixa pour n'en plus sortir. Il occupait, quand je le vis, le rez-de-chaussée d'une belle maison sur le quai de *Schone-Aussicht;* sa chambre était aussi sa bibliothèque. Un buste de Gœthe y frappait tout d'abord les regards; une servante et son caniche formaient toute sa domesticité. Ce caniche est devenu célèbre depuis qu'à l'exemple du grand Frédéric, il l'a couché sur son testament. Sa vie confortable et simple était celle d'un sage qui se conduit par maximes. Tout y était réglé par une prévoyante économie de ses forces et de ses ressources. Bien qu'il ne fût pas stoïcien, il était fidèle à la maxime : *Naturam sequi.* Il espérait que son régime de saine activité le ferait vivre jusqu'à cent ans, quand la mort le surprit à soixante-dix ans. Il comptait ne plus écrire, mais revoir ce qu'il avait écrit. La troisième édition de son grand ouvrage venait de lui être payée 2000 florins. Ce tardif et premier fruit de ses œuvres, qu'il recueillait à son automne, lui inspirait les réflexions les plus ingénieuses sur ces pauvres hegéliens, qui ont escompté leur printemps, comme la cigale, tandis que l'intelligente et sage fourmi a économisé pour son hiver. « Ma philosophie n'est pas comme la leur, affaire de mode; elle restera. L'extrême onction sera mon baptême; comme les saints, on attend que je sois mort pour me canoniser. »

Schopenhauer me reçut comme il recevait les Français, excepté M. Alexandre Weil qui, en sa qualité d'Alsacien, lui fit l'effet d'un Allemand. Sa conversation, d'abord un peu étrange, m'attacha vivement. Ce lecteur assidu du *Times*, ce causeur étincelant de verve et d'esprit, était un profond penseur. Cette mémoire heureuse qu'il n'étala jamais, qu'il cultiva toujours, n'était que le plus futile des dons qu'il avait reçus de la nature et de l'éducation. Son érudition, qui était prodigieuse, n'avait rien de l'affectation d'un pédant; et, cependant, il avait la science *livresque* de Montaigne. Introduit dans sa bibliothèque, j'y ai vu près de trois mille volumes que, bien différent de nos modernes amateurs, il avait presque tous lus; il y avait peu d'Allemands, beaucoup d'Anglais, quelques Italiens, mais les Français étaient en majorité. Je n'en veux pour preuve que cette édition diamant de Chamfort; il a avoué qu'après Kant, Helvétius et Cabanis avaient fait époque dans sa vie. Il est vrai qu'il avait su en extraire des pensées comme celle-ci : « Les grands États dans lesquels nous vivons se soucient peu d'éveiller l'esprit, parce qu'ils n'ont guère besoin de grands esprits, ils se conservent par leur propre masse[1]. » Notons en passant un *Rabelais*, livre rare en Allemagne, et certain livre qu'on ne trouve indiqué que là : *Ars crepitandi*. Il eût reproché volontiers à ses compatriotes, d'avoir trop de consonnes et pas assez d'esprit. Tout ce qu'il avait vu à Berlin l'avait outré, il ne pouvait souffrir la grossièreté, le manque d'éducation, la naïveté pédantesque, la forfanterie universitaire. Il rougissait presque d'être Allemand ; il fallait l'entendre sur ce premier peuple métaphysique du monde : « C'est un défaut essentiel des Allemands, disait-il, de chercher dans les nuages ce qu'ils ont à leurs pieds. Quand on prononce devant eux le mot d'*idée*, qui offre à un Français ou à un Anglais un sens clair et précis, on dirait un homme qui va monter en ballon »

Quand je le vis, pour la première fois, en 1859, à la table de l'hôtel d'Angleterre, à Francfort, c'était déjà un vieillard, à l'œil d'un bleu vif et limpide, à la lèvre mince et légèrement sarcastique, autour de laquelle errait un fin sourire, et dont le vaste front, estompé de deux touffes de cheveux blancs sur les côtés, relevait d'un cachet de noblesse et de distinction la physionomie petillante d'esprit et de malice. Ses habits, son jabot de dentelle, sa cravate blanche rappelaient un vieillard de la fin du règne de Louis XV ; ses manières étaient celles d'un homme

---

1. Helvétius, *De l'Esprit*, IV, 17, p. 527-532.

de bonne compagnie. Habituellement réservé et d'un naturel craintif jusqu'à la méfiance, il ne se livrait qu'avec ses intimes ou les étrangers de passage à Francfort. Ses mouvements étaient vifs et devenaient d'une pétulance extraordinaire dans la conversation ; il fuyait les discussions et les vains combats de paroles, mais c'était pour mieux jouir du charme d'une causerie intime. Il possédait et parlait avec une égale perfection quatre langues : le français, l'anglais, l'allemand, l'italien et passablement l'espagnol[1]. Quand il causait, la verve du vieillard brodait sur le canevas un peu lourd de l'allemand ses brillantes arabesques latines, grecques, françaises, anglaises, italiennes. C'était un entrain, une précision et des saillies, une richesse de citations, une exactitude de détails qui faisait couler les heures ; et quelquefois le petit cercle de ses intimes l'écoutait jusqu'à minuit, sans qu'un moment de fatigue se fût peint sur ses traits ou que le feu de son regard se fût un instant amorti. Sa parole nette et accentuée captivait l'auditoire : elle peignait et analysait tout ensemble ; une sensibilité délicate en augmentait le feu ; elle était exacte et précise sur toutes sortes de sujets. Un allemand, qui avait beaucoup voyagé en Abyssinie, fut tout étonné de l'entendre un jour donner sur les différentes espèces de crocodiles et sur

---

1. M. Frauenstadt vient de publier un petit traité traduit de l'espagnol par A. Schopenhauer. *Balthazar Gracian's Hand-Orakel und Kunst.*

leurs mœurs des détails tellement précis, qu'il s'imaginait avoir devant lui un ancien compagnon de voyage.

Heureux ceux qui ont entendu ce dernier des causeurs de la génération du dix-huitième siècle! C'était un contemporain de Voltaire et de Diderot, d'Helvétius et de Chamfort; ses pensées toujours vives sur les femmes, sur la part qu'il fait aux mères dans les qualités intellectuelles de leurs enfants, ses théories, toujours originales et profondes sur les rapports de la volonté et de l'intelligence, sur l'art et la nature, sur la mort et la vie de l'espèce, ses remarques sur le style vague, empesé, ennuyeux de ceux qui écrivent pour ne rien dire ou qui mettent un masque et pensent avec les idées d'autrui, ses réflexions piquantes contre les anonymes et les pseudonymes et sur l'établissement d'une censure grammaticale et littéraire pour les journaux qui pratiquent le néologisme, le solécisme et le barbarisme, ses ingénieuses hypothèses pour expliquer les phénomènes magnétiques, le rêve, le somnambulisme, sa haine de tous les excès, son amour de l'ordre et cette horreur de l'obscurantisme « qui, s'il n'est pas un péché contre le Saint-Esprit, en est un contre l'esprit humain, » lui composent une physionomie à part dans ce siècle. C'est le même charme qu'on ressent à le lire. Cette philosophie a été méditée, causée, vécue comme celle de Socrate; son démon à lui c'est l'*humour*, cette autre forme de l'ironie socratique. Sa méthode est la même.

L'idée fondamentale de sa philosophie, celle dont il disait : « C'est ma grande découverte, c'est une Thèbes aux cent portes, » à savoir : comment au fond de tout, il n'y a qu'une force une, identique, toujours égale et toujours la même ; et comment cette force, qui sommeille dans la plante, qui s'éveille dans l'animal, et n'a conscience d'elle-même que dans l'homme, c'est la volonté, a été développée par lui avec une richesse et une originalité singulières dont nous donnerons bientôt d'abondants témoignages.

Mais Schopenhauer n'était point seulement un métaphysicien, il y avait en lui l'étoffe d'un moraliste. Lisez ses *Parerga* et ses *Paralipomena*, vous y trouverez un mélange singulier de ces qualités et de ces défauts qui le recommandent presque également à notre attention. Principes de morale, règles de vie, conseils pratiques, hygiène de l'âme, tout s'y trouve. Schopenhauer n'est pas un moraliste aimable, je le veux bien, mais il y a des plantes amères dont le suc épure et fortifie, et nous devons nous demander si, après la Rochefoucauld en France, il n'y avait pas une place à prendre en Allemagne. J'ai nommé la Rochefoucauld : c'est qu'en effet nos moralistes français, la Rochefoucauld, Vauvenargues, Chamfort et Rousseau, étaient la lecture assidue et la société habituelle de notre philosophe. Il les savait par cœur, il les citait à propos. On néglige trop en France aujourd'hui ces précieux auteurs, ces maîtres dans l'art du bien vivre, et il est piquant de voir un Allemand tout nourri de leurs maximes et qui nous les fait mieux connaître par ses écrits. La Rochefoucauld et Chamfort y brillent d'un éclat singulier comme le diamant. Il enchâsse à merveille leurs pensées dans son style. Écoutez le parallèle entre Machiavel et la Rochefoucauld. « Machiavel rompt pour toujours et d'une rupture éclatante avec l'idée du *prince*, empruntée au moyen âge et avec cette souveraineté du droit divin qui lui paraît si obscure qu'il ne la réfute même pas et qu'il suppose la thèse contraire comme vraie *a priori*, et qu'il en part. Son livre n'est que la pratique constante, encore en vigueur, ramenée à la théorie et exposée avec une grande force et une terrible conséquence qui ajoute je ne sais quoi de piquant à ce tableau vrai, mais présenté sous forme de théorie avec un rare talent. Il en est de même de ce petit livre immortel de la Rochefoucauld dont le thème n'est plus la vie publique, mais privée, et qui nous donne non pas des conseils, mais des observations. A ce petit livre accompli, je ne vois que le titre qui soit à reprendre ; car le plus souvent ce ne sont point des *maximes* ni des *réflexions*, mais des *aperçus*[1]. La valeur de Chamfort, qu'il s'exagère même un peu, lui fut révélée par ses pensées sur les hommes et ce fond de misanthropie qui ne lui déplaît pas. Chamfort a dit : « Il en est de la valeur des hommes comme de celle des diamants, qui, à une certaine mesure de

---

1. *Parerga.*

grosseur, de pureté, de perfection, ont un prix fixe et marqué, mais qui par delà cette mesure restent sans prix et ne trouvent point d'acheteurs. » Schopenhauer était un de ces diamants rares et il se réjouissait de trouver en aussi bon français un interprète de ses pensées. Helvétius a le degré d'esprit nécessaire pour nous plaire, et c'est une mesure assez exacte du degré d'esprit que nous avons. Schopenhauer sait y découvrir de l'or.

Il nous a paru bon, pour donner dès à présent une idée de sa morale, de grouper ici quelques-unes de ses pensées et de noter en finissant quelques aphorismes tirés de ses *Parerga*.

Je note d'abord celui-ci sur la morale elle-même : « Dire que le monde a un sens purement physique et aucune signification morale, c'est la plus grande erreur, la plus dangereuse, une erreur fondamentale, l'effet d'une noire perversité, et la personnification même de l'Antechrist. Et pourtant, en dépit de toutes les religions qui disent le contraire et qui cherchent à l'établir par leurs mythes, la grande erreur ne disparaît pas complétement de la face de la terre, et elle relève de temps à autre sa tête hideuse jusqu'à ce que l'indignation la force à se cacher. »

En voici quelques autres que je prends au hasard : « La vie de l'homme est une suite de variations sur un thème connu. La vie finit comme la cavatine de *Don Juan* par un accord en mineur. » — « Plus le cercle de notre vie se restreint, plus nous sommes heureux : c'est pourquoi les aveugles sont moins malheureux qu'ils ne paraissent, et c'est là ce qui produit cette quiétude, cet air béat qu'on remarque sur leur visage. » — « Nos pensées avant le sommeil, ou quand nous nous réveillons la nuit, sont le plus souvent des réminiscences des choses que nous avons senties. Le matin tous les rêves ont fui : la nuit est noire, le jour est blanc, disent les Espagnols. Le soir la raison, comme l'œil, voit moins juste et moins loin que le jour, ce n'est pas le temps de la méditation. Ce temps c'est le matin. Car le matin est la jeunesse du jour : tout y est plus frais, plus riant et plus facile : nous nous sentons plus forts, plus dispos : nos facultés sont plus à nous. Il ne faut pas raccourcir ce temps précieux en se levant tard, ou par des occupations indignes et des conversations oiseuses, c'est la quintessence de la vie. Le soir, au contraire, est la vieillesse du jour : le soir nous sommes mâts et usés, *geschwatzig und liechtsinnig.* » — « Les âmes sœurs se saluent de loin. » — « Raison veut dire *prophète : vernunft de vernehmen* : prédire. »

« Celui qui ne va pas au spectacle ressemble à un homme qui fait sa toilette sans consulter son miroir. » « Les femmes sont de grands enfants. De même que la fourmi ailée, après la conception, perd ses ailes devenues inutiles et même dangereuses, ainsi la femme après un ou deux lits d'enfants perd sa beauté. Dans l'Inde une femme vaut un éléphant : quand on l'estime à ce prix, elle en est fière. »

Sur les bruits de la ville : « Les bruits sont l'emporte-pièce de la vie du savant. Pourquoi ferrer les chevaux? et pourquoi tolérer les métiers bruyants dans l'enceinte des villes? Il y a là une conjuration de ceux qui travaillent avec les bras contre ceux qui travaillent avec la tête. C'est une infamie, une barbarie, une cruelle injustice. » — « Penser sans cerveau, c'est digérer sans estomac. » — « Dans le domaine de l'entendement règne l'apparence qui fausse la réalité pour un moment; mais dans celui de la raison, règne l'erreur qui retient des peuples entiers sous son sceptre pendant des milliers d'années. »

« Le génie dans la vie pratique est d'aussi peu d'usage qu'un télescope au spectacle. Les gens d'esprit forment une caste et tendent à s'isoler de la foule des parias. Les Grecs traitaient les autres nations de barbares : l'Anglais parle avec mépris du *continent and continental;* le croyant ne voit partout qu'hérétiques ou païens; le noble traite tout ce qui n'est pas noble comme lui, de roturier. Quoi d'étonnant si l'érudit Allemand ne voit partout que des Philistins? »

« Un Dieu impersonnel est une pure invention des professeurs de philosophie, un mot vide de sens pour contenter les niais et faire taire les cochers de fiacre. »

En parlant des chastes : « Ce sont des épines qui portent des roses. » — « Les ordres, les décorations sont des lettres à vue sur l'opinion publique : leur valeur dépend du crédit de l'endosseur. »

CHAPITRE III.

LE PHILOSOPHE.

I. — Sa critique de Kant.

Sa critique de Kant est un chef-d'œuvre : seul il a expliqué le philosophe de Kœnisberg avec une netteté, une concision merveilleuses en cent pages. Ne lui devrait-on que cette critique qui forme l'appendice du tome premier de *Die Welt als Wille und Vorstellung*, que Schopenhauer serait un philosophe et un critique du premier ordre! On connaît déjà son admiration, son respect pour Kant. La *Critique de la raison pure* est à ses yeux le plus capital événement qui ait eu lieu en philosophie depuis deux mille ans. C'est notre maître à tous, il nous a appris à penser, il est le véritable précepteur des Allemands Il a dessillé les yeux des Allemands; il a le mérite, comme le dit Schopenhauer dans une langue énergique, de les avoir opérés de la cataracte. Quand on se pique de philosophie, c'est à lui qu'il faut revenir. Il reconnaît qu'il lui doit beaucoup et il sait se montrer reconnaissant. Mais si la part de l'éloge, de l'éloge raisonné est très-grande, si grande même que des Français la trouveront sans doute excessive, sa critique n'en est que plus forte et discerne le vrai du faux avec une merveilleuse habileté d'analyse dans la philosophie de Kant. Trois principes lui servent à expliquer le système de Kant, à démonter cette machine artificielle et compliquée, comme un habile horloger, puis à la remonter. Ces trois principes sont : 1° sa déduction fausse de la *chose en soi;* 2° son amour exagéré de la symétrie; 3° la confusion dangereuse de l'intuition et de l'abstraction.

Schopenhauer accorde à Kant le mérite très-grand à ses yeux d'avoir le premier, par sa distinction fondamentale entre l'apparence et la réalité, entre le phénomène et la *chose en soi*, déblayé le terrain de tous ces édifices ruineux du dogmatisme qui l'encombraient sous les noms de scolastique, de théologie spéculative et de psychologie rationnelle. Il a commencé la vraie philosophie, il l'a mise sur la voie de la critique, il lui a enseigné à se défier de la raison pure, il a fait briller à ses yeux l'action de l'homme éclairée par l'idée du devoir, le véritable ciel à une très-grande hauteur au-dessus du devenir et du phénomène. Son *Esthétique trans-*

cendantale ou sa doctrine de l'espace et du temps est un chef-d'œuvre. Nous étions dans le temps : il a mis le temps en nous. Mais s'il a distingué la réalité de ce qui n'est pas elle, il n'a pas bien vu ce qui en constitue l'essence. Il était sur la voie, mais il a manqué le but par une analyse incomplète. Il a cru que la sensation nous avertit de la présence de l'objet, tandis qu'elle ne réveille dans notre esprit que l'idée de cause, que le principe de causalité qui est lui-même tout ce qu'il y a de plus idéal. C'est là son erreur capitale. Kant a beau dire et répéter à satiété : « L'élément empirique nous vient du dehors; la matière de l'intuition nous est donnée par le monde extérieur. » *Das Empirische Inhalt der Anschauung wird uns gegeben; von aussern gegeben.* Donnée par qui? donnée par quoi? s'écrie Schopenhauer : il ne le dira pas une seule fois, car il l'ignore. Et d'ailleurs cela ne veut rien dire. « Je prie le lecteur, nous dit-il, de concentrer son attention sur ce point. La doctrine que je réfute n'est point exclusivement celle de Kant, c'est celle de toute une école qu'on appelle sensualiste, et c'est aussi par une singulière inconséquence celle de l'école contraire qu'on appelle spiritualiste. Toutes deux croient, et elles l'enseignent, qu'on ne peut, à moins d'être sceptique sur l'existence du monde extérieur, nier que l'empirique nous est donné du dehors. » Schopenhauer le nie, il s'inscrit en faux contre cette doctrine. « C'est là, dit-il dans son langage animé, c'est là le talon d'Achille de la philosophie de Kant; » et il marque assez par là sa prétention de l'avoir blessée à mort en ce point.

Comprenons bien cette critique, quitte à la contredire quand nous l'aurons comprise. Kant fonde la réalité de la *chose en soi* sur une conclusion tirée du principe de causalité : à savoir que la sensation doit avoir dans nos organes des sens une cause qui lui est extérieure. Mais, comme d'après sa propre découverte, la loi de causalité nous est connue *a priori*, est une fonction de notre entendement et, par conséquent, d'origine subjective, il s'ensuit que la sensation elle-même, à laquelle nous appliquons cette loi, est aussi subjective, et que l'espace où cette intuition nous montre un objet dans la cause de notre sensation, nous est donné *a priori* et n'est qu'une forme subjective de notre entendement. Donc l'intuition empirique, cette intuition dont la matière nous est donnée d'ailleurs, suivant Kant, n'a rien que de subjectif : rien ne s'en détache, il n'y a là rien d'indépendant, rien de distinct. L'intuition empirique n'est que notre représentation : elle n'est toujours que le monde, en tant que représenté. Pour en pénétrer l'essence, il faut suivre une tout autre voie et entreprendre une nouvelle traversée. Il précipite Kant dans l'idéalisme qu'il veut éviter. Kant a eu peur : il a vu le gouffre et il a reculé. Schopenhauer, plus courageux ou plus insensé que lui, s'y jette tout armé, comme Décius, mais c'est pour reparaître plus loin vainqueur et sauvé, planant sur le monde de la volonté. *Die Welt als Wille.* Suivant ce penseur décidé, Kant a eu tort de faiblir : il a eu tort, lui, l'auteur de la *Critique de la raison pure*, le père de l'idéalisme allemand, de renier son principal titre de gloire, de biffer, dans une seconde édition, tous les passages idéalistes de la première. Schopenhauer entreprend de le démontrer par les textes, à l'aide de cette fameuse édition *princeps* de 1781, qu'on négligeait, et qu'il a le premier restituée; il note les variantes, il montre le singulier travail de remaniement, ou plutôt de destruction, exercé par Kant sur son œuvre : et il remet à Rosenkranz, qui en a consigné le témoignage dans sa préface, le soin d'achever la preuve par une édition nouvelle, qui fut exécutée grâce à son initiative. Mais on ignore que c'est pour se sauver d'une inconséquence, pour se mettre d'accord avec lui-même, pour essayer une déduction fausse de la *chose en soi*, de l'objet absolu de l'expérience, qu'il a mutilé dans la seconde édition et dans les cinq suivantes sa *Critique de la raison pure*, qu'il l'a refaite à un nouveau point de vue et cherché enfin à l'expurger de tout idéalisme, sans pouvoir remédier au vice fondamental que nous venons de signaler.

« Quand on cherche, dit Schopenhauer, à pénétrer profondément dans l'intimité de sa pensée, et à l'éclaircir, on trouve que la supposition d'un objet différent de l'intuition, et qui n'est pas représenté par elle, mais qui est l'objet propre de l'entendement, est un préjugé ancien, invétéré, et la raison dernière de ses erreurs sur l'entendement. Il varie presque à chaque page sur la portée de l'entendement, dont il fait tantôt une faculté distincte de l'intuition et tantôt l'auteur même de l'expérience : ici la faculté de juger et à la page suivante celle d'unir les intuitions au moyen de la table des catégories. Son langage n'est pas plus exact, quand il parle des catégories qui sont et ne sont pas les conditions de l'expérience (94. V. 126), mais dont il incline évidemment à faire la fonction la plus importante de la connaissance. L'entendement est, dans sa pensée, le moyen de ramener l'intuition à l'expérience. Je crois qu'un préjugé ancien, enraciné, est la raison dernière de la supposition d'un tel objet absolu sans sujet, qui n'est pas l'objet aperçu, mais pensé par l'idée au moyen des catégories. » Rien n'est plus certain pour celui qui, comme Schopenhauer, est convaincu de la vérité du fameux principe de Berkeley : « Point d'objet sans sujet. » En tous cas, rien n'est plus curieux que les exemples qu'il a donnés des contradictions et des confusions où l'admission de cette thèse a jeté Kant. Ainsi, à ne prendre que le premier groupe de nos citations tirées de la critique, on ne saurait trop admirer la justesse, la clarté et la précision de sa doctrine tirée de cet écrit (p. 67-69). « L'entendement n'est pas une faculté d'intuition : ses connaissances ne sont pas intuitives, mais discursives; l'entendement est la faculté de juger, faculté médiate s'il en fut ; l'entendement est la faculté de penser : or, on pense par les idées (69. V. 94); les catégories de la raison ne sont pas les conditions de l'expérience pour que l'objet soit donné dans l'intuition (89. V. 122); l'intuition n'a aucun besoin de la faculté de penser (91. V. 123). Notre entendement ne peut que penser, et non voir. Ailleurs, dans les prolégomènes, § 20, intuition, perception appartiennent seulement aux sens, le jugement à l'entendement ; et § 22, l'affaire des sens est de voir, celle de l'entendement de penser ou de juger, et enfin, dans la quatrième édition de la *Critique de la raison pratique* (p. 227, édition Rosenkranz, p. 281), l'entendement est discursif, ses représentations sont des pensées, et non des intuitions, ce sont les propres paroles de Kant. « Vous croyez, d'après cela, qu'il reconnaît la distinction du monde de l'intuition et de celui de l'entendement : qu'il affirme l'existence du premier, quand bien même le second n'existerait pas. Mais il n'en est rien, et même rien ne contredit plus formellement toute sa doctrine, telle qu'elle est exposée dans sa *Critique de la raison pure* (p. 79. V. 105). Ici l'entendement coordonne au moyen des catégories et ramène à l'unité la pluralité de l'intuition. Les catégories (94. V. 126) sont les conditions de l'expérience (V. 127). L'entendement est l'auteur de l'expérience (V. 128); les catégories déterminent l'intuition de l'objet (V. 130). Tout ce que nous considérons comme unifié dans l'objet l'a été par une action de l'entendement (V. 135). L'entendement est la faculté *a priori* de réunir sous l'unité de la perception une pluralité de représentations données (V. 144, 159, 161). Toujours même confusion : l'entendement fait l'unité, la synthèse ou l'alliance des intuitions au moyen de la table des catégories! Il n'y a d'expérience que par les catégories. Les catégories sont la connaissance *a priori* de l'objet de l'intuition ; et, comme si ce n'était point assez, l'entendement rend seul la nature possible par les lois qu'il lui donne. Je suis convaincu que cette contradiction, qui vient de la confusion de l'intuition et de l'abstraction, est la source de l'obscurité qu'on remarque dans toute l'exposition de sa *Logique transcendantale*. Kant sentait confusément cette contradiction, il luttait intérieurement contre elle, mais ne voulait pas ou ne pouvait pas l'amener à une conscience claire, il la voilait à ses propres yeux et aux yeux des autres, il l'entourait de formules et de nuages. Il imagina alors, pour expliquer les facultés de la connaissance, cette machine compliquée, cet alambic intellectuel des douze catégories. »

Mais tout Kant n'est pas en un point. Cet esprit discursif a parcouru plus de chemin et un principe ne suffit point pour l'expliquer : il en faut un autre ; ce nouveau principe, cette faculté maîtresse qui explique tout, Schopenhauer croit l'avoir trouvée, c'est l'amour de la symétrie. Voyez son style, ce style qui a été imité surtout pour ses défauts, qui ne brille que par son éclatante aridité comme celui d'Aristote, mais qui manque complétement de l'ingénuité, de la candeur antiques. Pourquoi cela? C'est qu'il est le calque fidèle et monotone du style gothique, c'est le même amour de la symétrie, des ordres, des sous-ordres, une pluralité, une confusion ramenée à l'unité, l'unité de plan d'une vieille cathédrale. Kant, esprit amoureux de la symétrie, cherche à aligner son œuvre suivant certaines proportions dans un cadre déterminé, il lui faut absolument un *pendant* à son *Esthétique transcendantale* : et de là sa *Logique transcendantale* avec sa table des catégories, véritable lit de Procuste, où il fait entrer de gré ou de force tous les sujets de nos recherches. « Après une étude approfondie et suivie de la critique de la raison pure, continuée dans les différents âges de ma vie, dit-il, il s'est formé en moi une conviction inébranlable, une certitude sur l'origine de *la logique transcendantale* que je donne ici avec quelque confiance dans mes explications. La grande découverte de Kant dans son *Esthétique transcendantale* est celle-ci : que le temps et l'espace sont connus *a priori;* que l'intuition empirique suppose une intuition *a priori* comme sa condition. Kant, ravi de sa découverte et conduit par son amour de la symétrie, s'est dit qu'il en était de même pour les notions (Begriffe) et qu'il y avait pour support des pensées empiriques un penser pur *a priori :* il obtenait ainsi comme pendant à l'*Esthétique transcendantale* une *logique transcendantale*. Alors il composa, toujours par amour de la symétrie, sa table des catégories ou des douze notions *a priori*, conditions de notre pensée, et il mit en regard de la sensibilité pure *l'entendement pur*. De là sa table des jugements et des catégories, véritable lit de Procuste, on ne saurait trop le répéter, où il fait entrer toute contemplation du monde et de ses lois sous les formes abstraites, les oppositions arbitraires et les désignations le plus souvent inapplicables de *quantité*, *qualité* et *relation*. Le penser s'évapore et le cadre reste. De là encore tous les *schèmes* des notions *a priori* ou des idées pures de l'entendement, sortes de monogrammes indéchiffrables et véritables hiéroglyphes de cette partie de la *raison pure* dont Schopenhauer peut à bon droit s'appeler le Champollion.

Mais aussi quelle différence entre l'*Esthétique transcendantale* et l'*Analytique transcendante*? Dans le premier de ces traités quelle clarté, quelle précision, quelle sûreté et quelle conviction se font sentir et se communiquent au lecteur! Tout est en pleine lumière. Kant sait ce qu'il veut et où il va. Ici, au contraire, dans la seconde partie de sa critique, tout est confus, obscur, embrouillé, vague et flottant. Dans la seconde édition, Kant, mécontent de lui-même, refait toute la première et la seconde section de la *déduction des notions de l'entendement*. Quoi de plus étrange? L'amour de la symétrie fait évanouir l'esprit même de ses recherches et son habituelle solidité. Lui qui est si fort en logique, il sait à peine ce que c'est que l'entendement et la raison : *Verstand und*

Vernunft, et ce qui les différencie l'un de l'autre. Rien de moins exact que son langage sur tous ces points. Schopenhauer a relevé tous les passages d'où il résulte que Kant n'avait pas une idée nette de l'un plus que de l'autre. Ainsi la raison est la faculté des principes (V. 24). L'entendement est la faculté des règles. Où est la différence? Dans sept endroits différents de la critique, il varie sur l'entendement qu'il appelle tantôt la faculté de juger (V. 94), tantôt la faculté de produire des représentations (V. 75), ou bien encore la faculté de la connaissance en général (5ᵉ édit., 137, et encore V. 171), la faculté des règles : ailleurs (V. 197), il en fait de plus la source des principes, ce qui ne l'empêche pas de l'opposer à la raison, faculté des principes. Enfin (V. 199), il est la faculté des notions et (p. 302. V. 359) celle d'unir les phénomènes au moyen des règles. Quoi de plus inexact et de plus confus qu'un tel langage?

Le lecteur n'attend pas de nous que nous analysions toute la *Critique de la raison pure*, que nous montrions ses erreurs de psychologie dans le chapitre de la *distinction de tous les objets en phénomènes et noumènes*, où il intervertit grossièrement le rapport entre sensation, intuition et pensée ; ou que nous le suivions pas à pas dans le chapitre des *amphibolies*, consacré à réfuter Leibniz au moyen d'une *topique transcendantale*. Il suffit d'avoir montré la source de ces bizarres inventions. Mais il faut dire un mot de sa dialectique transcendantale, de ses trois idées de la raison et de sa doctrine des antinomies. Que Kant, qui a déjà mis l'entendement sur la table de torture avec ses catégories, imagine un nouveau lit de Procuste pour la raison, avec ses trois idées de la raison qu'il combine avec ses trois espèces de preuves, cela ne surprendra que ceux qui, médiocrement versés dans sa philosophie, ne connaissent pas son goût pour la symétrie. Il y fait entrer l'âme avec toute la psychologie rationnelle, sous la forme du jugement catégorique; le dogmatisme qui traite des origines du monde sous la raison hypothétique, et Dieu (*ens realissimum*) comme catégorie de l'idéal. Mais j'avoue que, quelque habitué que je sois à ce mécanisme de sa philosophie, je m'insurge contre le jeu puérilement savant de ses *antinomies*, contre ce pur mirage, ce combat dans le vide qui a plus fait pour pervertir la raison que des siècles de sophistique. Quel Aristophane châtiera comme il le mérite ce jeu sophistique, qui rappelle à s'y méprendre le δικαῖος καὶ ἄδικός λόγος, que l'immortel auteur des *Nuées* met dans la bouche de Socrate ? Et sans vouloir pousser le paradoxe aussi loin que Schopenhauer, qui prétend que les thèses ne sont là que pour lui confirmer à force de pétitions de principe et de grosses fautes de logique, la vérité de l'antithèse, il m'est impossible de prendre au sérieux ce système d'arrangement universel, comme l'appelait Schelling, *All-akkomodation system*. Que dire, d'ailleurs, de toute cette partie de la *critique*, qui rappelle de plus en plus les beaux temps de la scolastique, où il détruit ou compromet tous ces objets d'une classique vénération : l'argument cosmologique, qu'il compare ironiquement à un pauvre, voyageant *incognito;* l'idée de la liberté, qu'au lieu d'aller saisir au plus intime de la conscience, il fait naître par une spéculation subtile, comme une conclusion logique, ou comme l'une des prémisses de l'impératif catégorique, et cet être infini, le plus réel de tous les êtres, qui devient après un quart d'heure *d'idéalisme transcendantal*, la plus chimérique et la plus creuse des notions! Ici encore, nous sommes forcés de renvoyer au livre de Schopenhauer; avec quelle force il lui démontre qu'au lieu de se perdre dans la recherche d'une cause absolue, il eût dû partir du *vouloir*, le montrer immédiatement comme la *chose en soi*, et la seule réelle dans nos propres phénomènes! Avec quelle vigueur il lui prouve que, prenant le procédé de la scolastique pour celui de l'esprit humain, ces trois grands objets de la philosophie, l'âme, le monde et Dieu, ne sont pour lui que trois déductions à partir de trois majeures parfaitement stériles, quoi qu'il en dise, pour la connaissance du monde. Mais j'allais oublier que par un amour de la symétrie qui est bien profondément enraciné chez Kant, l'architectonique de son œuvre serait incomplète, si la raison théorique n'avait pas pour *pendant la raison pratique*. C'est là ce qui nous a valu ce traité de morale intellectuelle, beaucoup trop vanté. On ne remarque pas assez que Kant a refait cinq ou six fois le même livre, en en changeant seulement le sous-titre : *Critique de la raison pure ; Critique du jugement : Critique de la doctrine du droit; Critique de la raison pratique*, etc.; mais c'est toujours sa *Critique de la raison pure*, ce sont les mêmes titres de chapitres, les mêmes formes de raisonnement, les mêmes paragraphes enfin. *Le paragraphe !* ce dieu de l'école depuis Kant, dont se moquait avec une si souveraine ironie l'incomparable auteur de *Faust*. J'entends dire que la morale de Kant a encore de nombreux sectateurs, quand sa philosophie ne compte plus que de rares disciples. Mais cette morale, tout imposante qu'elle est, ne saurait arrêter les conséquences idéalistes d'un système qui détruit l'âme et Dieu. La Raison pratique est impuissante contre le témoignage de la Raison pure, et l'on peut douter que l'impératif catégorique ait sur nos âmes une bien grande puissance. Il faut accorder à Schopenhauer, bien qu'elles paraissent sévères, ses conclusions sur l'œuvre morale de Kant. Les grandes vertus, les beaux dévouements ne dépendent pas uniquement de la partie rationnelle de l'âme humaine !

Mais c'est le privilége du vrai génie, et surtout du génie qui ouvre une carrière, de faire impunément de grandes fautes. Celles de Kant sont assurément très-nombreuses. Pour mesurer la tour, il a pris son ombre : pour se mieux représenter les choses, il leur imprime une courbure artificielle qui n'est que dans son cerveau ; pour mieux voir les objets de l'intuition, il fait de l'entendement une chambre obscure où ils sont censés venir se peindre; sa méthode renverse la marche ordinaire et part de la connaissance abstraite pour y fonder l'intuition. Sa confusion de l'intuition et de l'abstraction lui a fait imaginer un objet de l'expérience qui n'existe pas; son amour de la symétrie lui a fait inventer le mécanisme logique le plus compliqué, et le moins naturel; et pourtant la maxime de Voltaire s'applique parfaitement à lui : « Comme c'était un vrai génie, et qu'il a ouvert une carrière, les fautes ont disparu dans la gloire plus grande d'avoir dessillé les yeux des Allemands, de les avoir, comme le dit énergiquement Schopenhauer, opérés de la cataracte. C'est pourquoi une critique de la philosophie de Kant était le livre à faire; en ce siècle beaucoup l'ont tenté : seul, Schopenhauer l'a accompli avec une vigueur, une précision, un entrain merveilleux, dès 1819 ! »

II. — Sa théorie de la connaissance.

L'idéalisme de la *Critique de la Raison pure* rejaillit sur la théorie de la connaissance de Schopenhauer, et la détermine dans ses traits essentiels [1] : quatre points la résument :

---

[1]. C'est pour cela que nous l'exposons de suite après sa critique de Kant, afin que l'on saisisse mieux le lien qui la rattache à la philosophie critique, et les points sur lesquels elle s'en sépare.

1° Distinction de l'intuition et de l'abstraction méconnue par Kant, et rétablie par lui;

2° Réduction de tout le mécanisme sensible et intellectuel au phénomène de la représentation;

3° Spontanéité du sujet qui connaît dans l'acte de la connaissance;

4° Besoin d'une connaissance expérimentale et d'une logique inductive.

I. La confusion de l'intuition et de l'abstraction est une erreur que Kant a léguée à tous les penseurs abstraits. De ce point, comme de leur centre, rayonnent toutes les erreurs de Kant sur les deux sources de nos connaissances, et sur son prétendu objet de l'expérience, sur cet objet en soi et absolu qui n'est que la plus creuse des chimères. « Notre connaissance, dit Kant, a deux sources, la réceptivité des impressions, et la spontanéité des notions; la première, qui est la faculté de recevoir des représentations, et la seconde celle de connaître un objet par ces représentations : la première, qui nous donne un objet, et la seconde qui le pense. » Schopenhauer n'admet pas cette doctrine. L'impression, dans la pensée de Kant, serait l'objet et la sensation le sujet. Elle n'est, suivant Schopenhauer, qu'une pure sensation. Il y a là, chez Kant, un passage de la pensée dans l'intuition, et de l'intuition dans la pensée, qu'il n'est point permis de franchir d'un bond, et de la confusion des deux se forme un produit hybride et presque monstrueux, l'objet de l'expérience de Kant.

Kant a distingué trois choses : 1° la représentation ; 2° un objet de la représentation ; 3° la chose en soi : la première, qui est du domaine de la sensibilité ; la seconde, qui appartient à l'entendement ; la troisième, qui échappe à toute connaissance. Il n'y en a que deux : car la représentation et son objet ne sont qu'une même chose, et l'admission purement hypothétique de cet intermédiaire est la source de ses erreurs. Son objet de la représentation est composé de ce qu'il a pris en partie à la représentation, et en partie à la *chose en soi*.

II. Il suit de là que tout est représentation, pour l'entendement, et que le monde, considéré dans la série de ses apparitions ou de ses phénomènes, n'est qu'un système de représentations bien liées, suivant la loi de causalité : *mundus phænomenon, sive apparitio cohærens*. Voici donc tout le mécanisme de la connaissance. La sensibilité, au sens de Kant, est une faculté qui rend la connaissance possible sous les formes de l'intuition appelées l'*espace* et le *temps*, par lesquelles l'esprit reçoit l'impression des choses extérieures, mais qui n'existent pas dans les choses elles-mêmes.

III. Toute connaissance originelle est donc intuitive : l'intuition est à l'origine de toutes nos connaissances : les représentations *a priori* que Kant essayait d'élever au rang de législatrices pour l'expérience ne font que nous fournir des connaissances intuitives, il n'y a pas de notions pures *a priori*, engendrées dans la raison sans le secours des sens.

IV. Mais ces connaissances, intuitives et expérimentales, ne supposent pas seulement ces formes de l'intuition pure qu'on nomme l'espace et le temps, elles ne sont possibles que par une liaison intime de ces formes sous l'empire de la loi de causalité. La loi de causalité à laquelle il réduit les douze catégories de Kant est seule *a priori*, elle n'est pas une simple représentation des connaissances empiriques, elle produit l'intuition même de ce qui est dans l'espace. Il suit de là 1° que toute intuition est intellectuelle, c'est-à-dire n'est possible que par l'intermédiaire de l'entendement; et 2° que la loi de causalité n'est, comme l'espace et le temps, qu'une pure forme de représentation du sujet, applicable seulement aux objets de l'expérience externe dont elle est le lien.

V. La faculté qui agit sous cette loi de causalité est l'*entendement* auquel Schopenhauer attribue beaucoup de choses que Kant et les autres mettaient au compte des sens: L'homme et l'animal sont également doués d'entendement, bien qu'à des degrés différents. L'entendement est incapable de généraliser ses fonctions : il est borné aux objets particuliers et immédiats. Entre l'homme qui sait qu'une côtelette de mouton apaisera sa faim et un cheval qui, pratiquement, pense de même d'une botte de foin, où est la différence quant à l'entendement? Habileté pratique, souplesse, bref la plupart des qualités qui peuvent servir à se pousser dans le monde dépendent de cette pénétration de l'entendement qui sait rattacher à chaque effet une cause particulière et quiconque s'y trompe, est ce que dans la vie habituelle on appelle un sot.

VI. Dans la définition de la raison, Schopenhauer s'écarte aussi de ses contemporains. A leurs yeux, la Raison est cette force compréhensive de l'esprit, qui, dédaignant le fini, se révèle par la conception, la contemplation ou le pressentiment de l'Infini, de l'Absolu, de l'Inconditionné. Schopenhauer assigne à la raison une place moins ambitieuse : « En dehors des représentations observées jusqu'ici, nous dit-il, et qui se laissent ramener par leurs combinaisons, au temps, à l'espace et à la matière, soit que l'on considère l'objet (c'est-à-dire la sensibilité pure et l'entendement ou la connaissance de la causalité) ou bien le sujet, il y a dans l'homme seul entre tous les habitants de la terre une autre faculté de connaître, une conscience absolument nouvelle, qu'une sorte de justesse de pressentiment a fait appeler avec raison la *réflexion*. Car elle est bien un *reflet* de toute connaissance intuitive, seulement elle est d'une autre nature. Cette conscience nouvelle d'une si haute puissance, ce *reflet* abstrait de tout l'intuitif dans le concept inobservable de la raison, donne seul à l'homme cette *judiciaire* qui distingue sa connaissance de celle de l'animal, et imprime à sa pérégrination sur la terre une allure bien différente de celle de son frère dénué de raison. »

La raison est la marque distinctive de la différence

entre l'homme et l'animal, elle n'est cependant encore, aux yeux de Schopenhauer, qu'une faculté de *représentations abstraites* au sens de Locke, avec lequel il s'accorderait presque sur la valeur de cette faculté. La raison, quelles que soient ses merveilles, ne peut que coordonner les impressions fournies par l'observation. En tant que moyen productif de force, la raison élève sans doute l'homme au-dessus de l'animal ; mais, comme moyen de connaissance, c'est l'observation qui est la voie la plus sûre. Il faut se tenir à l'expérience. Sa théorie de la mathématique fait penser à Gassendi. « L'erreur des géomètres, qui ont suivi les traces d'Euclide, a été, nous dit-il, de négliger l'observation dans la construction de leurs figures, et de ne puiser leurs démonstrations que dans les conclusions logiques de la raison. » Partant de ce point, posé par Kant, à savoir que l'espace est la forme *a priori* de l'observation, Schopenhauer va plus avant, et laisse entendre que l'on pourrait édifier un système de géométrie où le fait ne serait pas seulement vrai, mais encore la cause du théorème, non-seulement l'ὅτι, mais encore le διότι, suivant l'expression d'Aristote. La démonstration sur laquelle il s'appuie est empruntée au Menon de Platon.

VII. Le monde visible n'est donc que le monde conséquent et cohérent de l'apparence. Temps, espace et loi de causalité ne sont que de pures formes de l'intuition et n'ont rien à démêler avec la nature des choses, qu'en tant qu'ils sont les objets du sujet connaissant. L'esprit étant forcé de penser, d'après la loi de causalité, c'est une contradiction que de parler d'une cause première. Toute cause étant l'effet d'une autre, comment songer à une telle cause ? La loi de causalité n'est pas un fiacre où chacun monte, et qu'il conduit où il veut. Elle s'impose à l'esprit comme une nécessité, ou plutôt elle est la nécessité même que l'esprit impose aux choses. Dans cette voie nous ne trouverons pas la *chose en soi*. En un mot, Kant a laissé subsister derrière le phénomène je ne sais quel mystérieux inconnu. Fichte est venu qui a dit : « Ce reste n'est qu'un produit de l'Esprit. » Puis en dernier lieu, est survenu Schopenhauer, qui combat Fichte et pousse Kant, par la force même de son idéalisme, à ce résultat nouveau : « Ce mystérieux inconnu n'est ni l'esprit, ni un fruit du cerveau, c'est la substance morale du monde, la Volonté. »

Le philosophe de la volonté devait nécessairement sacrifier l'intelligence. Cette théorie de la connaissance dont les principaux éléments sont empruntés à Kant, à Locke et à Berkeley en est la preuve. Le rôle de la sensibilité, celui de l'entendement et de la raison sont atténués ou faussés dans le sens de l'idéalisme. Le sensualisme même est exploité contre la dernière. Une psychologie incomplète et fausse préside à cette exécution. Mais la théorie de l'entendement n'est que la partie négative de cette philosophie. La théorie de la volonté en est la partie positive et vraie. Comme la première est une suite et une dépendance de la critique de Kant, nous devions commencer par elle et l'exposer ici. Nous réservons notre critique.

CHAPITRE IV.

LE PHILOSOPHE. — DE LA MÉTAPHYSIQUE, DE SA POSSIBILITÉ ET DE SES BORNES SUIVANT SCHOPENHAUER.

1° Quelle est la tâche propre de la philosophie. 2° Sa distinction d'avec les autres sciences. 3° Du criterium de la vérité. 4° Du commencement de la philosophie et de la vraie méthode. 5° Division de la philosophie. 6° De la métaphysique. 7° Sa possibilité, ses bornes, son avenir.

Schopenhauer a une conscience tellement nette de la philosophie, de son domaine propre et de sa distinction des autres sciences, que Hegel, à qui manquait ce tact, lui paraît souverainement méprisable. Rien de plus sage que ses idées (je ne dis pas son système) sur la philosophie. Ce sont celles qui ont le plus de chances de s'acclimater auprès des gens sensés après la défaite des idées hegéliennes.

L'homme ne peut pas tout savoir, l'omniscience

de l'homme est un mensonge. Il faut que la philosophie en prenne hardiment son parti, et que, dégoûtée des grandes aventures, elle rentre franchement et simplement dans les voies de l'expérience pour en faire sortir une métaphysique qui reposera sur des intuitions et non sur des idées pures, qui cherchera à saisir l'ensemble de l'expérience et non telle ou telle partie.

La philosophie ainsi restreinte et dégagée par ces pertes salutaires a encore un domaine propre assez vaste et assez beau Elle se distingue profondément de la philosophie particulière et spéciale à chaque science. Les sciences spéciales ont pour objet la liaison des phénomènes suivant la loi de causalité qui régit tout le champ des phénomènes. Elles se bornent à expliquer cette liaison par la nécessité du lien causal qui les unit entre eux. Chacune s'arrête aux limites de cette explication, sans rien préjuger sur l'essence même de la chose, et s'aheurte à quelque chose d'inexplicable.

La philosophie commence où les sciences s'arrêtent. Elle ne suppose rien de connu. Elle veut et elle doit tout expliquer et la liaison des phénomènes et le lien causal d'où elle dépend. Ce que les autres supposent, ce qu'elles prennent pour le fondement de leurs explications est la matière même du problème philosophique.

Chaque science a sa philosophie propre qui n'est que la généralisation et l'accord de ses résultats principaux considérés dans leur ensemble [1]. Ces résultats généraux se terminent à la philosophie proprement dite, lui apportent leurs données et lui évitent la peine de les chercher dans ces sciences mêmes. Ces philosophies des sciences spéciales (botanique, géologie, mathématiques, etc.) sont donc en quelque sorte intermédiaires entre les sciences et la philosophie. Elles naissent indépendamment d'elle et des données propres à chaque science. Elles n'attendent pas ses progrès pour se développer; mais, antérieures à elles, elles finissent par faire un corps de doctrines. La philosophie y trouve une confirmation, et comme une contre-épreuve, car la vérité générale ne peut qu'être confirmée par les vérités particulières. Mais quels que soient les avantages de la division du travail empirique et les résultats de ces sciences spéciales, il faut que la philosophie s'en empare; de même que de toutes ces vallées des Alpes qui se partagent le travail de l'horlogerie, il faut que les différentes pièces soient centralisées à Genève pour faire des montres.

Le *criterium* de la vérité étant l'expérience, le commencement de la philosophie est l'expérience interne ou la conscience. Descartes a raison en ce point, et il

[1]. C'est la meilleure réponse qu'on ait encore faite à Mill faisant de la métaphysique une philosophie des sciences qui ne serait qu'un abstrait des différentes sciences. Nous recommandons cette distinction à l'attention de M. Taine, qui a exposé ces vues de l'école positiviste avec une certaine faveur.

n'y en a point d'autre. La philosophie, il faut le répéter avec Bacon, s'appuie sur l'expérience, non pas comme les autres sciences sur telle ou telle expérimentation, mais bien sur l'expérience proprement dite, c'est-à-dire sur sa possibilité, son domaine, son contenu essentiel, ses éléments intérieurs ou extérieurs, enfin sur sa forme et sa matière. La vraie méthode est donc la méthode inductive qui s'élève du particulier au général et n'exclut pas la transcendance.

Ces prémisses posées et pour arriver à une juste division de la philosophie, il résulte qu'il faut observer d'abord le *milieu* de l'expérience, en même temps qu'il en faut considérer la forme et la nature. Ce milieu est la représentation, ou connaissance, ce qu'on appelle enfin l'*entendement*.

C'est pourquoi toute philosophie doit débuter par l'étude des facultés de l'entendement, de ses lois et de ses formes, comme aussi de leur valeur et des limites où elles sont renfermées. Cette recherche constitue la philosophie première (*philosophia prima*) qui se divise en deux parties dont l'une traite des représentations primaires, qui sont susceptibles d'intuition et pourrait s'appeler *Dianoiologie* ou théorie de l'entendement : tandis que l'autre qui traite des représentations secondaires, abstraites, et des lois qui les régissent, est la *logique* ou théorie de la raison.

Cette division générale comprend, ou plutôt remplace ce que l'on était convenu d'appeler l'*ontologie*. L'ontologie considérée comme la théorie des propriétés générales et essentielles des choses, n'a plus de raison d'être depuis Kant. Elle ne subsiste que par un malentendu et parce qu'on prend pour les propriétés des choses ce qui ne leur appartient que par la forme et la nature de notre faculté représentative ou entendement. Telle est sa nature en effet qu'elle est comme le miroir des êtres, mais un miroir, qui leur donne sa couleur propre, ses formes et ses lois, comme dans le fameux exemple cité par Kant d'un homme qui porterait des lunettes vertes et verrait tout en vert.

La métaphysique est, dans le sens étroit du mot, la philosophie qui découle de ces recherches. Elle ne nous apprend pas seulement à connaître, à ordonner, à observer la nature et tout ce qui existe, dans sa connexité et sa liaison : mais elle nous montre la nature comme un ensemble de phénomènes donnés et à quelques égards conditionnels, au sein desquels se produit un être indépendant de tout phénomène, et que Kant appelle l'*être* ou la *chose en soi*, c'est-à-dire l'absolue réalité. Or, c'est là le domaine propre de la métaphysique.

Mais avant d'étudier les procédés par lesquels cette science nous est donnée, deux questions préjudicielles se présentent à nous sur la possibilité et les limites de la métaphysique elle-même. Kant, en se demandant dans sa critique comment les jugements synthétiques *a priori* étaient possibles, nous a mis sur la voie d'une autre question non moins capitale : comment la métaphysique est-elle possible? Schopenhauer, qui se porte pour le continuateur de Kant, a repris la question et en a donné une solution un peu différente. Pour Kant, la métaphysique était identique au fond à la critique de la raison. Schopenhauer en a un peu restreint le sens, mais c'est pour en mieux assurer les bases. Elle doit, suivant lui, expliquer le domaine entier de l'expérience d'un point de vue plus élevé que les sciences expérimentales, et cela sans sortir de l'expérience. Elle doit expliquer enfin ce que les autres sciences n'expliquent pas. Ses moyens pour atteindre à ce but sont une combinaison de l'expérience interne avec l'expérience externe, une conception du phénomène pris dans son ensemble, dans ses différents sens, dans sa connexion intime et sa complexité. C'est pour employer une comparaison connue, mais expressive, arriver à lire couramment les caractères d'abord énigmatiques d'une écriture inconnue.

Cet effort reste éminemment critique : il part de la conscience, seul théâtre de notre expérience interne et externe. Mais la première seule lui livre *la chose en soi*, ou la réalité vraie que nous n'attribuons et ne transportons au monde, qu'après l'avoir immédiatement sentie en nous.

C'est ainsi que Schopenhauer, marchant sur les traces de Kant, qui sont aussi celles de Descartes, justifie et complète l'idéalisme critique de son maître, l'auteur de la *Critique de la raison pure*. Mais il ne s'y arrête pas : il veut quelque chose de plus : il veut faire rendre à cette idée de l'expérience, qui a été le point de départ de Kant comme de lui-même, tout ce qu'elle contient; il veut expliquer l'expérience en grand, dans son ensemble quant à sa possibilité, sa forme et sa matière. Ici le *criticisme* ne suffit plus. Schopenhauer le sent et, bien qu'il se tienne encore dans les sévères limites que son maître a tracées à la connaissance, il est dans ce qui suit plus dogmatique que critique, mais d'un dogmatisme qui ne dépasse pas les bornes, et qui n'exclut pas la critique.

Kant a eu tort de déclarer la métaphysique impossible. Kant a eu tort, après avoir mis le point de départ dans l'expérience, de prétendre que la métaphysique n'a rien de commun avec l'expérience, et d'ouvrir ainsi la porte toute grande au scepticisme. Voilà sa double thèse. « Pourquoi, dit Schopenhauer avec une grande hauteur de vues, pourquoi la métaphysique ne prendrait-elle pas son point de départ dans l'expérience et serait-elle condamnée à rester éternellement suspendue entre ciel et terre? A force de répéter que pour *dépasser l'expérience* il faut des connaissances antérieures et supérieures et qui dépassent toute expérience possible, on a donné à Kant des armes contre toute métaphysique : que dis-je? contre toute certitude. Car il est venu dire alors et il lui a été facile de prouver que toute connaissance de ce genre n'est rien autre chose qu'une forme de l'entendement pour aider l'expérience, et ne peut pas par conséquent la dépasser. On connaît sa critique et ses conclusions sur ce point. » C'était là suivant Schopenhauer une pétition de principe évidente. « Hé quoi! s'écrie-t-il, vous voulez nous faire croire que pour dépasser l'expérience, c'est-à-dire ce monde que nous voyons et que nous entendons, il faut nous boucher les yeux et les oreilles, consentir à en ignorer le contenu et n'employer que des formes vides, *a priori*, que nous prendrons pour sa matière? N'est-il pas plus juste et plus raisonnable que la science qui traite de l'expérience en général puise dans l'expérience? Notre problème, c'est vous-même qui le dites, nous est donné empiriquement. Pourquoi la solution ne pourrait-elle pas en partie dépendre de l'expérience? N'est-il pas contraire au sens commun d'admettre que le philosophe qui parle de la nature des choses doit considérer les idées abstraites et non les choses mêmes. La source de toute connaissance métaphysique au contraire me paraît être, je ne dis pas seulement l'expérience externe, mais aussi et surtout l'expérience interne. Oui, ce qui fait son originalité, ce qui lui fait faire selon moi le pas décisif, ce qui lui permet enfin d'espérer atteindre à la solution du problème, c'est que la métaphysique bien comprise et mise à sa véritable place, est le lien de l'expérience externe avec l'expérience interne et qu'elle fait de celle-ci la clef de celle-là[1]. »

Mais si Schopenhauer rétablit contre Kant la possibilité de la métaphysique, il n'en méconnaît pas comme Hegel les justes limites. Quelle que soit sa confiance dans sa méthode, et ce profond regard jeté sur le monde, il ne prétend pas tout expliquer, ne laisser aucun problème sans solution et dire de toute chose le *pourquoi* et le *comment*. Il lui suffit d'approcher un peu et sa devise est celle-ci : *Est quadam prodire tenus, si non datur ultra*. Nous sommes enveloppés d'une nuit profonde : la liste des imperfections de l'entendement est bien longue. La raison nous trompe et nous égare souvent ; mais en nous tenant fer-

---

[1]. En France, où nous n'avons pas encore une conscience assez nette de ces vérités si bien et si nettement exprimées par le philosophe de Francfort, on est loin, en ce moment du moins d'écrire et de penser aussi juste sur la vraie portée de la métaphysique. Cette sobriété dans les prétentions philosophiques, cette netteté de l'expression, cette méthode si sûre recommandent ces pages aux penseurs. Ce ne sont pas là des dissertations dédaigneuses sur l'*avenir de la métaphysique* ou un gros livre de *métaphysique positive* écrit pour glorifier la métaphysique assez peu positive de Hegel. Ce n'est pas surtout une tentative hasardée de conciliation entre la métaphysique et le positivisme de M. Mill sur les bases ruineuses proposées par M. Taine dans un article de la *Revue des Deux Mondes*. M. Taine se croit sûr du succès : qu'il médite ces pages si fermes de Schopenhauer, il y verra l'abîme qui sépare le positivisme et la métaphysique. Lier les faits, assembler les phénomènes, joindre des couples et même trouver une loi, et y rattacher le groupe, tout cela n'est encore que du domaine des sciences spéciales et des philosophies qui leur sont propres. La métaphysique commence où elles s'arrêtent, et M. Mill lui-même est de ce point de vue totalement étranger à la question.

mes à l'expérience, en prenant notre point de départ dans l'intuition vive et non dans l'abstraction vide, nous pouvons espérer d'avancer un peu. Nous pouvons, quand l'intelligence est bien disposée, et encore à grand'peine, comprendre tout ce qui est dans la nature, excepté la nature même. Et c'est déjà quelque chose.

En procédant ainsi avec mesure et sobriété, nous passons du phénomène à la réalité, de ce qui apparaît à ce qui *doit* apparaître, à la métaphysique enfin : τά μετά τά φυσικά. Je ne parle pas ici de cette métaphysique nuageuse et abstraite, ambitieuse et purement rationnelle, qui n'est qu'une science d'idées générales et de mots ou de signes sans intuitions qui leur correspondent, tels que ceux d'*absolu, substance absolue, fini et infini, identité, être et essence;* car les idées générales sont la matière de la philosophie, mais non la source d'où elle est puisée, le *terminus ad quem* de la pensée philosophique, mais non son *terminus a quo*. J'entends parler de cette métaphysique, seule réelle et seule vraie, qui repose sur des intuitions vives, et non sur des idées abstraites, qui n'est pas une science de pures notions, mais de la totalité de l'expérience; qui a son point de départ non dans la connaissance abstraite, mais dans la science de l'esprit humain, considérée comme une expérience interne qui a sa matière non dans les mots, mais dans la conscience expérimentale seule immédiate, seule donnée et seule vraie, et qui se sert comme méthode et comme procédé non de l'abstraction, mais de l'induction.

Cette métaphysique réelle, qui saisit, comme nous le montrerons bientôt, dans la volonté, la forme intérieure et dernière du phénomène se subdivise en trois parties qui sont celles mêmes que la volonté parcourt pour arriver à son expression la plus complète : la nature, l'art et la morale. Il y donc une *métaphysique de la nature*, une *métaphysique du beau* et enfin une *métaphysique des mœurs*.

La science du *Cosmos*, ou métaphysique de la nature, n'est pas, comme le croyait Humboldt, un pur développement, dont l'observation historique puisse épuiser le fonds. Ces genèses et ces cosmogonies interminables de Hegel et de Schelling ne sortent pas du devenir et du phénomène ; elles sont tout entières retenues dans les liens de la causalité. La vraie méthode dont ils n'ont pas eu même le soupçon consiste à s'affranchir de ces formes de la nécessité que le principe de causalité impose à la connaissance et à se frayer sa voie dans l'intérieur des choses. Il y a un monde intérieur et transcendant dont ils ne paraissent pas même se douter et qui est le seul réel et le seul vrai. La science du *Cosmos* est celle qui nous fait pénétrer son essence et qui abandonne le *pourquoi* et le *comment* pour s'en tenir à ce qui est[1]. Elle ne s'ar-

---

1. Comme l'école positiviste de M. Comte pourrait voir ici une approbation indirecte de son naturalisme, je veux la détromper, et lui montrer l'abîme qui la sépare du philosophe allemand. Cette

rête pas aux rapports extérieurs et aux formes transitoires, mais à ce que l'analyse n'atteint pas et qui demeure, après qu'elle a supprimé et éliminé tout le reste, à ce fond commun de tous les rapports, à l'essence du monde enfin, toujours identique à elle-même. La loi de causalité, dont on peut exactement délimiter l'empire, ne régit que les changements

---

école qui, avec une superficialité vraiment singulière, prend la philosophie de la botanique ou de la zoologie, d'une science particulière enfin, pour la philosophie en général, s'imagine que tout consiste à lier les faits, à trouver une loi et à y rattacher le groupe entier : puis toute fière de ce résultat, elle dit : « Voilà la science des sciences! Elle est trouvée, et pour cela nous n'avons eu besoin ni d'idées générales ni d'axiomes, pas même de la loi de causalité. » Au contraire, dit Schopenhauer, qui a une conscience si délicate de ces difficiles problèmes, ce que l'on doit reprocher à ces hommes, abusés par les débuts de la science, c'est de ne pas savoir assez s'affranchir de la loi de causalité, c'est de ne pas sortir de son domaine. La loi de causalité, en effet, régit toutes ces sciences et toutes ces philosophies particulières aux sciences, qu'ils déclarent indépendantes de son joug. C'est suivant cet axiome qu'ils pensent, et qu'ils opèrent : car cet axiome n'est que l'expression subjective de la nécessité que notre esprit impose aux choses, et, tant qu'il y aura un esprit pour comprendre l'enchaînement des faits, cet axiome subsistera. Mais ce qu'ils ignorent, et ce que je sais, c'est que ce monde des phénomènes, régi et fatalement régi, quoi qu'ils disent, par la loi de causalité qu'ils ont tort de nier, n'est pas même *le commencement* de la philosophie, et est tout entier du domaine des sciences séparées. Cette *science des sciences* qu'ils cherchent sans la trouver, commence où elles finissent, avec le monde réel et non phénoménal, soustrait à l'empire de la causalité, et à la nécessité d'un enchaînement sans fin. C'est là, c'est là qu'il faut aller dans cette région inexplorée que l'esprit positif laisse en dehors de la science et qui n'est pas cependant un grand vide rempli de chimères et de mots comme le monde métaphysique de Hegel. Mais pour y entrer, il faut en avoir la clef, et ils ne l'ont point; et c'est pour cela que ce monde transcendant, découvert par Kant et par Schopenhauer, continue à être en dehors de la science.

et les formes, elle n'atteint pas ce fond. Si donc il y a autre chose que des changements régis par une loi, (au sens idéaliste ou positiviste, peu importe) il faut qu'il y ait une autre voie pour s'élever à la connaissance de l'essence du *Cosmos*.

La *métaphysique du beau* manifeste l'objet observé d'abord dans la nature, sous sa forme la plus pure et la plus parfaite. Elle le saisit sous sa forme de phénomène extérieur ou objectif. Elle y applique les idées de Platon, comme lien du monde subjectif avec l'objectif.

Mais c'est en nous-mêmes que l'essence intérieure trouve sa manifestation immédiate ; et c'est là l'origine de la *métaphysique des mœurs*, ou de la morale, troisième et dernière partie de la métaphysique et sa manifestation la plus élevée dans le monde. La morale est, pour lui comme pour Descartes, le fruit le plus parfait de l'arbre de la science.

On s'étonnera de ne pas trouver mentionnée dans ce programme la *psychologie rationnelle*. Schopenhauer suivant en cela la célèbre démonstration de Kant, que l'âme est une hypostase transcendante, ne croit pas devoir l'admettre au rang des sciences métaphysiques. Il laisse, comme il le dit, aux Philistins et aux Hegéliens cette hypothèse qui n'est ni démontrée ni justifiée. Persuadé que l'être véritable de l'homme ne peut se concevoir que dans l'ensemble du monde, que le *macrocosme* et le *microcosme* s'expliquent l'un par l'autre et sont même identiques, il ne croit pas devoir faire une science séparée de l'âme. Il la remplacerait plutôt par l'*anthropologie* entendue, comme une science expérimentale, qui s'appuie sur l'anatomie et la physiologie et se fonde sur l'observation des manifestations morales et intellectuelles et sur l'étude des propriétés de l'espèce humaine et de ses différences individuelles[1].

Tels sont l'ensemble, les caractères et les branches principales de la philosophie d'après l'auteur du *Monde en tant qu'intelligence et volonté*. Le domaine propre de la philosophie, sa distinction des autres sciences, son commencement et sa méthode, la possibilité de la métaphysique, ses subdivisions et ses limites, toutes ces difficiles questions ont reçu une réponse nette et précise. Parti de Kant, qui avait d'abord annoncé que la métaphysique est possible dans les limites de l'expérience, il va plus loin que lui dans cette voie : il montre non-seulement qu'elle est possible, mais qu'elle est la science même de la totalité de l'expérience. Fidèle aux principes de l'idéalisme de la *Critique de la raison pure*, il veut les développer dans le sens du dogmatisme : esprit pratique et doué du sens moral, il conclut de la

---

1. Cette exclusion de la psychologie rationnelle et de la théologie spéculative, bien qu'elle ait pour elle l'autorité de Kant, ne nous paraît pas justifiée. Nous y reviendrons dans notre critique. Il est bien entendu qu'ici nous exposons une philosophie originale, nous ne la discutons pas. La métaphysique dans les limites de l'expérience n'est pas démontrée. Mais attendons la fin.

métaphysique à la science des mœurs et il en fait le couronnement de la philosophie. Sa théorie de la volonté va nous montrer cette métaphysique à l'œuvre.

CHAPITRE V.

LE PHILOSOPHE (SUITE). — SA THÉORIE DE LA VOLONTÉ.

Deux mondes, deux grandes sphères, deux zones distinctes : ici le monde-représentation ou phénomène : *Die Welt als Vorstellung ;* au-dessus, et séparé de lui par un abîme, le monde réel, le monde-volonté : *Die Welt als Wille ;* le premier soumis à la causalité, comme tout ce qui tombe dans l'espace et le temps ; le second, libre et indépendant de toute entrave, seul identique et seul réel, au-dessus du temps et de l'espace ; puis, entre ces deux mondes et pour combler l'abîme qui les sépare, les idées de Platon, monde intermédiaire entre le phénomène et la réalité, sorte de médiateur employé par Schopenhauer pour les mettre en concours et manifester la volonté dans le monde ; enfin, pour couronnement de l'édifice, —

car il n'y a point de philosophie digne de ce nom sans une morale, — le dépouillement, l'immolation volontaire, le *sacrifice* enfin, cette loi terrible et fatale, envisagée dans toute sa primitive dureté et son inflexible nécessité, sans aucun ménagement, sans aucune des atténuations prudentes que le cours des âges, ou le besoin d'orthodoxie, a pu introduire dans sa forme ou dans son fond, tel enfin que le pratiquaient les ascètes les plus austères avec ses mystiques procédés et ses dogmes les plus farouches : voilà quelque image bien imparfaite de cette philosophie de la volonté, et du moins une esquisse de ce système original : *Die Welt als Wille und Vorstellung*.

Il y a deux hémisphères confusément entrevus et dénommés par Platon, plus clairement aperçus mais encore assez mal délimités par Kant, et tellement séparés, que l'un ne peut rien nous dire, rien nous apprendre de l'autre. Ces deux sphères, que Platon appelle tantôt le *paraître* et l'*être*, tantôt l'*être* et le devenir, τό ἀεὶ ὄν, τό ἀεὶ γενόμενον, que Kant distingue par les mots de phénomène et de réalité, d'apparition et de *chose en soi*, ont presque toujours été confondues, et cette confusion a été la source d'erreurs et de méprises. Distinguer soigneusement ces deux mondes, leur assigner des limites précises, les dénommer clairement pour l'œil et pour l'oreille, voilà le premier devoir d'un philosophe, et voilà ce que Schopenhauer a fait dès la première page de son *Monde en tant qu'intelligence et volonté*[1].

« Le monde est ma représentation ! » *Die Welt ist meine Vorstellung*. Son premier ouvrage s'ouvre par cette phrase célèbre, qui condense en une de ces formules concises, dont il a le secret, tout ce qu'il croit vrai, profond, dans la philosophie idéaliste de l'Inde, aussi bien que dans les systèmes modernes de Leibniz et de Berkeley, de Hume et de Kant. « Le monde est ma représentation : *Die Welt ist meine Vorstellung*. » Quoi de plus certain ? l'œil voit les couleurs, l'oreille entend les sons, la main touche et saisit les surfaces; mais nous ne connaissons par elles-mêmes ni les formes, ni les sons, ni les couleurs, nous connaissons les organes qui nous les représentent : et ces objets ne sont pour nous que représentés; car le sujet s'exalte dans sa connaissance et dit : « Je suis, et, hors de moi, il n'y a rien; car le monde est ma représentation. » C'est mon axiome d'Euclide, s'écrie Schopenhauer. C'est l'antique doctrine aussi vieille que le monde, c'est le dogme fondamental de l'école du Vedanta, qui ne refuse pas l'existence à la matière, comme on le prétend, mais qui déclare qu'elle n'a pas d'essence indépendante de

---

1. Le titre du livre de Schopenhauer est le suivant : *Die Welt als Wille und Vorstellung*. Le monde en tant que volonté et représentation, mais en français ce mot de *représentation* offre un sens moins clair, moins précis qu'en allemand, et il est facile de démontrer qu'il se réduit au fond à ce terme d'intelligence qui en est ici l'exact équivalent et que la symétrie de notre langue exige.

l'esprit et que son existence est convertible avec la faculté perceptive du sujet. Ainsi le monde, en tant qu'il est représenté, n'est pas réel. Il tombe dans l'espace et dans le temps dont l'idéalité pure est la plus belle découverte de Kant. Le balai enchanté de la causalité y est toujours en danse, comme celui de la légende. Causes et effets s'y croisent comme les fils d'une trame légère et fragile sur le métier bruyant du temps. C'est le voile de Maia, la déesse des apparitions. Ainsi, de ce côté, point d'espoir : ceux qui cherchent la réalité par là ne la trouveront pas. Tout est apparence et rien n'est qu'apparence dans le monde des phénomènes.

Mais le monde a deux hémisphères : si l'un n'est encore que le règne des apparences et ne nous dit rien de la réalité, l'autre reste tout entier inexploré et mystérieux comme son essence : *la volonté*. C'est ici qu'il faut nous donner le rare spectacle d'un philosophe convaincu employant, comme Descartes, vingt ou trente années de sa vie à scruter cette grande vérité, à enseigner cet unique nécessaire, à conquérir et organiser ce monde, dont il est le Cortès et le Christophe-Colomb.

Mais quelle méthode le ramènera du dehors au dedans et quelle voie le conduira vers cette Thèbes aux cent portes? Sera-ce la science des mathématiques? Schopenhauer ne se flatte pas d'un aussi facile accès, et quels que soient les perfectionnements de cet art mathématique et les développements qu'on peut lui donner, Schopenhauer conclut avec Bacon, qui sut s'en passer, avec Descartes, qui le négligea après l'avoir appris à fond, que cette science plus superficielle que profonde et plus apparente que réelle, mérite peu de confiance et ne saurait en aucun cas donner la réalité. Sera-ce donc dans le domaine des sciences naturelles que nous trouverons les appuis nécessaires pour cette seconde traversée, δευτέρος πλοῦς? Schopenhauer partage et ramène tout le vaste champ des sciences d'observation à deux parties : la description des formes, que Goethe appelle la *morphologie*, et l'explication des changements par leurs causes, que lui, Schopenhauer, appelle *ætiologie*. A la première appartiennent l'anatomie, la botanique, la zoologie et généralement toutes les sciences d'observation; à la seconde la mécanique, la physique, la chimie et la physiologie, mais ni l'une ni l'autre de ces deux sciences ne peut lui servir pour son plan. Il montre avec une grande vigueur que la première ne nous révèlera toujours que des formes innombrables, infiniment variées, rapprochées par un air de famille, mais qui ne sont que de pures représentations complétement étrangères, et, pour tout dire enfin, d'indéchiffrables hiéroglyphes. La physique elle-même ne suffit pas. Tout y est *morphologie*, c'est-à-dire description des formes; *ætiologie*, c'est-à-dire explication des effets par leurs prétendues causes. Elles empruntent des principes à la philosophie, bien loin que la philosophie puisse leur demander le sien : elle part du point où elles s'arrêtent. L'*ætiologie* (d'ἀιτία, cause) doit nous expliquer les effets et les causes, mais elle le fait aussi peu que possible dans la réalité ; et bien qu'elle ait atteint à peu près son but en mécanique et aussi peu que possible en physiologie, la force par laquelle une pierre tombe à terre nous est aussi inconnue dans son essence que celle qui produit le mouvement ou la croissance des plantes ou d'un animal. Ainsi l'*ætiologie* la plus parfaite ne saurait nous donner qu'une nomenclature de forces inexplicables, leur succession et leurs changements, sans nous rien révéler de leur essence intime ; et il en est de cette science comme d'un salon où nous serions entrés sans savoir comment, où chacun nous présenterait successivement et à tour de rôle à son voisin comme à un ami, à un cousin que nous ne connaîtrions pas, et sans nous laisser le temps de dire ces paroles, qui seraient constamment sur nos lèvres : « Comment diable suis-je venu dans cette maison? »

Ainsi, le subtil disciple de Kant, en quête de la réalité intégrale et vivante, n'est pas moins que lui obligé de déblayer le terrain et de rejeter toutes ces sciences qui ne lui offrent pas la réalité absolue. Il est forcé d'en conclure que cette réalité ne lui viendra pas du dehors, mais du dedans. C'est alors, qu'instruit par ses déceptions antérieures, il s'aperçoit qu'il n'est pas seulement un sujet qui connaît, c'est-à-dire, une tête d'ange avec des ailes au milieu des nuages, mais un *individu* plongé dans ce monde, et dépendant d'un corps dont les affections sont le point de départ de nos sensations. Ce corps est pour le sujet qui connaît, en tant que corps, une représentation parmi d'autres représentations : ses mouvements, ses affections ne lui sont pas autrement connus que les changements des objets extérieurs et lui seraient aussi étrangers et aussi incompréhensibles, si le sens ne lui en était révélé d'ailleurs. Quelle est donc la loi qui enchaîne ses actes à l'influence des motifs avec la constance et la régularité de tout autre phénomène naturel? Quelle est la force, la qualité, le caractère, l'essence intérieure de ces manifestations et de ces actions du corps? Une force qui ne fait qu'un avec le corps, qui s'identifie avec lui à ce point qu'à son acte, répond toujours un mouvement des organes, qu'entre cet acte intérieur et sa manifestation extérieure, il n'y a pas même place pour un rapport de causalité, mais une complète identité, que l'action du corps enfin n'est que cette force manifestée, rendue visible, *objectivée*, pour emprunter le mot vrai aux Allemands, et cette force qui se joue dans la nature, qui travaille obscurément dans la roche, sommeille dans la plante, et se réveille dans l'homme, c'est la *volonté !*

Mais, que ce mot de volonté ne soit pas tout d'abord pour le lecteur une pierre d'achoppement. De même que Schopenhauer attribue au mot d'entendement un sens que nous réservons en France pour la sensibilité, il donne ici à la volonté un rôle tout nouveau, ou peut-être tellement ancien qu'il nous paraît nouveau. Il ne s'agit pas ici d'une volonté intelligente, préméditée et consciente, mais d'une volonté instinctive, inconsciente, celle des mouvements et des forces, de quelque chose d'analogue à la *volonté de vivre* ou à l'instinct de conservation, de la volonté au sens large : « En dehors de la volonté et de l'intelligence, rien ne nous est connu, rien ne peut être pensé. Chercher ailleurs une réalité pour l'appliquer au monde corporel est impossible. Si nous imaginons que le vouloir soit quelque chose de plus que notre pure représentation, il faut qu'en dehors de toute représentation, en soi, dans son intime essence, il soit ce que nous trouvons immédiatement en nous, comme vouloir. Et remarquez bien que nous connaissons assez cette intime essence du vouloir pour savoir la distinguer de ce qui n'est pas elle, par exemple, de la connaissance qui l'accompagne, ou du motif qui la détermine. Tout cela n'est pas son essence, mais sa manifestation en tant qu'homme ou animal. Quand donc je dis : La force qui fait graviter la pierre vers la terre est, suivant son essence en soi et en dehors de toute représentation, une volonté ; on ne verra pas, je suppose, dans cette proposition la folle supposition que la pierre se meuve en vertu d'un motif connu, parce que c'est sous cette forme que la volonté apparaît dans l'homme[1]. »

---

1. *Die Welt als Wille und Vorstellung*, p. 119.

Les trois propriétés fondamentales du vouloir sont : l'identité, l'immutabilité et la liberté.

L'identité du vouloir à tous les degrés de l'échelle des êtres, est la grande recherche poursuivie par Schopenhauer avec une persévérance infatigable et un rare bonheur. Le monde entier, dans son essence, n'est que la volonté envisagée dans la série de ses manifestations, qui s'élèvent par degrés depuis les lois de la matière jusqu'à la conscience dans l'animal doué de sensation et d'entendement, et jusqu'à la raison dans l'homme. Seulement, tandis qu'aux degrés inférieurs, les manifestations du vouloir ont un aspect homogène et je ne sais quoi de morne qui fait qu'une pierre ne se distingue pas d'une autre pierre, à mesure que l'on s'élève sur cette échelle, les différences croissent ; et la forme humaine nous manifeste enfin l'*individu* parfaitement reconnaissable à ce signe distinctif que nous appelons le *caractère*.

Mais il semble que Schopenhauer a beau faire, certaines parties de cet empire se dérobent à celui de la volonté : il semble que l'influence des motifs soit toujours nécessaire à sa présence et que si l'animal et l'homme lui obéissent, la plante en est exempte par sa nature de machine animée, d'une délicatesse infinie sans doute, mais d'une fatalité incontestable. Schopenhauer déploie beaucoup d'esprit et de délicatesse d'analyse dans cette détermination. Il distingue habilement entre causalité pure (Ursach) *irritabilité* (Reiz) *motivité* (Motiv). Dans la

causalité pure, dont le règne inorganique est le
théâtre, l'effet et la réaction s'équilibrent : c'est la
loi de Newton qui s'observe. Dans l'irritabilité qui
domine chez les plantes, il n'en est pas ainsi : il y a
là quelque chose de plus et comme un premier vestige du motif. Ainsi, l'ascension de la séve dans les
branches n'est pas un simple problème d'hydraulique. Les mouvements de l'*hydysarum girans* ou de la
mimosa pudica, nous offrent presque les signes de la
vie chez les plantes, bien qu'il n'y ait là qu'un phénomène d'irritabilité ; ne dirait-on pas que ces
plantes obéissent à des motifs ? Il en est de même de
leur respiration et de celle des animaux qui dépend
en partie de mouvements volontaires et en partie de
mouvements involontaires. Je recommande cette partie des écrits de Schopenhauer aux plus fins natura-
listes; c'est une physiologie tellement délicate, qu'on
dirait un chapitre de la vie des plantes. L'insecte,
ce monde des infiniment petits, lui offre, non plus
le vestige, mais la marque d'un vouloir puissant.
La *volonté chez l'insecte*, tel pourrait être le titre
d'un nouveau chapitre pour faire suite à la vie des
plantes. L'instinct, les penchants artistiques de ce
petit monde et ces merveilleuses anticipations de
l'avenir qu'on remarque chez des êtres infiniment
petits le ravissent. Il y trouve un trait de plus pour
sa théorie du vouloir. « Si l'insecte anticipe sur l'a-
venir, s'il a de merveilleux pressentiments, c'est que
le vouloir étant chose entièrement libre des formes

de la connaissance, ne connaît pas le temps non plus que la causalité, et que l'avenir est pour lui, comme le présent. »

Les lois du magnétisme animal confirment cette découverte, et lui paraissent même, suivant une expression hardie, une sorte de métaphysique latente qu'exerce la nature. Il entrevoit dans ces phénomènes obscurs, dont l'explication passe encore pour problématique la contre-épreuve de son système de la volonté et la preuve qu'il existe un mouvement métaphysique soustrait à l'empirisme et où s'exerce une véritable action à distance. C'est ainsi qu'il ramène tout, même les découvertes les plus récentes en physique, à sa théorie.

Mais si la volonté se retrouve partout, c'est dans l'homme, c'est dans la conscience qu'il faut surtout l'étudier. Toute la psychologie dépend de cette étude : car la véritable essence intérieure et indestructible de l'homme, c'est la volonté. Schopenhauer a, dans son second volume, un nouveau chapitre sur *la suprématie du vouloir dans la conscience*. On ne peut qu'admirer la vigueur de ces analyses, où une fois en possession de cette force fondamentale, il lui fait primer toutes les autres et surtout l'intellect. L'intellect est purement physique, la volonté seule est métaphysique : l'intellect est le phénomène, la volonté le réel; l'intellect est l'accident, la volonté est la substance : l'un est lumière, l'autre est chaleur. La volonté est le prototype de toute connaissance : elle est en tout et partout. « Les passions sont et se meuvent en elle, dit saint Augustin ; bien plus, elles ne sont que des volontés. » La volonté est primaire, l'intellect n'est que secondaire. L'un est identique, l'autre se dégrade et se détériore. La volonté est si bien maîtresse absolue qu'elle trouble, supprime, paralyse l'entendement ; puis, quand elle le veut, elle l'élève et l'exalte d'une manière extraordinaire. La volonté ne vient pas de l'entendement; celui-ci est la tête : elle est le cœur. C'est l'*animus* des Latins, le θύμος des Grecs opposé à *mens* et à νοῦς : l'entendement est intermittent et le cerveau, son organe, ne fonctionne pas toujours avec le même degré d'activité : le cœur, organe de la volonté, a un mouvement continu.

La séparation du vouloir et de la connaissance est sans contredit le trait dominant de la psychologie de Schopenhauer et la partie la plus neuve de sa doctrine. Il intervertit les termes du rapport, il met la volonté au premier rang, l'intelligence au second. La connaissance qui l'accompagne dans l'homme et qui se montre même dans l'animal, n'est qu'un produit de cette volonté, arrivée au plus haut degré de ses manifestations, elle ne paraît qu'après la volonté. La connaissance n'est donc pas l'état primaire et originel de l'homme ou de l'animal, mais l'état secondaire, accidentel.

Pour assurer cette fondamentale distinction, Schopenhauer va même jusqu'à l'invraisemblance et au paradoxe : il fait de l'entendement le fruit du cerveau, et de la raison la faculté de l'abstraction. L'entendement n'est que la faculté des représentations et n'a pas d'objet propre, distinct de l'intuition. La pensée n'est que la représentation abstraite. Il prend à Helvétius sa doctrine de l'esprit et à Condillac sa théorie de la raison. Il est matérialiste enfin pour tout ce qui est de la connaissance. La raison n'est que la sensation continuée, la conscience n'est que l'élévation de nos sentiments immédiats et des faits instinctifs au degré de la réflexion morale. L'entendement périt avec l'individu, mais la volonté reste. Le premier n'est que secondaire et dérivé. L'état primaire et substantiel est la volonté. « Chez moi, dit Schopenhauer, l'éternel, l'indestructible dans l'homme, ce n'est pas l'âme, mais pour employer un terme de chimie, c'est *la base* de l'âme, la volonté. »

Je ne connais pas de plus belle analyse que celle qui conduit Schopenhauer à reconnaître la seconde des propriétés fondamentales du vouloir, l'*immutabilité*. La volonté ne varie pas dans le monde ; elle est toujours la même, parfaitement identique dans l'homme et dans un ciron ; car ce que veut l'insecte, il le veut aussi décidément que l'homme : la différence n'est que dans ce qu'il veut, dans le motif ou l'objet de son vouloir, dans l'intelligence qui l'éclaire. L'ordre de la nature est constant, et ce qui fait cette constance de la nature, ce n'est point l'esprit. L'esprit est mobile, il est capricieux, fantasque même ; c'est lui qui met une variété infinie dans le monde.

Le cœur, organe de la volonté, est constant, il ne varie pas d'un siècle à l'autre, d'un pays à un autre pays. Il est l'ordre même de la nature fondé sur la volonté immuable et toute-puissante. C'est donc la volonté, c'est-à-dire l'identique et l'invariable, et non l'intelligence mobile et variée qui doit servir de mesure. Le mètre de la vie, c'est la volonté ; seule la volonté ne varie pas dans le monde. Voilà cette vérité que Leibniz avait entrevue quand, par une analyse de la force qui reste un de ses plus beaux titres, il avait vu que la quantité de la force est invariable dans la nature. Mais Schopenhauer fait un pas de plus, et il déclare que c'est la quantité de la volonté qui est constante. Et, de plus, il a la conscience de cette découverte, et il en montre bien toute la portée dans ce qui suit : « Jusqu'ici le mot générique était force, la volonté était une des espèces subordonnées. Je retourne la proposition et je fais de toute force dans la nature une manifestation du vouloir. Cela n'est pas indifférent : l'idée de force a pour support la connaissance intuitive du monde objectif, c'est-à-dire le phénomène, la représentation. Elle ne sort pas du domaine où s'agitent les causes et les effets du monde représenté : la notion de volonté est la seule au contraire qui ne tire pas son origine du phénomène ou de la pure représentation, mais de la conscience immédiate avec laquelle chacun saisit immédiatement l'essence de son individu. Si nous ramenons la notion de force à celle du vouloir, nous ramenons l'inconnu à une chose beaucoup plus connue, que dis-je? la seule immédiatement connue. Si nous rangeons, au contraire, la notion de volonté sous la notion de force, nous altérons l'unique connaissance immédiate que nous ayons du monde en la confondant avec une notion abstraite du monde phénoménal, qui ne pourra jamais nous élever au-dessus de lui. »

L'immutabilité du vouloir est la base de son indestructibilité. La volonté indestructible préside aux destinées du monde, et si elle fait la constance de la nature, elle en fait aussi l'éternité. L'éternel, c'est la volonté. Il n'y a pas de morts individuelles qui puissent prévaloir contre elle. L'éternité de l'esprit fait place à l'éternité du vouloir. L'esprit change, il vieillit ; la volonté, toujours jeune, se rafraîchit par le sacrifice d'elle-même et renaît dans un monde meilleur. Car la volonté ne meurt pas; elle vit, elle est toujours présente.

Enfin, le vouloir est libre, libre physiquement et moralement : *physice et moraliter*, libre de s'affirmer ou de se nier; et c'est là la base de la morale la plus sublime, de la morale qui fait les héros et les saints.

Telle est cette théorie de la volonté, qui méritait mieux que l'indifférence de l'Allemagne, et qui reste un des plus beaux travaux de la philosophie moderne.

L'idée fondamentale de cette philosophie, celle dont il disait : C'est ma grande découverte, c'est une

Thèbes aux cent portes, ou bien encore c'est le talon d'Achille de la philosophie de Kant, à savoir : comment au fond de tout il n'y a qu'une force une, identique, toujours égale, toujours la même, et comment cette force, c'est la *volonté*, la volonté au sens large et non prise pour un usage quelconque du libre arbitre, *wille*, et non *willkur*, cette idée était précisément celle qu'il mettait le plus en saillie, qu'il retournait, en tous sens; car il disait : « Je ne suis pas comme Hegel, j'écris pour être compris. » Il avait coutume de donner de cette identité fondamentale un argument *ad oculos*. Quand il trouvait un disciple récalcitrant, il le menait à l'*Englischenhof*, et, au moment où il tendait la main vers son verre, il l'arrêtait tout à coup et il lui faisait remarquer que cet acte de volonté ne diffère pas essentiellement d'un mouvement mécanique tel qu'il se produit par le choc ou la rencontre d'un corps, qu'il ne se distingue donc pas immédiatement de l'action d'une force aveugle, que la différence est tout entière dans les causes occasionnelles qui le produisent. Dans le premier cas, c'est un motif : le verre de vin aperçu et senti; dans le second une cause purement mécanique : le choc reçu et communiqué. Puis il ajoutait avec une profondeur véritable : « Comprenez-vous mieux le roulement d'une bille après le choc reçu que son mouvement après un motif perçu ? Vous direz oui peut-être; mais moi je vous dis que c'est le contraire, et vous verrez que, dans les deux cas, l'essentiel est identique. »

« Si l'on méditait, ajoutait-il, avec une véritable élévation philosophique, sur la nature de cette force qui, de l'aveu de tous, meut le monde, mais dont l'étude psychologique est si peu avancée, que les résultats les plus certains de l'analyse nous font encore l'effet de paradoxes, on serait étonné de cette identité fondamentale que j'ai le premier mise en lumière, en donnant à la force inconnue et innomée dont se sont préoccupés tous les penseurs de premier ordre, son véritable nom : la volonté. Qu'est-ce que le monde, qu'une volonté énorme qui fait sans cesse irruption dans la vie? La gravitation, l'électricité, la chaleur, toutes les formes d'activité, depuis la chute d'une pomme jusqu'à la fondation d'une république (sic), tout cela est l'expression d'une certaine volonté, et rien de plus. L'ascension de la séve dans les plantes, qui n'est pas un simple problème d'hydraulique ; les merveilleuses anticipations de l'avenir chez l'insecte, qu'on appelle du nom d'instincts, qu'est-ce encore que de la volonté ?

« La force vitale elle-même, aux longs et bruyants débats dans le monde physiologique, est volonté, volonté de vivre: *Willen zum Leben*. L'organisme, le corps, n'est que la volonté manifestée, la volonté devenue visible : *Sichtbarkeit des willens*. L'intelligence, au contraire, n'est que le fruit du cerveau, et n'est qu'une puissance secondaire et dérivée. Ceux qui veulent en faire le principe de la force vitale sont tout simplement absurdes. »

Mais alors il doit y avoir de tout ceci des vestiges et comme l'empreinte dans le corps humain. Ce merveilleux organe du vouloir doit porter écrite en caractères ineffaçables cette fondamentale distinction : il doit avoir deux sphères distinctes de son action et comme deux vies. Schopenhauer poursuit et développe cette idée avec une rare sagacité et le bonheur de son point de vue est tel qu'il lui permet de s'approprier les principaux résultats de la science physiologique, de ramener les fonctions animales et les fonctions végétales ou vitales sous l'empire de la volonté, à laquelle elles paraissaient soustraites, et de renouveler enfin la célèbre théorie de Bichat *sur la vie et sur la mort*. On sait que, par sa distinction des deux vies, l'une organique, l'autre animale, l'une impersonnelle, l'autre personnelle, l'une à laquelle il rapporte les passions, le tempérament physique et le caractère moral, l'autre qui embrasse toute la sphère de la perception et de l'intelligence ; on sait, dis-je, que Bichat, par cette distinction capitale, a ouvert à la philosophie une voie neuve et profonde, à l'étude des passions un champ presque infini.

Schopenhauer s'empare de ces importantes vérités physiologiques, et les fait siennes. « La thèse que je défends ici, remarque-t-il, n'est pas autre que celle de Bichat dans son livre justement fameux sur *la vie et la mort*. Ses considérations et les miennes se complètent, de sorte que les siennes sont le commentaire physiologique de mes propres pensées, et que l'on trouvera dans mes pensées le commentaire philosophique de ses considérations. Je parle ici de la première partie de son livre, intitulée *Recherches physiologiques sur la vie.* La distinction des deux vies, organique et animale, répond à ma distinction de la volonté et de l'intelligence. Celui qui ne s'en tient pas aux mots, mais qui cherche le sens ne se laissera pas arrêter, par cette circonstance qu'il attribue la volonté à la vie animale : car il entend bien évidemment par la volonté comme c'est l'usage le libre arbitre (willkür) qui en est distinct, qui se rapporte au cerveau et qui n'est que la prépondérance du motif. Mais d'ailleurs tout ce que j'attribue à la volonté proprement dite, il le donne à la vie organique; et tout ce que je comprends sous le nom d'entendement, il en fait le domaine de la vie animale. » Ce n'est donc pas un rapport fortuit, c'est une profonde identité. Pour lui comme pour Bichat il y a deux vies, vie animale et vie organique, ou bien si vous traduisez cet axiome physique en philosophie, vie de l'intelligence et de la volonté. Pour tous deux leurs sphères sont distinctes, leur siége est différent : à la première se rapportent les perceptions et les mouvements, de la seconde dépendent le tempérament, le caractère et les passions. Le siége de la première est le cerveau ; le centre de la seconde est dans le cœur. Sans doute la volonté se manifeste également dans tout le corps, puisque le corps est la volonté devenue visible ; mais elle ne se montre nulle part avec plus d'intensité et de spontanéité que dans le centre de la vie organique. Ce n'est que médiatement au contraire et à titre d'auxiliaire que le système nerveux la manifeste : les phénomènes d'irritabilité qui attestent surtout sa présence, sont distincts des phénomènes de la sensibilité. Ainsi la volonté se fait son corps et son sang. Le cœur est son organe, le sang son vivant miroir et les globules ses ministres empressés. Par eux le vouloir envoie ses messages du centre à la périphérie, par un mécanisme de circulation qui vaut bien la télégraphie du système nerveux. Le sang cristallisé devient muscle, se contracte et s'irrite sous son action. Les organes internes, ceux de la vie cachée, de cette vie qui est en nous sans nous, obéissent à son pouvoir et lui répondent. La vie impersonnelle et sourde la manifeste. Elle a son langage, le chant, comme l'autre la parole. Des trois foyers où la vie s'allume deux au moins, le cœur et les viscères intestinaux, lui appartiennent : et cet autre foyer, ce point ardent où la volonté de vivre et de se reproduire est le plus intense, et communique la vie par contact : tout lui est soumis, le cerveau fait seul exception ; il est surtout l'organe de la pensée. Schopenhauer renouvelle le vieil antagonisme entre la *tête* et le *cœur* : il prend parti pour ce dernier, il l'exalte aux dépens du cerveau : « Le système nerveux, dit-il, très-développé et presque monstrueux chez l'enfant, est diminué plus tard. Le cœur, au contraire, est une partie courageuse et fière, qui vit la première et meurt la dernière : *Cor primum vivens et ultimum moriens.* »

Il prend à la science moderne ses aperçus les plus nouveaux pour confirmer ce point de vue. Il montre, d'après Flourens, que le mouvement du cœur ne dépend pas directement du système nerveux central et que la circulation survit à la destruction de tout l'encéphale et de toute la moelle épinière. Il prouve, d'après Burdach, que, dans le cœur, il y a le *maximum* d'irritabilité et le *minimum* de sensibilité : tant ces deux sphères sont distinctes. Il montre, avec Bichat, les effets de la joie, de la peur, de la colère sur les fonctions vitales, les troubles que les passions apportent dans la circulation et au centre même de la vie organique, au cœur. Je l'ai vu s'animer à cette pensée que le commentaire physiologique de sa théorie de la volonté se trouvait dans le livre justement fameux de Bichat sur la vie et la mort : je l'ai entendu gourmander la paresse ou l'incurie de mes compatriotes qui ne sont point assez fiers de la gloire de Bichat, et se rencontrer avec M. Saint-Marc Girardin dans l'expression de ses regrets sur le vandalisme administratif qui, en détruisant la tour Saint-Jean de Latran, a fait disparaître le dernier témoin des travaux de notre grand anatomiste.

« Les Français, me disait-il, devraient élever des autels à ce grand homme. Bichat, par sa distinction des deux vies, l'une organique, l'autre animale, l'une impersonnelle, l'autre personnelle, a ouvert à la philosophie une voie neuve et profonde. Écoutez cette parole de votre grand anatomiste; elle mérite d'être

écrite en lettres d'or sur la porte de nos académies de médecine : « Il est sans doute étonnant que les pas-
« sions n'aient jamais leur terme ni leur origine dans
« les divers organes de la vie animale et qu'elles affec-
« tent constamment ceux de la vie interne. Tel est ce-
« pendant ce que la stricte observation nous démontre
« de plus en plus. La vie organique est le terme où
« aboutissent et le centre d'où partent les passions. »
Jugez, monsieur, de ma joie quand, après trente ans de solitude philosophique et d'isolement scientifique, je suis tombé sur ce divin génie qui avait lu dans le corps humain tout ce que m'avaient révélé les observations philosophiques de toute ma vie. Car la thèse que je soutiens, qui sera mon titre de gloire dans la postérité, n'est pas autre que celle de Bichat dans son livre justement fameux sur *la vie et la mort*. Les mots seuls sont changés : le fond est identique. Ma théorie du caractère et de la liberté qui s'en déduit est déjà en germe dans Bichat. Le caractère étant, suivant lui, la physionomie morale des passions, et le tempérament celle des fonctions internes, et toutes deux dépendant intimement de la vie organique, il a vu comme moi que le caractère et le tempérament ne changent pas et ne peuvent être réformés par l'éducation. L'éducation peut fortifier la vie de l'intelligence pour résister aux sourdes impulsions de la vie organique, mais la changer, la modifier dans son fond c'est impossible. J'en veux à votre Flourens, dont j'estime d'ailleurs les travaux, d'avoir, pour établir la

thèse contraire, celle de l'identification du moral et de l'intellectuel, prétendu réhabiliter les erreurs décriées de Descartes et de Gall sur ce sujet, de Descartes qui faisait de nos passions des pensées, et quelles pensées ! et de Gall qui ramenait le moral à l'intellectuel, et tous deux au cerveau où il logeait nos vices et nos vertus dans des petites cases grandes comme un écu de six francs.

« Votre savant secrétaire perpétuel a beau faire pour les confondre : la nature a pris soin de les séparer. » Aussi que, sous prétexte de reprendre la théorie de Descartes et de l'éclairer par celle de Gall, on emprunte au premier sa maxime évidemment fausse que les *passions* sont des *pensées*, et qu'on loue le second du service signalé qu'il a rendu à la physiologie en ramenant le moral à l'intellectuel, que replaçant ces *facultés de même ordre* (sic), dans leur centre unique on fasse du cerveau le seul organe de l'âme et de l'âme dans toute la plénitude de ses fonctions ; qu'avec l'assurance enfin que donnent d'autres vues heureuses et couronnées de succès, on renverse d'un trait de plume la célèbre distinction de Bichat, en enlevant les passions, le caractère, le tempérament, toute la physionomie morale de l'homme à l'action des organes internes, à cette vie sourde et profonde qui travaille au dedans, pour la replacer dans la tête avec Gall et Descartes, voilà ce que ne peut supporter le philosophe de la volonté, dont c'est aussi la principale découverte, et qui se regarde comme solidaire de la gloire de Bichat en ce point. Il trouve l'arrêt qui le condamne tranchant et superficiel, il l'attaque avec verve, avec humour à son ordinaire, et, dans son admiration pour Bichat, il ne peut s'empêcher d'annoter le texte un peu leste de M. Flourens sur Bichat d'un *sic decrevit Florentius magnus !* Lorsque le grand anatomiste préparait dans sa tour de Saint-Jean de Latran à Paris ses immortelles découvertes, il ne se doutait pas qu'il trouverait ses contradicteurs à l'Académie des sciences, et son plus énergique défenseur en Allemagne dans la personne d'un philosophe inconnu comme lui pendant sa vie, et qui commence à devenir célèbre après sa mort.

« Mais ce que Bichat n'a point vu, parce qu'il n'était pas métaphysicien, c'est qu'au-dessus du caractère empirique que les hommes connaissent et qui est inné, il y a le caractère intelligible entrevu par Kant, qui n'est autre que la volonté en soi, affranchie de la causalité, la liberté enfin dans la sphère transcendante de l'être et de la réalité. Là seulement réside la liberté, la liberté qui est un mystère suivant votre Malebranche et que je me permets seulement d'appeler transcendante, parce qu'elle n'est pas dans l'acte mais dans l'être même, suivant ce brocard de la scolastique trop peu médité : *Operari sequitur esse.* La tendance profonde de ma philosophie, c'est de bien établir la séparation radicale, absolue de ces deux mondes, le monde intelligence et le monde volonté, et de constater l'antériorité et la suprématie de fait de la volonté sur l'intelligence. C'est le but de mon grand ouvrage : *Die Welt als Wille und Vorstellung*. Ce système a rencontré bien des contradicteurs parce qu'il est le vrai. La physiologie le prouve par les progrès qu'elle a faits depuis Bichat : la philosophie le prouverait bientôt, si l'on voulait chercher dans cette voie, au lieu de s'en tenir aux manuels et aux cahiers de l'université. La volonté prime l'intelligence dans le développement physique et moral de l'être, c'est un fait constaté par l'observation. La connaissance n'est pas l'état primaire, originel de l'homme, la volonté précède, l'entendement suit : le cœur est déjà formé et la vie s'y allume avant que la tête se montre dans l'embryon. Si l'entendement est lumière, la volonté est chaleur. L'entendement est intermittent, différentiel, séparatiste : la volonté est continue, centrale, sympathique. Le cœur, organe de la volonté, est la partie vitale, et le premier foyer : *Cor primum vivens et ultimum moriens;* le cerveau, organe de l'intelligence, est un parasite qui se nourrit aux dépens du reste[1]. »

Je connais des psychologues sévères qui vont se récrier : à quoi bon, diront-ils, tant de physiologie ? et ils blâmeront cette tendance de notre philosophe, que nous louons, de rapprocher constamment dans

---

1. Les disciples de Saint-Simon, entre autres M. Enfantin, réhabilitent le cervelet aux dépens du cerveau. (Voir sa polémique contre le docteur Guépin dans la *Science de l'homme*.) Il y a dans tout ceci un fonds commun, *réhabilitation de la matière*.

son livre la physiologie de la psychologie[1]. Qu'il suffise de répondre que Schopenhauer est ici d'accord avec toute la grande école philosophique, avec Platon, Descartes, Malebranche, Leibniz et Bossuet lui-même, dont la *Connaissance de Dieu et de soi-même* contient dix chapitres d'anatomie. On peut contester quelques détails de cette physiologie infiniment plus vraie toutefois que celle de Malebranche et de Bossuet; mais on ne saurait nier les résultats de cette étude du corps humain faite du point de vue de la volonté. On ne saurait nier surtout le merveilleux parti qu'il sait tirer de la grande découverte anatomique de Bichat, et ce commentaire physiologique qu'il y trouve pour ses propres pensées. Il y a deux vies, la vie de la volonté et la vie de l'intelligence, et ces deux vies ont deux foyers, deux centres, deux organes principaux et parfaitement distincts : la tête et le cœur. A l'une se rapporte la connaissance, à l'autre la morale. Les confondre est une erreur très-répandue, mais on ne peut plus grave pour les destinées de la philosophie et celles de la morale.

[1]. M. Lélut, en France, et M. Lotze, en Allemagne, l'un, par sa *Physiologie de la pensée*, l'autre, par son *Microcosme*, ont fait faire de grands progrès à la recherche critique des rapports du corps avec l'esprit. On sait que le savant membre de l'Institut, est le premier de nos médecins philosophes. Je dirais volontiers que M. Lotze, de Goettingue, est le premier des philosophes médecins.

CHAPITRE VI.

L'ARTISTE.

Entre le monde conçu comme représentation et le monde comme volonté, entre la volonté, seule réalité absolue, et ses manifestations éphémères dans le monde, il y a un abîme. Qui le comblera? Schopenhauer répond d'un mot : les idées. Ces idées de Platon, tour à tour trop négligées au moyen âge, trop exaltées par la renaissance, il en fait le lien et comme le pont des deux hémisphères. Quel est, se demande-t-il, ce quelque chose qui explique tout dans chaque science et qui ne s'explique pas soi-même, cet immobile autour duquel tout change et qui ne change pas; ces attributs, ces lois essentielles enfin dont le monde ne nous offre que de pâles et faibles copies, et que n'épuise pas un nombre infini d'individus périssables et limités? Ce sont les idées platoniciennes, lien du monde de la représentation avec le monde réel ; qui font entrer la volonté dans le monde de l'apparition et du phénomène auquel elles restent pourtant supérieures. Ce sont elles que l'artiste fait revivre, le statuaire par son ciseau, le peintre par son pinceau, le poëte par son style, et c'est ainsi que Schopenhauer, cet habitant d'un autre hémisphère, retrouve celui de Platon et développe avec un rare bonheur l'esthétique platonicienne, qu'il rattache à son système.

Mais comment le philosophe de la volonté, de la volonté je ne dis pas réglée et disciplinée, mais instinctive et presque sauvage, peut-il nous parler de ces délicates questions de la beauté, de la pureté des formes antiques, des règles que suit l'entendement dans la production des chefs-d'œuvre, d'art enfin et de musique? Il semble que ce monde lui soit à jamais fermé et que l'art n'ait rien à faire en un pareil système, et pourtant son esthétique n'est point la partie la moins neuve ni la moins réussie de son livre. Le mot de cette énigme est facile à deviner. Si l'entendement a été jusqu'ici au service de la volonté et presque son esclave, il faut qu'il s'en affranchisse enfin pour produire l'art et les beautés de toutes sortes, et pour nous étonner par la richesse de ses aperçus, son génie, son caprice et son divin délire. L'affranchissement de l'esprit est la loi même de l'art.

La volonté est l'obstacle aux pures jouissances et

aux plaisirs esthétiques. Ses désirs inquiets, ses empressements fougueux, sa recherche avide des plaisirs des sens, nous éloignent de ces hauteurs, et nous rendent impropres à l'art. Toute volonté naît d'un besoin, et atteste notre misère et notre souffrance. La satisfaction du vouloir calme pour un temps notre ennui ; mais pour un désir satisfait, dix autres ne le sont point. Ces désirs inassouvis et sans cesse renaissants, remplissent l'âme de trouble et d'inquiétude. Ainsi notre volonté, toujours en quête d'un bien qui la fuit, toujours altérée d'une soif ardente, ne peut souffrir sans beaucoup de peine que l'esprit s'arrête pour quelque temps à des vérités abstraites qui ne la touchent point, et qu'elle trouve incapable de la rendre heureuse. Ainsi elle le pousse sans cesse à rechercher d'autres objets, et lorsque dans cette agitation que la volonté lui communique, il en rencontre quelqu'un qui porte la marque du bien, je veux dire qui fait sentir à l'âme par ses approches quelque douceur et quelque satisfaction intérieure, alors cette soif du cœur s'excite de nouveau, ces désirs, ces empressements, ces ardeurs se rallument ; et l'esprit, obligé de leur obéir, s'attache uniquement à l'objet qui les cause pour l'approcher ainsi de l'âme qui le goûte et qui s'en repaît pour quelque temps. Mais le vide des créatures ne pouvant remplir la capacité infinie du cœur de l'homme, ces petits plaisirs, au lieu d'éteindre sa soif, ne font que l'irriter et donner à l'âme une vaine et sotte espérance de se satisfaire dans la multiplicité des plaisirs de la terre : ce qui produit une inconstance et une légèreté inconcevable dans l'esprit qui doit lui découvrir tous ces biens.

L'art nous élève au-dessus de notre misère. L'art est en quelque sorte le superflu du génie, l'objectivité la plus complète, l'état d'un homme qui n'a ni pensées ni buts sur cette terre, qui, affranchi des vues pratiques de la volonté, vit dans un autre monde, où il contemple les pures idées. L'homme, esclave de ses passions, ne peut s'approcher de la source divine. Il tourne sa roue comme Ixion, il cherche à remplir le tonneau des Danaïdes, c'est Tantale et sa soif infinie, qui n'est point rassasiée. Il faut que, purifié par la contemplation, il perde son individualité propre, et devienne le sujet pur de la connaissance, qu'il oublie ses désirs égoïstes, et ne soit que le clair miroir de l'objet. L'art est une purification. Aristote l'a senti, quand il fait de la tragédie un purificatoire (καθαρτικὸν). Une belle vue purifie l'esprit. Voilà ce que nous révèlent ces merveilleux peintres hollandais qui, appliquant l'intuition pure aux objets les plus insignifiants, en ont fait des monuments achevés de leur objectivité!

L'art, envisagé de ce point de vue, est une délivrance, un apaisement de la volonté mauvaise, un affranchissement du joug des passions, et sinon l'extase, au moins une préparation à l'extase. L'égoïsme est le véritable, le seul obstacle à l'art : il nous rend souples et rusés dans les conditions ordinaires de la vie : mais il nous laisse incapables et inertes pour le grand art et la grande poésie. C'est dans l'oubli de nous-mêmes, dans l'objectivité la plus complète que réside une des conditions essentielles à l'art. Tant que nous sommes environnés d'orages et perdus dans les brouillards d'ici-bas, nous sommes incapables de ces intuitions pures qui élèvent l'homme à la beauté. Ce n'est qu'après avoir dépassé cette sphère moyenne que l'art se montre à nous comme le Mont-Blanc isolé parmi les sommets les plus élevés, serein dans la tempête qui s'agite à sa base et recevant les rayons du jour le plus pur quand la plaine est dans la nuit. L'art est un lieu de paix. Sa vertu d'apaisement est si grande que, bercés par lui, nous devenons immortels. Quand la beauté se révèle à l'âme, la volonté s'endort, les passions se calment et tout trouble de l'âme disparaît. Alors l'esprit entre en joie et la partie la plus pure de lui-même se mêle à la joie universelle. La Grèce et l'Italie ont connu cette joie, cettte préparation à l'extase, cette religion. Qui parle ici de prêtre et de victime? Qui refuse aux seins pacifiques de divins élans? Tout amour est une extase, tout art une contemplation. Et c'est ici peut-être l'un des sens profonds de cette parole venue de la montagne : « Bienheureux les pacifiques, parce qu'ils seront appelés enfants de Dieu. *Beati pacifici!* »

Schopenhauer est un artiste et un poëte à sa manière. Il se compare dans son livre sur l'art au spectateur qui, séparé de tout, voit le spectacle des hauteurs d'un isolement sublime. Tel il se représente aussi le véritable artiste, et plus généralement encore l'homme de génie, c'est-à-dire celui dont l'esprit affranchi de tous les liens de la volonté, plane en paix sur le monde. Le génie, a dit un célèbre orateur, est une équation entre toutes nos facultés : Schopenhauer y voit au contraire l'énergie et la prédominance d'une de nos facultés sur toutes les autres : de l'intuition sur la volonté ; c'est pourquoi la physiologie le range parmi les monstres, *monstra per excessum*, et ne voit pas de raisons de le distinguer de la folie. Son absence de but pratique, son désintéressement de lui-même, ses révoltes, son affranchissement du service de la volonté, sa naïveté d'enfant, sa mélancolie sublime, sa gaieté dans la tristesse, sa tristesse dans la joie, tous ces contraires enfin dont l'alliance est sa loi, lui forment un caractère à part et en font une exception à l'humaine trivialité et à l'universelle platitude. C'est un roi sans couronne, relégué dans un isolement sublime : car l'intelligence est un principe séparateur et une cause d'isolement. Son objectivité même lui fait perdre pied : dans la vie ordinaire, il est le plus souvent absurde, et devient le plastron des hommes de tête. C'est ce contraste entre une volonté servie par l'intelligence et le génie soustrait à ses lois que Goethe a rendu dans *Torquato Tasso*. Le Tasse et Antonio représentent ces deux extrêmes.

L'esthétique suppose la théorie fondamentale de l'intuition. C'est une tendance énergique et profonde de la philosophie de Schopenhauer, d'immoler la raison et les penseurs abstraits à l'*intuition*. Jamais philosophe n'a eu une conscience plus claire des imperfections de l'entendement. Son caractère discursif, successif, différentiel, séparatiste, aristocratique lui suggère de très-belles pages. « L'intuition, dit-il, est dans l'espace et a trois dimensions, c'est un solide. La pensée est dans le temps et n'en a qu'une, on peut se la représenter comme une ligne sans largeur ni épaisseur.

« La sagesse et le génie, ces deux sommets du Parnasse humain, n'ont point leur racine dans la raison abstraite et discursive, mais dans la faculté de l'intuition ou de la contemplation. La sagesse proprement dite n'est point fille de l'abstraction, elle est quelque chose d'intuitif. Elle ne consiste pas en propositions et en pensées, qu'on se fourre dans la tête comme résultat de la science d'autrui ou de la sienne propre : mais elle est la manifestation entière du monde dans notre tête. C'est là une différence tellement fondamentale que c'est par elle que le sage vit dans un autre monde que l'insensé, et que le génie contemple un autre univers que l'idiot. Si les œuvres du génie dépassent toutes les autres de la distance du ciel à la terre, cela vient de ce que le monde qu'il voit, qu'il prend pour objet de ses études, est représenté dans sa tête avec une clarté et une profondeur que celles du vulgaire n'atteindront point et qu'il y a entre elles la différence qu'on remarque entre une porcelaine chinoise sans ombre ni perspective et un tableau de Raphael. Ce sont, ajoute-t-il, des épreuves *avant la lettre*, frappées avec toute l'énergie de l'organe cérébral et toute la fraîcheur d'un sang artériel.

« Pour qu'une banque prospère, dit-il encore, et l'on reconnaît à cette comparaison le philosophe qui a longtemps habité Francfort et visité ses comptoirs, pour qu'elle soit solide, il faut qu'elle ait du comptant dans sa caisse pour faire face dans un cas donné à tous les billets. Eh bien! les intuitions, c'est le comptant, les notions et abstractions, ce sont les billets. Comparons, dit-il encore, notre conscience avec une eau de quelque profondeur, les idées claires sont la surface : la masse et la profondeur en est formée de pensées sourdes, de sentiments, de sensations, le tout confondu avec la disposition même de notre vouloir qui est la racine de l'être. Cette masse de la conscience totale est toujours en mouvement et plus ou moins suivant la force de notre vie intellectuelle. Les *bulles* qu'elle envoie à la surface sont ces images claires de l'imagination, ou les pensées dont nous avons conscience, clairement formulées. » Les notions, les abstractions ne valent que par rapport aux intuitions d'où elles sont nées : sans ce rapport intime et profond, elles ne sont que des routes sans issue au milieu d'un bois. Ce n'est en tout cas qu'un moyen commode pour avoir nos connaissances sous la main. Le fond de notre sagesse particulière et la mesure réelle du savoir humain n'est pas dans les notions et la science abstraites, mais dans ce qui est vu et aperçu et dans le degré de force, de justesse et de profondeur de ces intuitions. La raison discursive est l'apanage de tous les sots. Donnez-leur des prémisses, ils vous tireront les conséquences : la connaissance originelle, c'est l'intuition, le monde entier de la réflexion repose sur elle comme sur son fondement. « Croyez-vous, nous disait-il dans ses entretiens de Francfort, que si nous étions les maîtres de parcourir librement les espaces de ce monde, nous appellerions à notre aide l'hypothèse et le calcul pour connaître le vrai mouvement des planètes, les lois qu'elles suivent, les causes qui les produisent? »

Par exemple il ne signerait pas cette définition de l'intuition décrite d'après Schelling, et qui est fausse parce qu'on en fait la faculté du général, et de saisir les ensembles, tandis qu'il n'y a d'intuition que de l'individuel et du particulier. « L'intuition est une sorte de divination philosophique : elle consiste à apercevoir les causes par la secousse qu'on en ressent, à embrasser les ensembles par la lucidité et la vélocité de l'imagination[1]. » Il se peut que Carlyle définît ainsi l'intuition en puritain prophète plutôt qu'en philosophe kantien. Schopenhauer qui n'est pas un illuminé, mais un lockiste, la définit une connaissance claire et immédiate, non de l'universel,

---

1. Cette définition est extraite d'un article sur Carlyle par M. Taine.

mais du particulier, avec tous les inconvénients qui résultent de la particularité, mais avec l'avantage qui les compense tous d'être vivante au lieu d'être morte. La connaissance du général ne se fait que par les notions, en supprimant les différences, et est par conséquent un moyen très-imparfait de connaître. L'intuition est une analyse achevée et vivante : mais à la condition qu'elle ne sorte pas des limites du particulier. Dans l'idée même, l'idée platonicienne, c'est encore le particulier qui est saisi immédiatement comme général et élevé au rang d'idée, ce qui suppose l'entendement élevé à sa plus haute puissance, sorti des limites de son individualité et supprimant le temps. Un tel état est un état rare, exceptionnel, qui fait pressentir le lien des intuitions avec les idées platoniciennes du monde et de la vie. L'intuition donc, malgré ses défaillances et ses inépuisables particularités, est encore le guide le plus sûr de nos actions : car il n'y a dans l'intuition aucune notion intermédiaire entre l'objet et nous; et une vérité profonde est contenue dans ce paradoxe : « Il y a un mystère dans l'esprit des gens qui n'en ont point. » Il n'en est pas de même dans l'acte de réflexion, et Vauvenargues a pu dire sans crainte d'être démenti : « Personne n'est sujet à plus de fautes que ceux qui n'agissent que par réflexion. » Voilà pourquoi le plus souvent la science des savants est *morte* ; car elle se compose de notions abstraites qui n'ont de valeur que celle que leur donnent les intuitions : de là cet axiome de la sagesse antique : *Multiscitia non dat intellectum*. Donnez-moi au contraire un homme qui ait des intuitions vives; celui-là connaît les véritables idées platoniciennes du monde et de la vie; celui-là, fût-il un ignorant, a une science vivante. Toute complète évidence est intuitive. Dieu nous garde de cette philosophie renouvelée de Proclus qui travaille uniquement sur des notions abstraites et dont le vocabulaire barbare renouvelé de nos jours par Schelling se compose presque uniquement de ces mots : l'être, le non-être et l'être autrement. Il lui applique le proverbe arabe : « J'entends bien la roue du moulin, je ne vois pas la farine. » Hegel est passé maître dans cet art de manier et de creuser les abstractions : « Je m'abstiens, ajoute-t-il, d'en donner des exemples, ce serait faire tort au lecteur et à moi-même : car un inénarrable ennui plane sur la fabrique de mots vides de ce philosophastre. » Schopenhauer, en possession de ces intuitions vives, qui donnent à son style l'éclat et le coloris de la vie, ne songe pas sans angoisses à ceux qui en ont laissé tarir en eux la source, qui ne sentent plus, mais qui comptent : qui vous diraient comme le mathématicien, auquel on avait lu l'*Iphigénie* de Racine : « Qu'est-ce que cela prouve ? » Avec des couleurs empruntées au poëte qui les a le mieux senties, il peint ces joies de l'intuition à jamais perdues pour eux. Jamais plus leurs lèvres desséchées ne s'approcheront de la coupe de vie; jamais en eux ne se réveillera cette vertu qui double même le parfum d'une fleur.

> No more — no more — oh! never more on me
> The freshness of the heart can fall like dew,
> Which out of all the lovely things we see
> Extracts emotions beautiful and new,
> Hived in our bosoms like the bago'the bee :
> Thinkst thou the honey with those objects grew ?
> Alas! twas not in them, but in thy power
> To double even the sweetness of a flower [1].
>
> BYRON.

La différence fondamentale qu'il établit entre l'intuition et l'abstraction se retrouve entre le concept ou notion (begriff) et la vivante *idée*. Le concept ou notion est abstrait, discursif, parfaitement indéterminé dans sa sphère et déterminé seulement quant à ses limites, parfaitement abordable à tout être doué de raison, expressible par les mots et épuisable par sa définition. L'*Idée*, au contraire, bien qu'on puisse la définir une représentation adéquate du concept, est intuitive et parfaitement déterminée malgré le nombre infini des éléments particuliers qu'elle contient; elle ne se livre pas à un individu, tant qu'il n'a pas dépassé les limites de toute individualité pour s'élever jusqu'au génie, elle ne se donne qu'à condition,

---

[1]. Jamais, jamais, oh! jamais sur moi ne tombera plus la fraîcheur du cœur comme une rosée qui extrait, de toutes les aimables choses que nous voyons, des émotions belles et nouvelles, recueillies dans nos seins, comme le miel dans la ruche : « Crois-tu que le miel est le fruit de ces choses? — Hélas! il n'était pas en elles, mais en toi le pouvoir de *doubler* même la douceur d'une fleur. »

et c'est pourquoi l'idée devenue chef-d'œuvre est un livre fermé pour le vulgaire. Le concept est une unité tirée de la pluralité par abstraction; l'idée est l'unité même tombée dans la pluralité sous la forme du temps et de l'espace. Celle-là n'est que l'*unitas post rem;* l'autre est l'*unitas ante rem.* Le concept n'exprime qu'un rapport mort d'où l'analyse ne peut rien tirer que ce qu'on y a mis : l'idée, au contraire, développe dans son propre cercle des représentations nouvelles : c'est un organisme vivant, qui a la force de s'étendre, et qui produit spontanément :

Miraturque novas frondes et non sua poma.

Il en résulte que le concept est stérile pour les arts et que l'idée seule est la source des chefs-d'œuvre. Elle est puisée dans son originalité native aux sources mêmes de la vie et de la nature : c'est là ce qui fait la vie immortelle des chefs-d'œuvre. L'artiste la voit et la contemple sans pouvoir en rendre compte d'une manière abstraite. Ces idées qu'il invoque nous sont connues dès l'enfance : ce sont ces vieilles et immortelles idées platoniciennes, toujours jeunes malgré les siècles. Cette appropriation des idées de Platon et la manière dont il les utilise témoignent d'une grande affinité entre lui et le philosophe grec. Comparez ces idées de Schopenhauer, vivantes images de la réalité absolue, miroirs ardents de la volonté, s'objectivant dans le monde, avec les fantômes des scolastiques, ou les nombres mystiques des Plotin et des Marsile Ficin, et vous comprendrez qu'il y a dans sa manière d'expliquer Platon, qui est assurément la plus nouvelle, une originalité et une profondeur singulières. Au lieu de la pâle copie et du calque mort de l'idée, c'est elle-même. L'idée chez lui, comme chez Platon, est toujours l'objet de l'art : *Idee object der Kunst* (c'est le titre de toute une partie de son *Monde en tant qu'intelligence et volonté*). Mais l'idée, la vivante idée, s'est retrempée, rajeunie, transfigurée. Elle est la prédominance de la vie et de l'intuition sur le calque mort et la pâle abstraction, le triomphe de la volonté manifestée dans le monde de la représentation, la représentation même soustraite à la loi de causalité, arrachée au monde des phénomènes, sortant des étroites limites de l'individualité, et pour toujours fixée dans le monde de la beauté. Les traits primitifs ne se sont pas trop altérés en passant par Kant pour arriver jusqu'à Schopenhauer. Peut-être même le véritable artiste les trouvera-t-il mieux saisis et dessinés d'un crayon plus ferme par l'auteur du *Monde en tant qu'intelligence et volonté* que par le critique de *la Raison pure*.

Ce n'est pas seulement la philosophie, mais aussi les beaux-arts qui travaillent à résoudre le problème de l'existence. Tout esprit dans lequel s'est posée une fois la contemplation objective du monde, tend, qu'il en ait conscience ou non, à comprendre la véritable essence des choses, de la vie, de l'existence. Car l'esprit affranchi ne s'intéresse plus qu'aux choses de l'entendement pur, de même que l'homme individuel n'a d'intérêt que pour celles de la vie commune. C'est pourquoi toute œuvre nouvelle, artistique ou autre, qui saisit avec force le monde réel, est une expression de plus de l'essence de la vie et de l'existence, une réponse de plus à cette question : « Qu'est-ce que la vie? » Tout chef-d'œuvre répond à sa manière, mais parfaitement, à la question; seulement les arts parlent la langue naïve et enfantine de l'intuition et non le langage abstrait et sérieux de la réflexion : leur réponse est une image passagère, une réponse partielle, ce n'est pas la réponse définitive. Mais toute œuvre capitale, tableau, statue, poésie, pièce de théâtre, répond à la question dans la langue de l'intuition : la musique même y répond, et plus profondément qu'aucune autre, car elle se sert d'une langue qui, pour n'être pas celle de la raison, n'en atteint que plus directement l'intime essence de la vie et le fond même de l'existence. Les arts offrent à celui qui les interroge une image née de l'intuition et lui disent : « Regardez, ceci est la vie. » C'est pourquoi les œuvres du poëte, du statuaire, de l'artiste en général renferment un trésor de sagesse : car en elles parle la sagesse même de la nature, ils ne font que redire ou interpréter ses paroles. Une telle philosophie ne peut être ennemie de l'art. Statuaire, architecture, poésie, musique ne sont que les sphères différentes et comme les manifestations variées de son action. L'esprit affranchi nous charme en ces jours fériés, par la richesse de ses aperçus, la fécondité de son génie, et le caprice de son divin délire.

Le temps nous manque pour suivre notre philosophe dans les applications ingénieuses et variées de ses principes d'esthétique aux différents arts du dessin. C'est un idéaliste et un platonicien. Partout il cherche, il voit l'idée, et dans la jouissance esthétique même ce qu'il cherche encore, c'est l'idée platonicienne du monde et de la vie. L'idée est la règle du beau, c'est le principe de la hiérarchie qu'il établit entre les différents arts. Pourquoi, par exemple, met-il l'architecture au dernier rang et la sculpture et la peinture fort au-dessus? C'est que l'architecture ne manifeste que des idées d'un ordre inférieur, telles que la pesanteur, la rigidité et la cohésion, et qu'elle cherche uniquement un équilibre entre le poids de la masse et le support ou la force qui le soutient. La sculpture grecque, au contraire (il ne parle pas de la moderne, qui lui paraît, comme la poésie latine moderne, fille de l'imitation), la sculpture grecque, qui a pour objet la grâce et la beauté, nous élève au type normal de l'espèce et à ces merveilleuses anticipations de l'idée du beau, qui n'est point faite de pièces et de morceaux comme le travail d'une mosaïque, mais qui repose sur cette faculté d'anticiper, pour ainsi dire, le type de la beauté *a priori* et de le développer ensuite par la comparaison. La peinture est avant tout un art d'*expression* : la passion, le caractère y jouent un aussi grand rôle que la forme. L'ascétisme ou le mépris de la chair peut lui suggérer la force de son principe caché : si la sculpture affirme la jouissance et le besoin de vivre, la peinture exprimera surtout le désenchantement et la fatigue de la vie. Elle a chez les modernes, à côté de ses caprices et de ses adorables faiblesses, de grandes, de surhumaines sévérités, l'accent inspiré d'un prophète ou la sauvage beauté d'un ascète. Aussi la sculpture est-elle l'art des anciens, et la peinture l'art des modernes.

La musique est le langage des passions, la manifestation du vouloir sans l'intermédiaire des idées, dans un ordre parallèle à la nature, mais qui ne la copie jamais. Comme Dieu, elle ne connaît que les cœurs et ne fait point d'acception des personnes. Les quatre voix dont se compose toute harmonie musicale, la basse, le ténor, l'alto et le soprano, ou la basse, la tierce, la quinte et l'octave correspondent aux quatre règnes de la nature, règne minéral, règne végétal, règne animal et règne humain. La basse est une bonne base d'harmonie, mais elle n'est que cela. De même que la matière qui, dans l'organisme humain, représente l'idée d'homme, s'applique aussi à des idées de pesanteur ou de propriétés chimiques et manifeste le plus infime degré de force et de vie, de même la voix haute, qui chante la mélodie, fait partie intégrante de l'harmonie totale et se trouve dans le plus intime rapport avec la basse. La basse est semblable à un bloc de marbre suffisamment dégrossi pour laisser voir les traits de la forme humaine ; mais c'est un bloc, et c'est sans doute à cette secrète affinité de la voix de basse avec le règne minéral que nous devons les grands effets produits par Mozart dans son *Don Juan*. Je veux parler du troisième acte et de la statue du commandeur. Ce marbre chantant a je ne sais quoi de sépulcral et de caverneux ; et le frisson vous gagne, quand cette froide main s'appesantit sur le coupable. Il serait faux de croire cependant que l'architecture soit de la musique pétrifiée, comme l'a dit Goethe avec plus d'esprit que de vérité. Entre ces deux arts, il n'y a qu'un rapport : celui du rhythme avec la symétrie. Le rhythme est dans le temps ce que la symétrie est dans l'espace. Il empêche que les extrêmes ne se touchent. La musique n'est pas non plus, comme le croyait Leibniz, une arithmétique occulte et inconsciente : ce n'est là, du moins, que l'une de ses parties. La mélodie se compose de deux éléments, l'un rhythmique et l'autre harmonique. La plus parfaite consiste dans un dédoublement et une alliance alternatives de ce double élément. La musique répond ainsi à l'essence la plus intime de l'âme, à ses inquiétudes, à ses désirs empressés suivis de calme que troublent sans cesse de nouvelles craintes, et toujours ainsi. Elle a ses dissonances et ses consonnances comme la vie : comme elle, elle a ses moments de douleur et de joie. Mais c'est surtout la musique instrumentale qui rend avec plénitude, avec exubérance même, cette puissance de vie et ce trouble de la passion, suivi de calme. Une symphonie de Beethoven nous offre la plus grande confusion ramenée à l'ordre le plus parfait, la lutte la plus ardente soudain apaisée par le plus juste concert de tous les éléments qu'elle emploie. C'est bien en vérité cette *rerum concordia discors* qui fait le désespoir des philosophes, une image fidèle et parfaite de l'essence du monde qui roule dans le tourbillon des formes et qui se conserve par leur continuelle destruction. Toutes les passions, tous les sentiments s'en échappent comme par effluves ; on dirait un monde de formes ou d'esprits sans corps et sans couleurs, mais que notre imagination revêt des attributs de la réalité et dont les nuances variées expriment tout, depuis la douleur la plus intense jusqu'à la joie la plus vive, réalisant ainsi cette parole des védas : « Partout où est la joie, il y a une parcelle de cette joie répandue dans l'air. »

Mais la plus noble expression de l'art, c'est encore la poésie. L'histoire et la politique nous apprennent à connaître les hommes, la poésie seule nous montre l'homme; le poëte seul embrasse l'idée de l'humanité en dehors de toute relation, en dehors du temps, dans toute sa pureté primitive, dans son essence. L'historien est fatalement soumis à la série indéfinie des effets et des causes, perdu dans les détails, forcé à chaque instant de quitter l'original pour la copie, pour une fausse copie. Le poëte, au contraire, a toujours présente à l'esprit l'idée de l'humanité nettement définie et envisagée du côté plastique ; sa connaissance est presque *a priori* : son modèle pose devant lui, éclairé d'en haut ; le miroir de son esprit, comme une glace polie, rend l'original avec tous ses traits et une frappante vérité. L'historien est trop souvent un peintre de portraits : le véritable peintre d'histoire, c'est le poëte. Celui donc qui veut connaître l'homme, et l'homme même dans son intime essence et sa véritable identité, celui-là trouvera dans les œuvres des grands poëtes une peinture plus fidèle que dans les histoires. Qu'il lise Shakspeare, Goethe et Byron, il y trouvera l'homme : celui dont Goethe a dit : « Il ne vit pas en lui-même, mais il devient une portion de ce qui l'entoure. Il est vraiment une lyre que le contact des choses fait vibrer et tressaillir. » La poésie est l'écho de l'univers.

Mais le mot de Platon est toujours vrai : « Beaucoup portent le thyrse, mais les Bacchus sont rares ! » Il ne suffit pas de porter la lyre du dieu, il faut en savoir jouer : aussi peu m'importe le nombre des esthéticiens qu'a produits l'Allemagne dans ces derniers temps. Je vois bien le thyrse que ces gens-là portent par-dessus leur habit noir : ils font même semblant d'en pincer les cordes ; mais pour un homme qui sait en tirer des sons nouveaux et une musique hardie comme Schopenhauer, combien se faufilent dans l'assemblée des dieux et usurpent une place qui n'est due qu'au génie ! Schopenhauer n'est point de ceux-là : il est bien de la famille ; il est artiste. Il y a dans Schopenhauer un écrivain de premier ordre, c'est le seul mérite que les hegéliens ne lui contestent point : ils le regardent comme un détestable philosophe, mais il sait écrire. Il est vrai que pour eux ce n'est pas un grand mérite. En effet, ils sont devenus célèbres sans lui, et l'on ne saurait trouver la moindre trace de style dans leurs écrits. Et pourtant si le style est l'homme même, il est surtout le philosophe. Cela est bien vrai de Schopenhauer. Il a donné à la langue philosophique allemande des qualités qu'elle n'avait point avant lui, une netteté et une précision toutes françaises. C'est par là surtout qu'il est supérieur à Hegel et qu'il doit faire école. L'école hegélienne n'écrit pas, elle déclame. Ce ne sont que de grands mots sur du vide, des hyperboles qui vous éclatent dans les jambes comme des pétards, de gigantesques orgies de bacchantes dans les tavernes d'*Auerbach* de la pensée, où en guise de vin coulent des flots d'encre. Voyez Michelet : ce sont des *Épiphanies* de la pensée dans le monde; il prêche en grande pompe ; la jeunesse de Berlin bâille à ses sermons. Schopenhauer est un écrivain, le ton est naturel. Il a pris des tours à Rabelais ; il sait voir l'objet et le peindre : ce qu'il voit est bien *vu;* il est ferme, précis, vigoureux, un peu débordant et excentrique parfois, mais jamais redondant ni prétentieux : il ne partage pas le mépris de messieurs les savants pour le *belletristischen publicum*, c'est-à-dire pour le public ami des belles-lettres. Les hegéliens, qui ont tant parlé de l'art, en sont complétement dépourvus. Schopenhauer a le grand art : il est magistral, il a les justes proportions, le plan fixe, l'idée maîtresse, le trait juste. Les hegéliens méprisent le français, comme trop simple, et l'anglais comme trop positif; ils nous appellent superficiels et légers. Schopenhauer fait grand cas de nos poëtes et de nos prosateurs; il lit beaucoup les Anglais, Shakspeare est son poëte favori. C'est à cette culture supérieure qu'il doit ses qualités éminentes. C'est, malgré quelques écarts, un homme de fort bonne compagnie, toujours soigné dans sa mise intellectuelle, sachant porter à merveille un joyau de Byron ou de Shakspeare à son doigt. Il a cette chose indéfinissable que j'ai entendu définir pourtant : le goût. Il possède l'*humour*, cette forme de comique; il est très-*humoristique* : il l'est dans son ascétisme même. Il a une espèce de tragique à lui qui n'a rien de commun avec la rhétorique des passions, mais qui est produit par le combat de deux principes différents, par la lutte de la nature attristée avec la morale austère qu'il lui impose, et par ce principe de la résignation, qui ne triomphe pas toujours aussi complétement qu'on voudrait des révoltes de la chair. Écrivain original et vraiment unique par le mélange de qualités contraires, et le contraste d'une riche nature avec une doctrine attristée et d'une esthétique parfois sublime avec une morale refrognée.

CHAPITRE VII.

SA MORALE.

A un tel artiste épris de l'idéal, il fallait une morale sombre, où l'idée de la mort et du néant dominât, comme dans toutes les grandes conceptions romantiques. Mais à un tel philosophe de la volonté de vivre, une telle morale était plus nécessaire encore pour refréner nos désirs égoïstes et châtier nos instincts pervers. J'ajoute qu'elle se déduit logiquement des prémisses posées. Avant de crier au paradoxe, comprenons bien ce que Schopenhauer a voulu.

Ce monde est mauvais et corrompu. La vie est un rêve, le monde est une illusion, une moqueuse apparence : le dogme de la chute est philosophiquement vrai. La volonté de vivre, haletante et dévergondée, ne trouve de contre-poids que dans une effroyable destruction. Or je dis que, du point de vue où il s'est placé, Schopenhauer a le mérite rare d'avoir déduit logiquement, fatalement, les conséquences de son principe. Si ce monde au lieu d'être une série ascendante vers l'amour et l'intelligence, est une série descendante vers la mort et le néant à partir de la volonté mauvaise ou inconsciente, ignorante ou dépravée, mais toujours égoïste, si l'univers enfin, au lieu d'être l'élan d'une haute raison, n'est que le soupir et le râle d'une volonté abjecte, il ne reste qu'un port assuré, le néant, et il n'y a qu'un seul procédé pour l'atteindre, le mysticisme. C'est à ce dénoûment que sa morale nous prépare. Il a sans doute assombri ses couleurs et chargé le tableau de nos misères, on ne s'en apercevra que trop. Mais c'est tant mieux. Plus sombre sera le tableau, plus grand sera l'enseignement. Donnons-nous donc encore une fois le spectacle d'un monde sans Dieu, d'une morale sans espérance et d'une vie sans but.

« Qu'est-ce que la vie, se demande-t-il ? » et il répond : « Une étoffe qui ne vaut pas ce qu'elle coûte, une chasse incessante où, tantôt chasseurs et tantôt chassés, les êtres se disputent les lambeaux d'une horrible curée, une guerre de tous contre tous, *bellum omnium*, une mort anticipée, disait Parménide, et, pour tout dire enfin, une sorte d'histoire naturelle de la douleur qui se résume ainsi : « Vouloir sans motif, tou« jours souffrir, toujours lutter, puis mourir, et ainsi « de suite *in secula seculorum*, jusqu'à ce que la croûte « de notre planète s'écaille en tout petits morceaux. »

Sans doute ce vouloir énorme dans ses oscillations est porté vers un but. Mais que ce but est misérable et borné, et combien d'exceptions au moins apparentes à cette loi ! Que de *desiderata* dans l'œuvre de la nature ! Que d'êtres manqués ou du moins incomplets ! La vie de l'homme est une pièce de théâtre trop lugubre pour être une comédie, trop absurde pour être vraiment tragique : c'est un mélange de la farce et du drame, une tragi-comédie enfin ; car si le train et le souci du jour, l'ironie infatigable du moment, les désirs et les craintes qui remplissent la semaine, les mésaventures de chaque heure, ne sont que des scènes de comédie, en revanche les désirs toujours inassouvis, les aspirations déçues, les espérances impitoyablement foulées par le sort, les indicibles erreurs de toute la vie avec les souffrances cuisantes et la mort pour salaire, tout cela engendre toujours le drame. Mais par une cruelle ironie du destin, notre vie renferme tous les souffles tragiques, sans qu'il nous soit même donné de soutenir la dignité des personnages tragiques, contraints comme nous le sommes, dans le détail de la vie, à apparaître toujours inévitablement sous le costume des plus sots caractères de la comédie.

Le monde est mauvais et c'est déjà un mal que d'y être né. Écoutez le poëte qui l'a le mieux connu : *Our life is a false nature*[1]. « Notre vie est une nature

---

1. Our life is a false nature : t'is not in
Harmony of things, this hard decree,
This un eradicable taint of sin

faussée : il n'est pas dans l'harmonie des choses, ce décret inexorable, cette contagion enracinée du péché, ce gigantesque upas, cet arbre aux noirs poisons qui corrompt tout, dont la racine est la terre, dont les feuilles et les branches sont les cieux qui pleuvent leurs fléaux sur les hommes comme la rosée, — la maladie, la mort, la servitude, — tous les maux que nous voyons, et pis encore, les maux que nous ne voyons pas, qui font palpiter l'âme inguérissable, avec des chagrins de cœur toujours nouveaux. »

La nature commence comme une idylle et finit par une hymne à la douleur. Vivre c'est souffrir : *Leben ist leiden.* « La douleur, dit excellemment Michelet, est en quelque sorte l'artiste du monde qui nous fait, qui nous façonne, nous sculpte à la fine pointe de son impitoyable ciseau. » Nous aimons en général à fuir cette science amère qui consiste à reconnaître que la souffrance est essentielle à la vie et qu'elle ne nous envahit pas du dehors, mais que chacun en porte dans son sein la source intarissable. Nous cherchons encore et toujours à la douleur, qui ne nous quitte pas, une cause particulière et extérieure, un prétexte : ainsi l'homme libre se façonne un fétiche afin

---

> This boundless upas, this all-blasting tree
> Whose root is earth, whose leaves and branches be
> The skies, which rain their plagues on men like dew —
> Disease, death, bondage — all the woes we see —
> And worse, the woes we see not — which throb through
> The immedicable soul, with heart — aches ever new.
>
> BYRON.

d'avoir un maître. Si les hommes acceptaient franchement la cruelle alternative, s'ils savaient que le bonheur n'est qu'un rêve et que la douleur seule est réelle, ils seraient merveilleusement fortifiés; ils sentiraient comme le chrétien, que dis-je? comme le sectateur de Bouddha (les chrétiens ont trop souvent fait dégénérer le christianisme en un plat optimisme), ils sentiraient, dis-je, la *divine vertu de la vivifiante douleur*, et ils s'écrieraient avec le poëte qui l'a le mieux connue :

> Tu me traites sans doute en favori des cieux,
> Car tu n'épargnes pas les larmes à mes yeux.
> Eh bien! je les reçois comme tu les envoies.
> Tes maux seront mes biens et tes soupirs mes joies.
> Je sens qu'il est en toi, sans avoir combattu,
> Une vertu divine au lieu de ma vertu,
> Que tu n'es pas la mort de l'âme, mais la vie,
> Que ton bras en frappant guérit et vivifie[1].

Ainsi partout, et quel que soit le chemin que l'on parcoure, que l'on parte du spectacle du monde mauvais et corrompu pour rentrer en soi-même ou sympathiser avec ses frères, partout nous découvrons en nous quelque chose de plus haut que l'amour du bonheur, l'amour du sacrifice. Voilà la partie divine de notre âme. Il y a un état extraordinaire de l'âme par lequel elle sort de l'égoïsme, renonce au plaisir, ne se soucie plus d'elle-même, adore la douleur,

---

1. Lamartine.

comprend la sainteté. Cet obscur *au delà* que les sens n'atteignent pas, que la raison ne peut définir, que l'imagination figure comme un roi : c'est la *sainteté*. En elle réside la seule liberté du vouloir. Aussi longtemps que la volonté s'agite dans le monde des phénomènes, elle se débat sous la loi de causalité ; mais à partir de ce point, elle remonte vers une région où cette loi n'a plus d'effet et où par conséquent elle est libre. En un mot, et ce mot dit tout, la liberté de la volonté consiste dans le renoncement à soi-même, et le sacrifice est le souverain bien, le seul vers lequel on doive aspirer : « La liberté est un mystère, » a dit Malebranche.

Schopenhauer établit cette nécessité du sacrifice moral avec une grande force. Il va jusqu'à renouveler la théorie de la mort mystique. Étant accordé, ce qu'on ne peut nier, que la douleur est essentielle à la vie, il s'ensuit que la mort est une délivrance. La mort est une délivrance, elle rompt nos liens : elle rend la volonté libre. « Tous les hommes, dit le Lao-tseu-vi, désirent uniquement se délivrer de la mort, ils ne savent pas se délivrer de la vie. » C'est la vie cependant qui est une mort anticipée. Le nom de la vie, disait le profond Héraclite, est bien le mot : *vie*, mais son œuvre, c'est la mort.

Τῷ οὖν βίῳ ὄνομα μὲν βιος, ἔργον δε θάνατος.

L'amour est le conservateur de la vie, il est plus fort que la mort même, suivant l'expression du Psalmiste. On sait quel énergique et puissant ressort il est dans la vie, les grands préjudices qu'il cause aux intérêts les plus graves, le trouble qu'il apporte dans les têtes les plus fortes, les lettres et les gages qu'il glisse sournoisement dans le portefeuille du ministre et les carnets de l'homme d'État, les trames qu'il ourdit sans cesse et les sacrifices qu'il impose. «Voyez ces deux êtres qui se cherchent amoureusement du regard : pourquoi le mystère dont ils s'enveloppent? pourquoi leur air craintif et embarrassé? C'est qu'ils sont deux traîtres qui cherchent à perpétuer dans l'ombre tous ces tourments et toutes ces peines dont la fin, sans leur trahison, ne se ferait pas longtemps attendre. Et toujours il y aura des traîtres qui se chercheront ainsi du regard pour continuer la vie, pour revivre dans un autre être! » L'amour est le développement *explicite* par l'individu qui naît de ce qui était déjà contenu *implicitement* dans la passion. «L'affection croissante de deux êtres qui s'aiment n'est, à vrai dire, que le désir de vivre du nouvel être auquel tous deux peuvent et désirent donner le jour. Sa vie s'allume au premier choc de leurs regards passionnés et se révèle comme une future individualité harmonieuse et parfaite. Tous deux éprouvent l'ardent désir de s'unir et de se fondre dans un seul être dans lequel ils puissent prolonger leur existence, et ce désir reçoit sa réalisation dans l'enfant qu'ils engendrent et auquel ils transmettent leurs caractères à tous deux réunis et fondus en un seul..... Ce que l'individualité est *explicitement*, la passion l'est *implicitement*. Le vrai moment où ce nouvel être sort du néant pour arriver au point saillant, *punctum saliens*, de son existence, est celui où les parents commencent à s'aimer *to fancy each other* suivant la belle expression anglaise. Il faut le placer dans la rencontre et dans l'échange de leurs regards passionnés ; cependant ce n'est là que le premier germe de l'existence et, comme tout germe, il peut être facilement détruit. *L'individu qu'il renferme est en quelque sorte une nouvelle idée* dans le sens platonicien du mot, et comme toute idée en général s'efforce de se réaliser dans le monde phénoménal en s'appropriant vivement la matière, cette idée particulière d'une individualité humaine cherche aussi sa réalisation avec la plus grande ardeur et la plus grande énergie. »

Mais au fond et dans la rigueur métaphysique, qu'est-ce que l'amour ? L'amour n'est que le souci de la composition de la génération future : *meditatio compositionis generationis futuræ e qua iterum pendent innumeræ generationes* [1]. C'est le génie de l'es-

---

[1] Platon a traité le même sujet dans son *Banquet*, et c'est à Socrate qu'il a confié cette difficile étude. Mais comme si Socrate lui-même craignait que sa bouche ne fût pas assez pure pour initier la jeunesse d'Athènes aux divins mystères, c'est dans la bouche d'une femme qu'il a mis les vérités les plus sublimes et les plus hardies sur l'amour. Or, Diotime, prêtresse inspirée, en vient aussi dans ses définitions de l'amour de plus en plus restreintes, à celle-ci que l'amour est un *désir d'engendrer*, *Geschlects-liebe*, et elle développe ce qui a rapport à la génération des corps et des âmes ; mais le souffle

pèce, c'est-à-dire cette volonté supérieure à laquelle nous obéissons sans le savoir et qui nous entraîne, comme les fourmis et les abeilles, à nos frêles constructions et à nos reproductions infinies, par une illusion, qui, toute au service de l'espèce, prend à nos yeux le masque d'un intérêt personnel. Ainsi l'amour même n'est qu'une illusion, mirage trompeur qui s'objective dans la réalité, et le mariage est la tyrannie du génie ou plutôt du démon de l'espèce, qui s'impose à deux êtres pour leur faire continuer la vie, et perpétuer une misérable existence.

La mort au contraire est un soleil toujours à son zénith que les craintes chimériques des mortels peuvent bien obscurcir, mais qui finit par percer les

---

inspirateur de Diotime soutient Socrate et purifie tout, car l'amour des corps qui est aussi une des manières d'aimer et d'engendrer le beau et une tendance à l'immortalité, n'est pour eux qu'un degré pour s'élever à l'amour des âmes. L'âme a aussi comme le corps sa génération, génération toute spirituelle dont le but est la production du beau, et Socrate s'élève bientôt sur les ailes de l'inspiration prophétique à de telles hauteurs qu'il aperçoit cet océan de beauté « qui fait naître dans une sorte d'abondance philosophique les plus magnifiques discours et les plus nobles sentiments. » Schopenhauer, dans son chapitre sur l'amour, restreint son sujet : il ne traite que la première partie de la thèse socratique, celle de la génération du beau par les corps, il développe admirablement cette pensée de Platon, que l'amour sensible renferme quelque chose de divin parce qu'il a pour but l'immortalité de l'espèce; mais pourquoi se tient-il à ce premier degré de l'amour qui, d'après Socrate, est le plus infime? Pourquoi l'âme est-elle systématiquement sacrifiée au corps et la génération du beau restreinte à la génération corporelle? Ne serait-ce pas que, comme le médecin Erixymaque, il traite de l'amour en naturaliste plutôt qu'en philosophe, *De amore physico* et qu'il se retranche ainsi tout le côté spirituel de l'amour?

nuages et qui verse comme l'autre des torrents de lumière sur ses obscurs blasphémateurs. « Midi de la gloire, jour où il n'y a plus de vie, s'écriait dans son ardeur une de ces âmes blessées par les flèches du divin amour, vie qui ne craint plus la mort parce que la mort a vaincu la mort et que celui qui a souffert la première mort ne goûtera plus la seconde mort! »

La mort est le génie inspirateur, le Musagete de la philosophie. Socrate l'appelle Θανάτου μελέτη et Platon une méditation de la mort. Schopenhauer est de même un contemplateur des œuvres de la mort. On ne connaît pas assez sa puissance, nous dit-il. Dans notre Europe, la méditation et surtout l'éducation de la mort font défaut. L'Orient est beaucoup plus avancé dans ces voies. En Occident l'opinion publique et même l'opinion individuelle sont faussées en ce point, car l'une et l'autre ont toujours vu dans ce fait ou l'anéantissement complet de l'individu ou la continuation intacte de son existence, deux croyances également fausses. C'est par suite d'une telle éducation que nous voyons à présent (il écrivait ces lignes en 1844) les ouvriers socialistes d'Angleterre et les jeunes hegéliens d'Allemagne adopter dans leur avilissement ce principe sensuel et même brutal : *Edite, bibite, post mortem nulla voluptas.*

Il faut donc faire l'éducation de la mort: Il faut délivrer les hommes de cette crainte chimérique qui consiste à redouter le néant. Mais il reste à savoir si cette éducation pratique et morale de la mort est bien celle que recommande Schopenhauer. Pour nous délivrer de la crainte de la mort il suffit, à l'en croire, de méditer les thèses suivantes : 1° la mort n'est pas un mal, et d'un certain point de vue la mort même est un bien ; 2° la cessation de la vie n'est pas l'anéantissement du principe vital ; 3° l'éternité de la matière et des forces prouve notre indestructibilité ; 4° la nature se moque des individus et n'a souci que de l'espèce ; 5° il faut se défier de l'apparence, car l'intelligence ne saisit pas la véritable et suprême essence ; 6° la naissance et la mort ne touchent pas à l'essence propre des choses.

Ces thèses sont, j'en conviens, habilement développées et s'ouvrent par une saisissante peinture de la mort, il nous montre sa puissance inexorable et la sérénité de la nature impassible, indifférente à ce jeu. Si la mort était un si grand mal, la nature ne se comporterait pas ainsi vis-à-vis d'elle. Contemplez en automne, nous dit-il, le petit monde des insectes, avec quel soin les uns préparent leur lit pour y dormir le long et froid hiver : comme les autres, exception glorieuse, filent leur coque pour s'y ensevelir et ressusciter rajeunis et transfigurés au printemps, comme le plus grand nombre déjà préparé à trouver le repos dans les bras de la mort, ne s'inquiète plus que d'assurer le logement et la nourriture à ses œufs pour se perpétuer du moins par la race. Je lis dans la physiologie de Burdach, vol. 1 page 275, ces lignes curieuses : « Jusqu'à onze heures du matin, rien ne paraît encore dans l'infusion, aucune *cercaria ephemera* ne se montre! à midi l'eau en est remplie et grouille d'éphémères. Ils meurent le soir pour renaître le lendemain et toujours ainsi pendant six jours. » Voilà la vie, la mort et leur rapport. De même que les fines gouttelettes d'une cascade paraissent et disparaissent avec la rapidité de l'éclair, tandis que l'arc-en-ciel qu'elles forment plane immobile au-dessus de cette agitation continuelle, ainsi l'idée ou l'espèce des êtres vivants reste intacte et tranquille, malgré le changement incessant des individus qui la composent.

L'immutabilité des lois de la nature et l'éternité des forces de la matière nous assurent de l'indestructibilité de notre être. Elles nous mettent sur la voie de cette science si ardemment désirée par Leibniz, et qu'il appelait d'un beau nom, la physique de l'immortalité. Il est vrai que cette démonstration serait insuffisante pour établir les prétentions à l'immortalité individuelle qu'on est habitué à transformer en preuves. Mais elle établit à coup sûr que la cessation de la vie n'est pas l'anéantissement du principe vital et que la mort n'est pas la destruction complète de l'homme. Schopenhauer ne lui demande pas davantage. Reste à savoir si cette éternité sans conscience dont il nous gratifie et qui n'est autre que celle dont Spinoza disait déjà : *sentimus experimurque nos æternos esse*, peut tenir lieu de celle qu'il nous ôte. Nous avons lieu de nous en défier, car elle n'est obtenue, comme chez Spinoza ou chez les mystiques, que par plusieurs morts successives et quelquefois simultanées : mort de la conscience d'abord, qu'il ne faut pas, suivant lui, confondre avec le principe vital; mais qui apparaît toujours comme effet et non comme cause, que l'on voit naître, mourir et renaître encore ; mort de l'égoïsme conçu sous la forme de principe d'individuation qui n'est que l'être conçu sous les formes de l'espace et du temps ; mort de l'intelligence enfin qui, n'étant que le fruit du cerveau, se dissipe avec lui.

Il faut passer par ces trois morts pour que la partie immortelle de notre être se dégage, mais aucune de ces trois morts n'atteint l'être en soi. Schopenhauer veut persuader même à notre Europe arriérée, dans les voies de la mort, et qui n'entend rien à l'anéantissement des mystiques, que la mort de la conscience et de l'intelligence n'est pas un mal, et que la perte de notre individualité est peut-être même un bien, comme il le prétend dans cette page dédaigneuse. « Du reste, il faut considérer que l'individualité de la plupart des hommes est si pauvre et si misérable, qu'en la perdant ils ne perdent pas grand chose. Le peu de valeur qu'ils ont, c'est à l'humanité en général qu'ils le doivent. Il est même permis de dire que l'individualité par son essence est variable et bornée, et produit à la longue une telle monotonie et une telle satiété que, pour s'en défaire,

on consentirait volontiers à s'abîmer dans le néant. »
Et plus loin : « Si la conscience individuelle cesse d'exister à la mort, serait-il désirable de la voir renaître pour jouir d'une existence éternelle? Elle ne renferme ordinairement que des pensées vulgaires et mesquines, des soucis amers et dévorants. Ceux qui désirent la prolongation de l'existence individuelle au delà de la tombe, afin d'y rattacher des récompenses ou des châtiments futurs, espèrent obtenir ainsi la réconciliation de l'égoïsme avec la vertu. Mais cette tentative est vaine, car ces deux choses sont trop opposées pour être réunies. »

La crainte de la mort est le résultat d'une illusion dont Kant a cherché à nous délivrer par sa fameuse théorie de l'idéalité du temps, trop peu méditée et trop peu comprise, et dont Schopenhauer parle en ces termes : « La sublime théorie de Kant sur l'idéalité du temps renferme la meilleure réponse à la question de la prolongation de l'existence individuelle après la mort. Elle se montre sur ce point d'une importance et d'une fécondité toute particulière, car, substituant à des dogmes qui mènent tout droit à l'absurde, des principes d'une parfaite évidence, elle résout d'un seul coup le problème le plus compliqué de la métaphysique. » En effet, si commencer, finir et durer sont des notions qui empruntent exclusivement leur signification de celle du temps, et si le temps lui-même n'est rien en dehors de nous, il est évident que la naissance et la mort ne sont rien dans la réalité, opinion qui a déjà été celle de Mélisse et de Parménide, et que la mort est la fin temporelle d'un phénomène temporel. Il en résulte que notre être en soi doit être éternel, puisque le temps en vertu duquel nous nous reconnaissons comme des êtres finis et périssables n'est qu'une forme de notre entendement.

Mais si le philosophe de Kœnigsberg nous a mis sur la voie de toutes ces découvertes de l'idéalisme moderne, c'est à Schopenhauer que revient le mérite d'avoir décrit l'*illusion de la mort*. Voici ce que c'est. En réfléchissant sur notre crainte de la mort, et notre amour de la vie, deux sentiments qui tirent leur source des profondeurs de la conscience, Schopenhauer est amené à démontrer : que notre crainte de la mort ne peut pas être un fruit de la réflexion : car alors il faudrait admettre que la vie est une chose précieuse. C'est donc dans l'aveugle instinct, dans la volonté inconsciente de vivre que ce sentiment prend naissance. Mais la volonté cependant ne peut pas mourir ; comment donc se fait-il qu'elle craint la mort ? Écoutons Schopenhauer débrouiller cette énigme : « Si l'homme n'était qu'un être intelligent, la mort serait pour lui un événement indifférent et même heureux. Mais les considérations auxquelles nous venons de nous élever nous apprennent que l'intelligence seule est exposée aux coups de la mort, tandis que la volonté est indépendante du temps et à l'abri de la destruction. L'ardent désir qui la porte vers l'existence et vers l'objectivation, d'où résulte le monde, est sans cesse satisfait : comme il n'est que la manifestation de son être intime, il l'accompagne comme l'ombre suit le corps. Si donc la volonté craint la mort en nous, c'est parce que l'intelligence, en lui révélant son existence dans un phénomène particulier, lui fait croire qu'elle va s'abîmer avec lui comme une image semble s'anéantir avec la glace dans laquelle elle se réfléchissait et qu'on vient de briser. Cette illusion, tout à fait opposée à son être intime qui est un aveugle désir de vivre, la remplit de trouble et d'effroi. Ainsi la volonté, qui est seule capable d'éprouver en nous la crainte de la mort et qui l'éprouve en effet, est à l'abri de ses atteintes, tandis que l'intelligence, qui est seule exposée à ses coups et qui y succombe inévitablement, est incapable d'éprouver une telle crainte. La conscience individuelle, qui voit d'un œil tranquille la mort en face, ne lui survit pas, et la volonté qui recule d'effroi en sa présence, lui survit seule. » Ainsi, l'intelligence, qui est mortelle, ne craint pas la mort, et la volonté, qui ne saurait mourir, a peur d'elle ! Qui nous expliquera ce mystère ?

Je comprendrais que l'intelligence ne craignît pas la mort, si elle était immortelle. Car alors elle se réunirait à la pensée infinie et elle aurait du moins sa part de l'éternité de l'esprit. Mais Schopenhauer est plus radical que les panthéistes mêmes, et si je ne craignais avec ces subtils amis des nuances de recourir aux gros mots, il est, quant aux destinées de l'intelligence, dans un parfait accord avec les plus francs matérialistes. L'entendement est né du cerveau et il doit mourir avec lui. Il doit cesser en même temps que l'individu avec lequel il a pris naissance : comme le monde sensible qu'il réfléchit et qui n'a d'existence que par lui, il n'a de réalité que celle d'un simple phénomène. C'est une lampe qu'on éteint lorsqu'on n'en a plus besoin et qui fume un moment, puis disparaît. Tout au plus se séparerait-il du matérialisme extrême par l'idée d'une renaissance qui sauve du moins l'odieux du néant. « La conscience est la vie de l'entendement et du cerveau dont la mort est la fin : c'est pourquoi elle *renaît* chaque fois et se renouvelle de fond en comble. La volonté, au contraire, étant le désir de vivre, reste toujours la même, et est assurée de l'immutabilité. Cependant tous deux, la volonté et l'entendement, sont réunis dans le même moi. » Voilà l'origine de l'illusion de la mort et de ces craintes chimériques que l'entendement insouciant de sa nature ne partage pas, mais que la volonté ressent !

Qu'est-ce donc que la mort dans un tel système ? Le voici : « Par la mort, la volonté, qui est indestructible se sépare de l'entendement qui est périssable et revêt à chaque naissance une nouvelle intelligence avec laquelle elle forme un nouvel être qui n'a aucun souvenir de l'existence antérieure. » Schopenhauer enseignait au fond l'éternité de la volonté et la palingénésie de l'intelligence, cette forme supérieure de la métempsycose. Comme Ballanche, comme Bonnet, il a voulu montrer comment, dans son existence passagère, l'être mortel peut manifester en lui l'être immortel, comment l'être impérissable et incorruptible est contenu dans l'être corruptible et périssable, et, comme eux il s'est égaré.

Ces doctrines subtiles et raffinées de l'idéalisme panthéistique sur la vie et la mort entraînaient avec elles leurs douloureuses conséquences. Schopenhauer ne cherchait point à y échapper. Il semble au contraire qu'il s'exaltait dans sa cruelle espérance et que son horreur du lieu commun et du préjugé l'attachait de plus en plus au néant et à tout ce que l'homme craint et redoute, à mesure qu'il s'éloignait davantage de ce qu'il aime et ce qu'il espère : Dieu, l'immortalité, le ciel! Le ciel lui-même, ce terme idéal de nos aspirations, cette patrie convenue de nos âmes, ne trouvait point grâce à ses yeux. Comme Heine, dont il rappelle en cela la triste ironie, il mettait les *dieux en exil* et ne laissait point même à nos âmes les perspectives infinies des horizons célestes. Non, tout était bien fini sur cette terre, et la vie future au sens chrétien n'étant qu'un mythe, le ciel n'était qu'un leurre pour la foule.

Cette doctrine si triste qu'on hésite à la rapporter dans toute sa désespérante sévérité, était, comme toujours chez lui, l'expression d'une théorie fondamentale et un corollaire de ses thèses sur l'organisation et la vie. Il pensait que l'homme est le dernier mot de la vie, qu'un être au-dessus de lui ne pourrait pas ou ne voudrait pas vivre. Un soir qu'il se promenait par une nuit étoilée avec le docteur Gwiner, celui-ci, voyant la planète de Vénus briller plus qu'à l'ordinaire, évoquait le souvenir de ces âmes que Dante y avait mises comme dans un lieu de pèlerinage, puis, par un retour à des opinions plus modernes que la science n'approuve ni ne blâme, il lui demandait s'il ne croyait pas que là aussi il pût y avoir des existences plus parfaites et des vivants comme nous. Schopenhauer ne le croyait pas; il n'admettait pas qu'une organisation supérieure à la nôtre pût avoir la *volonté de vivre*. Il pensait que la série ascendante vers la vie se terminait à l'homme, dernier terme de ce triste progrès, doué d'organes qui le lui rendaient sinon désirable, du moins supportable. Puis, s'exaltant par degrés : « Croyez-vous, lui dit-il, qu'un être surhumain voulût continuer un seul jour cette mauvaise comédie de la vie. Cela est bon pour des hommes; des génies ou des dieux ne le voudraient pas. » Paroles amères qui refoulent dans nos cœurs les plus belles et les plus saintes espérances et arrêteraient la prière commencée sur nos lèvres, si nous ne savions combien la science est vaine quand elle s'attaque à l'âme !

A la vue de ce monde mauvais et corrompu, où la douleur submerge toute joie, où la mort règne sans partage, quel doit, quel peut être l'unique sentiment du sage? La pitié. Si la douleur est reine, la pitié sera sa compagne. Le sage est celui qui, en présence de ce lamentable spectacle, éprouve un profond mépris pour ce monde mauvais et corrompu et une immense compassion pour ses frères à tous les degrés de l'échelle. « La sympathie est cet étonnant, on pourrait dire, ce mystérieux passage de nous-même dans un autre être : elle supprime les barrières de l'égoïsme, elle fait en quelque sorte le *moi* du *non-moi*. C'est donc le sentiment moral par excellence, un lien par lequel et dans lequel nous sentons que nous sommes tous frères. Avoir pitié, c'est devenir un être moral. Sympathiser avec la nature entière, c'est le véritable état du sage ici-bas. »

On a blâmé Schopenhauer d'avoir réduit la morale à la sympathie : renouvelant contre lui les arguments déjà vieux dont on avait accablé la théorie des sentiments moraux d'Adam Smith, on n'a pas eu de peine à montrer que c'était une base étroite, une morale incomplète. Une académie, celle de Copenhague, lui a même refusé le prix que méritait peut-être à d'autres égards sa très-spirituelle dissertation sur *les deux problèmes fondamentaux de l'Éthique*, en se fondant sur cet unique grief. « *Quod autem scriptor in sympathia fundamentum ethicæ constituere conatus est neque ipsa disserendi forma nobis satisfecit, neque satis hoc fundamentum sufficere evicit.* » Nous n'avons pas qualité pour réformer sa sentence : Frauenstadt l'a essayé dans ses lettres sur la philosophie de Schopenhauer ; il regarde sa morale comme son principal titre de gloire.

A cette lumière, le sage de Francfort juge les hommes et classe les actes humains. Au plus haut degré gît le méchant, c'est-à-dire celui en qui la volonté de vivre s'exalte et prend un tel empire qu'il ne se soucie plus des droits et des manifestations voisines, qu'il dépouille, tue ou opprime pour un mince avantage personnel. Son monstrueux égoïsme le pousse à engloutir sans aucun esprit de rendre, à absorber la substance d'autrui. Au-dessus de lui siége l'homme juste : aussi éloigné de cet excès du vice que du type suprême de la vertu. C'est un homme qui ne lèse point les droits de ses semblables, du moins sans qu'il y ait un grand avantage ; il paye ses contributions, acquitte ses charges d'église, n'a rien à démêler avec les tribunaux de son pays et se croit payé de sa vertu, quand on le met à la place d'honneur sur une liste de souscription. Mais est-ce là tout? L'homme juste, quand il n'est que juste et rien de plus, est-il celui dont Hamlet dit à Horatio : « Donne-moi un homme qui ne soit pas l'esclave des passions et je le porterai, comme toi, dans mon cœur, dans le cœur de mon cœur. » Il y a donc quelque chose au-dessus de la justice stricte, et c'est la bonté! L'homme de bien, déjà plus digne du nom d'homme (*vir bonus*), est celui dont le cœur bat de compassion pour tous ses frères sans distinction, qui les considère tous comme les manifestations de la volonté suprême, qui aime tout ce qui vit, depuis l'homme jusqu'à la tourterelle. Mais l'homme de bien lui-même est-il le dernier mot de la justice et de la sainteté. N'y a-t-il rien au-dessus de cet idéal? Chaque philosophe a le sien. L'homme moral ou le saint seul vraiment digne de ce nom, c'est l'*ascète*, qui sacrifie le penchant égoïstique à la vie, qui accepte la souffrance comme la loi de ce monde, qui s'est posé dans son cœur le redoutable dilemme : « Vouloir vivre ou renier la vie » et qui a accompli le sacrifice, qui arrivé par cette voie à la résignation, à l'indifférence et au repos des mystiques, regarde le monde en souverain mépris et éprouve une immense pitié pour ses frères : digne héritier des antiques hôtes des Thébaïdes, des maîtres de la vie cachée et de ces solitaires de l'Inde qui étonnent encore par la grandeur de leur sacrifice, il prend pour sa devise cette parole des Vedas : « Comme des enfants affamés se serrent autour de leur mère, ainsi tous les êtres ont soif du divin sacrifice. » L'ascétisme, le détachement progressif des sentiments qui nous relient au monde visible et, pour tout exprimer d'un mot, la sainteté, telle est la perfection de la morale. En elle réside la seule liberté du vouloir. Aussi longtemps que la volonté s'agite dans le monde des phénomènes, elle se débat sous la loi de causalité, mais à partir de ce point elle remonte vers une région où cette loi n'a plus d'effet et où, par conséquent, elle est libre. En un mot, et ce mot dit tout, la liberté de la volonté consiste dans la suppression même de la volonté, c'est là le souverain bien, le seul vers lequel on doive aspirer. La liberté est un mystère, suivant Malebranche. Dieu, dit Descartes, a fait trois miracles : le monde de rien, l'homme-Dieu et la liberté de l'homme. La nécessité, dit Schopenhauer développant ce point de vue, est le règne de la nature : la liberté est le règne de la grâce.

CHAPITRE VIII.

SUITE DE LA MORALE. — CRITIQUE DE L'OPTIMISME.

J'expose, je ne discute pas un traité de morale ascétique dont la pensée du néant fait le fond. L'idéalisme et le panthéisme combattant dans une âme et s'emparant d'une belle intelligence, forment par eux-mêmes un douloureux spectacle qui porte avec lui son enseignement. Il n'y a point de talent qui puisse rendre longtemps supportable une situation désespérée, il n'y a point de personnage tragique ou humoristique qui puisse soutenir un tel rôle ; et pour employer une comparaison que le philosophe de Francfort affectionne, dans de telles conditions, la banqueroute du philosophe est imminente. Mais comme ces financiers aux abois dont l'esprit fécond en ressources trouve sans cesse de nouveaux expédients pour arrêter la catastrophe prévue, Schopenhauer se surpasse encore en approchant du dénoûment.

Sa critique de l'optimisme est un chef-d'œuvre de verve humoristique. On a vingt fois réfuté l'optimisme, mais jamais avec cette intensité de conviction pessimiste, avec cette ironie débordante et ces mouvements pathétiques. Bossuet et Fénelon ont réfuté Leibniz et Malebranche au nom de l'Église et de la raison et par des arguments théologiques. Bordas Demoulin, de nos jours, a repris cette thèse avec un rare talent et s'est servi de la considération des différents ordres d'infinis. Voltaire, avec une ironie légère dans son Candide et avec plus de sérieux dans sa lettre sur *le désastre de Lisbonne*, a fait la satire de l'optimisme. Mais les raisons théologiques des uns sont trop subtiles et la verve badine de l'autre trop légère; aucun n'a déployé les ressources de Schopenhauer, et constaté plus éloquemment le témoignage de sa triste expérience. Toutes ces autres réfutations partent de la tête et non du cœur; elles sont vues et non senties. Schopenhauer a la haine de l'optimisme, il l'a dans le cœur : il est ingénieux à le démasquer. L'optimisme lui paraît un paradoxe insensé en face du tableau de nos misères qu'il a peint dans sa morale avec de si sombres couleurs. Il nous promet le bonheur, il prétend enseigner l'art d'être heureux et tout nous parle ici-bas de douleur, de privations; et la vie est l'école du malheur. Il nous montre des Édens en perspective, des îles d'Utopie, des terres d'Icarie, et il n'y a au bout du voyage que déceptions, misère et expiation, partout, en nous-mêmes et hors de nous.

C'est donc un amer sarcasme ou une flatterie intéressée en face de l'universelle misère, qu'accrédite une secte de menteurs et non de philosophes : un sarcasme, si c'est l'optimisme béat des heureux du siècle qui parle cette langue à des esclaves et aux déshérités de la civilisation moderne malgré des chiffres éloquents et d'effrayantes statistiques : une flatterie intéressée, si ces beaux rêves sont offerts en pâture au vulgaire ignorant et doivent conduire aux honneurs et au crédit les habiles exploiteurs de l'idolâtrie humanitaire. Mais croient-ils donc étouffer longtemps la terrible vérité qui déjà partout se fait jour et conduire ainsi le peuple avec des mensonges dorés ? Qu'ils entendent cette réponse toujours prête qui part des entrailles de nos sociétés malades comme un sourd gémissement jusqu'à ce qu'elle devienne un terrible réveil hâté par l'ouragan des faits !

Les stoïciens eux aussi niaient le mal, ils niaient la douleur : ce qui peut être sublime, mais ce qui est certainement absurde : ils étaient optimistes ! optimistes à la table de Néron ou dans les jardins de Tibère. Ainsi c'était l'énormité du mal qui les avait rendus sophistes, ils le niaient pour ne pas le maudire, ils le niaient pour le dissimuler à leurs propres yeux et n'en être point atteints. Ils soutenaient à force d'orgueil ou de bassesse un rôle impossible : et frappés de tous côtés, frappés à mort, ils se déclaraient encore invulnérables. Oh ! inanité de la sagesse ! Quelle plus sanglante satire de l'optimisme que ce pompeux sophisme par lequel ils se mentaient à eux-mêmes et aux autres pour paraître encore debout, quand ils étaient déjà par terre. Lisez Sénèque, parcourez ces pages chargées d'une tristesse éloquente, ces feuilles tachées de sang, et dites si la fastueuse doctrine enseignée par le précepteur de Néron n'est pas l'ironie de l'optimisme. Ils ont voulu extraire le bonheur des écorces les plus amères de la douleur et nous faire croire à la félicité au milieu de ce bain de sang et de crimes qui s'appelle le despotisme des empereurs. Nous avons eu aussi nos optimistes qui se couronnaient de fleurs sous le pire des despotismes et qui amnistiaient les bourreaux pour ne point avoir à plaindre les victimes. L'optimisme justifie tout, c'est une ambitieuse théorie qui conduit à la pratique la moins noble : c'est la doctrine du succès glorifiée par Hegel. Il n'est rien d'assez bas, d'assez vil pour l'opposer à tant d'orgueil.

Au sage inaltérable et stoïque qui nie la douleur et ne voit pas le mal, Schopenhauer oppose les plus faibles des créatures : il invoque des témoignages auxquels Sénèque n'a point songé. Comme le fabuliste dont il rappelle parfois la feinte bonhomie, il prend parti pour les animaux contre l'homme. Il y aurait une merveilleuse satire à écrire d'après lui, qui s'appellerait *l'Optimisme réfuté par les bêtes*[1]. Je ne puis

---

1. Voir un fragment qui porte ce titre dans *le Correspondant* du 25 août 1860.

qu'indiquer l'esprit général de ce morceau. « Voyez la taupe : quelle vie que celle de cette ouvrière infatigable! Fouiller avec ses pattes d'une incroyable puissance, voilà l'unique occupation de toute sa vie! une nuit éternelle l'environne : elle n'a d'yeux qu'un aperçu, tout juste assez pour fuir la lumière; seule elle est vraiment un animal nocturne, car les chats, les hiboux et les chauves-souris voient pendant la nuit. Qu'obtient-elle pour prix de la persévérance inouïe avec laquelle elle poursuit sa vie pleine de fatigues et vide de joies? Un abri et la famille : c'est-à-dire uniquement les moyens de persévérer dans cette voie de douleur et de se continuer dans un nouvel être de sa race. De tels exemples nous démontrent clairement qu'il n'y a aucune proportion entre la fatigue et le tourment de vivre et le résultat ou le salaire de la vie. Les animaux qui voient ont du moins conscience du monde qu'ils contemplent; conscience toute subjective assurément et bornée à l'action des choses extérieures, mais enfin une ombre de la valeur réelle de l'existence. Mais la pauvre aveugle, la taupe, avec son organisation si parfaite et son infatigable activité, bornée à la recherche des larves d'insectes pour apaiser sa faim, fait voir trop évidemment la disproportion entre le but et les moyens de la vie.

« Que cherche la pauvre bête dans cette folle dépense d'une incroyable activité? à se bâtir des demeures souterraines, de magnifiques palais? Non, sans doute :

car elle ne peut les voir. Et cependant comme elle travaille! Elle fouille, elle fouille encore, et la terre amoncelée s'effrite et remue au-dessus d'elle : tant elle l'ameublit avec son groin, tant elle la coupe en tranches menues et la jette au dehors avec ses pattes qui sont à la fois la pelle et le hoyau! La terre la plus dure cède à cet ouvrier robuste : quand on ouvre une de ses galeries souterraines, on est étonné de tant d'art et d'une telle patience; elle est admirablement organisée pour son métier de mineur : l'ouïe la plus fine lui permet de saisir sous la terre les bruits les plus légers de sa surface; son épaisse fourrure l'abrite contre le froid et l'humidité de la terre, mais le prix de la vie lui manque : car il est doux de voir la lumière, et ce n'est pas avec des yeux embryonnaires, enfoncés et perdus sous la peau, qu'elle peut savourer les délices du jour. Qu'a fait la pauvre aveugle pour mériter une telle vie? Croyez-vous que ce monde soit pour elle le *meilleur des mondes?* »

Le paradoxe continue à la fois baroque et touchant, cachant des théories sous des folies, mêlant ensemble les ironies cruelles, les pastorales tendres et les drames inconnus. En voici un qui pourrait s'intituler : *un drame entre deux rosiers* et qui amène sous sa plume d'amères réflexions. Un *necrophorus vespillo* s'empare du cadavre d'une taupe et creuse un trou pour l'y enfouir. Schopenhauer est témoin de ses efforts pour creuser cette tombe, puis pour y porter le cadavre. « Je laisse à penser, nous dit-il, s'il peina

pour lui faire quitter la place, puis pour le faire descendre dans le trou qu'il avait préparé. La masse inerte retombait sur l'insecte et l'écrasait presque de son poids, mais lui, l'intrépide fossoyeur, se dégageait, reprenait le travail commencé. Enfin il fit tant et si bien avec ses pattes qu'il réussit à finir sa besogne. »
Il faut entendre les réflexions dont il accompagne ce récit : En deux jours, le nécrophore était arrivé à enterrer le cadavre d'un animal quatorze fois plus gros que lui : et tout ce travail non pour lui, mais pour ses petits! C'est pour y déposer ses œufs et leur assurer ainsi la nourriture et le logement, que le *necrophorus vespillo* accomplit ce travail d'Hercule. Telle est la vie de la plupart des insectes : un labeur incessant pour cacher et nourrir leurs œufs et toujours recommencer, toujours travailler ainsi pour un avenir incertain! Que leur revient-il de tout cet effort, de tout cet art déployé en pure perte? Quel résultat que celui de l'existence animale qui met en jeu et épuise une telle dépense de forces pour un tel but!

La vie n'est donc point harmonie et jouissance, comme se la figurent les optimistes, elle est surtout contraste et douleur. Il y a des miracles de destruction dans la nature et des voix qui demandent du sang jusque dans les êtres d'ordre supérieur. Ce n'est pas seulement dans les solitudes du nouveau monde que des plantes splendidement colorées se délectent dans des miasmes putrides et boivent la mort qui fait leur vie, que l'on voit des chênes puissants qu'étouffe la vigne sauvage ou le lierre barbu et qui meurent sous cette étreinte. Ce n'est pas seulement en Australie que la fourmi *bull-dog*, par un prodige d'instinct suicide, se dévore elle-même, ni au fond des mers que le jeune polype se nourrit de la substance du père. Les hommes, dit Schopenhauer, surpassent ces horreurs, et le mot de l'Écriture est toujours vrai : « Il y en a parmi eux qui dévorent les hommes, comme on dévore du pain ! »

Le mal, ce terrible reste que l'optimisme ne peut supprimer tout à fait dans ses comptes, mais qu'il escamote plus ou moins habilement, est réel, colossal, incessant. Le monde est mauvais, et c'est déjà un mal que d'y être né. Le péché qui a fait pâlir Luther d'horreur dans sa cellule est logé jusque dans la moelle de nos os, comme une contagion qui vicie tout. La nature, dit Aristote, est démoniaque, elle n'est pas divine : Δαιμονία ἡ φύσις, οὔ θεῖα. C'est là ce qui a peuplé les Thébaïdes et rempli les monastères en Orient et en Occident. C'est là ce qui a produit le moine.

La pensée de la chute a enfanté le prêtre : celle de l'expiation a suscité le moine. Le moine, c'est-à-dire l'homme qui nie la vie, qui sacrifie la volonté perverse, qui se consacre au culte de la douleur, et qui fait pâlir enfin toutes ces philosophies menteuses qui prétendent tirer la vertu des écorces du plaisir et nous mener à la sagesse par un chemin de fleurs, le moine réfute l'optimisme par son désenchantement du monde, par sa résignation sublime, par sa longue extase. Telle est la marche de cet esprit violent et extrême qui de *l'optimisme réfuté par les bêtes* passe sans transition, sans précaution, à *l'optimisme réfuté par les moines*. Ce qu'il y a de plus humble ou de plus sublime : le reste ne compte pas pour lui. Dans ces voies étranges, quoi d'étonnant s'il mêle le profane et le sacré, la vie de sainte Élisabeth par M. le comte de Montalembert avec Candide de Voltaire, et l'abbé de Rancé avec Child Harold? Il s'exalte à la vue de tant d'austérités. La Trappe est son refuge et l'abbé de Rancé devient son modèle. On le vit un jour rester en contemplation devant un portrait de ce grand fondateur et n'en sortir que pour prononcer ces paroles qui semblent contenir un regret : « Après tout, un philosophe n'est pas un moine, il doit se mêler à la vie pour la connaître. »

Quelques-uns frappés de ces aspirations y ont vu une sorte de christianisme. Mais Schopenhauer est un réformateur et son christianisme est fort libre. Qu'on en juge par un exemple : suivant lui, il a perdu sa voie et il dégénère en un plat optimisme contraire à ses tendances, fatal à ses doctrines; il faut le ramener à ses origines, le retremper à sa source : « le culte de la douleur. » Il a dans ce sens une doctrine très-originale, sinon très-orthodoxe, sur la chute et le péché originel, sur la grâce et la régénération de l'homme spirituel. La prédestination augustinienne, combattue par l'esprit bourgeois d'un Pélage et des modernes rationalistes, relevée comme un drapeau chrétien par Luther, lui paraît être un dogme sublime aujourd'hui tombé en désuétude par suite de la direction fausse que le christianisme reçoit du protestantisme bête des optimistes allemands. Pour lui, il relève ce drapeau de Luther : il est de l'opposition en religion comme en morale, et, si l'on cherchait bien, il y a en lui l'étoffe d'un hérésiarque. Il n'y a pas d'hérésies si décriées, si méconnues, qu'il n'ait étudiées, pour peu qu'elles prêchent le célibat et la mortification ; son estime se mesure au mépris qu'elles font de l'homme.

Le mysticisme, ce que Bossuet appelle le faux mysticisme lui paraît le plus noble effort de la pensée religieuse pour relever le christianisme dégénéré et le faire rentrer dans sa voie. Le culte de la douleur le soutient et l'inspire. C'est lui qui a entendu et recueilli le cri de l'humanité souffrante depuis *l'homo brevi vivens tempore* de Job et le *cupio dissolvi* de saint Paul jusqu'au « je meurs de ne pouvoir mourir, » de sainte Thérèse et de Mme Guyon. Le quiétisme, la seule grande hérésie du dix-septième siècle, est une de ces crises de l'âme qui n'atteignent que ceux qui ont soif d'une idéale perfection. Ces voies métaphysiques et raffinées, ces conduites rares et sublimes, ces aridités mêmes et ces sécheresses devaient tenter l'esprit subtil et hardi de Fénelon, de même qu'elles devaient être repoussées par le dogmatisme tranchant et absolu de Bossuet. Mais ce que ni Fénelon ni

Bossuet n'ont prévu, ce que Mme Guyon seule a rendu, bien qu'à son insu, avec une élévation singulière, c'est la filiation de cette doctrine, et sa parenté avec le nirvana indien. C'est un même désenchantement du monde qui a produit l'un et l'autre : la même subtilité raffinée s'y allie au plus pur amour et corrompt les dons les plus précieux de l'esprit. Schopenhauer, ravi de sa découverte, ne paraît pas même soupçonner les conséquences qu'on en peut tirer. Il ne voit pas que si le quiétisme est une doctrine de l'Inde qui a traversé la France sous le grand roi, elle est, comme ces souffles inconnus, venus des bords du Gange, qui envahirent l'humanité malade au commencement du siècle, un véritable choléra de l'âme non moins funeste que l'autre, et que ces noirs poisons déguisés en calmants suspects nous dévorent d'une lente consomption.

Mais le vrai contradicteur de l'optimisme, c'est encore le brahme. Dans l'Inde ancienne, il y avait deux écoles de lettrés et de philosophes : l'une, qui se tenait à la cour des princes et que l'on appelait les *Soutas*, était celle des favoris du pouvoir, des témoins de leurs hauts faits et des chantres de leurs généalogies et de leurs épithalames; l'autre, celle des *Aranyam*, école de solitaires, se tenait dans la solitude des bois où elle formait des familles religieuses vouées à la pratique du culte et à la méditation sur les origines des dieux et des mondes. Leur condition était bien différente : les Soutas étaient puissants, les honneurs et les richesses pleuvaient sur eux comme une rosée bienfaisante, le parasol de la royauté les ombrage, les chevaux et les éléphants leur appartiennent. Autre était la condition des Aranyam : voués à la pauvreté et à la mortification de la chair, ils dédaignaient ces biens fragiles dont les Soutas se montraient fiers. Aussi on les craignait à la cour, et l'histoire de l'Inde est la longue et émouvante lutte du génie farouche des Aranyam contre le despotisme oriental. On a conservé quelques maximes de ces antiques sages. Celle-ci est digne d'être rappelée : « La méditation austère produit la puissance sur toutes choses. » C'étaient les moines de l'Orient, école de religieux et d'ascètes, de penseurs et de saints comme ceux de l'Occident. Or cette même énergie qui les distingue dans leurs luttes fanatiques contre l'injustice et la tyrannie se fait remarquer dans leur doctrine morale. Ils enseignaient qu'il y a trois genres de vie complétement différentes : d'abord celle qu'anime une volonté puissante, appelée *Radscha-Guna*, la vie des héros et des Dieux, dont le poëte s'empare pour en faire la matière du drame ou de l'épopée ; puis celle où la connaissance affranchie de l'instinct domine, la vie du génie, *Satwa Guna ;* et enfin en troisième lieu la grande léthargie de la volonté et la consomption de l'ennui, quelque chose d'analogue enfin au spleen des Anglais ou *Tama-Guna*. La grande pensée de la chute et du néant les remplit. La pensée de la mort et l'amour de la souffrance se détachent sur le fond sombre du génie oriental avec une vigueur sans pareille. Elle allait au sombre mysticisme de ces premiers contemplatifs. Tout pleins de l'idée de l'expiation qui a suscité le moine, ils trouvaient le monde mauvais et corrompu et prêchaient qu'il faut en sortir par l'extase du nirvana et se perdre dans l'abandon et le mysticisme.

Telle est cette réfutation originale et piquante de l'optimisme. Jamais on n'avait démontré avec une telle abondance de raisons et une telle verve dans la contradiction que cette doctrine ne saurait être une base pour la morale. Mais ce serait mal connaître Schopenhauer et son ardente nature que de penser qu'il va s'arrêter à mi-chemin et que, satisfait de ce résultat déjà très-considérable, il n'ira point jusqu'au bout de son principe et ne voudra pas élever drapeau contre drapeau et morale contre morale, dût-il choquer le sens commun et heurter la raison. Or, de tous les paradoxes, le paradoxe moral m'a toujours paru le plus insoutenable, le seul que ni l'art ni l'esprit ne peuvent faire accepter. La morale de Schopenhauer me paraît dans sa partie dogmatique entachée de ce grave défaut : elle n'est qu'un paradoxe.

Schopenhauer, en opposition à l'optimisme, enseigne la doctrine contraire, le pessimisme. La négation de tout bonheur est le trait dominant du système et la marque caractéristique de sa philosophie ; d'autres avant lui sans doute avaient protesté contre cette flatterie intéressée qu'on appelle l'optimisme. Mais Schopenhauer est le pessimiste le plus franc et le plus décidé que le monde ait vu depuis Timon d'Athènes. Il a fait de cette doctrine un système, un drapeau philosophique sous lequel il veut qu'on s'enrôle. Schopenhauer est pessimiste, il l'est vis-à-vis de Dieu, vis-à-vis de la société et vis-à-vis de lui-même. Non seulement il l'est, mais il enseigne qu'il faut l'être : le pessimisme, à l'entendre, est la seule force ici-bas : c'est la seule politique, la seule morale et la vraie religion. Ne lui parlez pas du progrès, de la perfectibilité humaine, du bien-être social. Il a vu dans l'histoire que ce sont rarement les causes les plus justes qui triomphent ici-bas, que presque toujours elles se compromettent et périssent par l'excès même de leur principe, que l'excès du principe monarchique, qui est le meilleur cependant et le plus conforme à la nature, a amené la république; que l'ardeur républicaine a fini par le cannibalisme de 93 et le cynisme du directoire. Il n'a, quant à lui, que du dédain pour les rêves démocratiques. Ces mots qu'on entend aujourd'hui sortir des bouches ecclésiastiques et résonner dans l'enceinte des académies, « le triomphe de la démocratie, le grand avenir de l'irrésistible démocratie, » sonnent à ses oreilles comme un affreux barbarisme. Il ne sait pas ce que c'est que la démocratie, sinon la proie des tyrannies. Ces multitudes qu'en Orient on appelle des troupeaux d'hommes n'offrent en Europe, à l'œil de l'observateur consciencieux, qu'une seule différence, c'est qu'en Asie elles se laissent conduire comme des troupeaux, tandis qu'en Europe, poussées par leurs convoitises, exaltées par des chefs ambitieux, elles ne se laissent mener que par les mots vides et sonores de suffrage universel, de perfectibilité indéfinie et de principe des nationalités. Mais pour lui le train du monde oscille entre la servitude et la licence; il en est ainsi depuis le commencement et il en sera ainsi jusqu'à ce que la croûte de notre planète s'écaille en tous petits morceaux : bien fou celui qui voudrait l'arrêter ou le changer. Le philosophe regarde de sa fenêtre ce train du monde, il entend le bruit de la rue et il regarde passer la royauté constitutionnelle qui s'en va, non sans accompagner d'un sourire ces rois trop semblables aux dieux d'Épicure assis à la table toujours servie du budget dans le doux *far niente* de l'Empyrée. Il regarde encore et il voit s'élever sous sa fenêtre les terribles barricades; cette fois il a peur et il fait sa malle. L'Orient, entre autres choses, a cela de bon qu'il ignore les barricades. La politique de notre philosophe est tout entière dans l'horreur du désordre. Il y a du bon dans cette tendance, on peut trouver toutefois qu'il la pousse un peu loin. Schopenhauer ne partage pas les rêves enthousiastes de la jeune Allemagne sur la réforme de la société moderne, il ne croit pas au salut et au bien-être par l'État et il n'a que du mépris pour cette société nouvelle de nos réformateurs socialistes « qui serait à elle-même son propre but et sa fin dernière et qui en arriverait logiquement à mettre ce but suprême dans le droit pour

tous de manger, boire, dormir, se reproduire et....
krepiren en liberté. Il compte peu sur les gouvernements pour rendre les hommes meilleurs ou pour guérir leurs maux : car ils ont souvent (ils le croient du moins) un intérêt à les corrompre.

Son pessimisme religieux n'est pas moins décidé. Les sociétés religieuses les plus fortes, les plus durables, nous dit-il, sont constituées sur une base pessimiste, fondées sur le mépris de l'homme, sur la conscience de sa faiblesse et de son néant, sur l'idée même du péché, et il développe cette idée dans des pages que De Maistre n'eût point désavouées, sur le dogme de la chute et le besoin de l'expiation, sur cette guerre de tous contre tous, *bellum omnium*, que le démon de la nature livre à tous les êtres dans les solitudes du nouveau monde aussi bien que sur les champs de bataille de l'histoire. On suit à la trace, avec une sorte de sombre plaisir, ces éphémérides de la douleur écrites en traits de feu jusque dans les entrailles de la terre, ou en caractères de sang à sa surface. L'homme est pécheur et il l'est par une funeste hérédité de la race avant même que de l'être par sa propre expérience personnelle. L'homme porte en lui-même son châtiment. Le Christ a bien plutôt contribué à rendre cette conscience du péché irrévocable, qu'à l'affaiblir et à la diminuer. Le christianisme, si supérieur au judaïsme et au paganisme antique par son principe pessimiste, est une religion qui tombe et se dégrade depuis qu'elle dégénère chez les protestants eux-mêmes en un plat optimisme contraire à ses principes, fatal à ses tendances. Les trappistes seuls ont gardé son principe : ils ont duré. Les pires ennemis du christianisme sont les optimistes.

Enivré de cette sombre doctrine, il en demande à l'Orient la consécration. Il fallait bien trouver des ancêtres à ce pessimisme radical. Il a choisi le Bouddha. La renaissance orientale, lentement préparée dans le cabinet des docteurs d'outre-Rhin, a fait son chemin en dépit de Gœthe, qui ne pouvait souffrir les Schlegel. Tandis que la France, initiée par son Burnouf à cette langue sanscrite, protestait par M. Barthélemy Saint-Hilaire contre le nihilisme oriental[1], l'Allemagne a cru trouver dans l'Inde le dernier mot de la sagesse antique et toute une renaissance philosophique et religieuse. L'Inde est devenue pour l'Allemagne des universités une seconde patrie. Le centre des études est aujourd'hui à Berlin autant qu'à Calcutta. On vit s'y former très-vite une secte d'indianistes aujourd'hui florissante qui ne voit dans le christianisme qu'un produit de l'Inde, gâté sur sa route en Palestine. Je fus très-frappé de l'accroissement et du progrès de ces études pendant un séjour récent à Berlin. Il me sembla que les philologues avaient détrôné les philosophes. Le Bouddha tenait

---

1. *Le Bouddha et sa religion*, par M. Barthélemy Saint-Hilaire. L'auteur était devenu pour Schopenhauer un ennemi personnel, depuis qu'il avait attaqué le Bouddha. Il savait trop bien que ses coups avaient porté.

école, il avait ses initiés et ses catéchumènes ; c'est parmi ces derniers que je fus accueilli. Sanscritistes et semites se réunissaient le soir autour de la table à thé d'Albrecht Weber ou de Kuhn, pour y discuter sur le Nirvana ou le Dyana. On agitait les plus délicates questions de morale et de philosophie, j'y avais pour voisin un Italien, partisan du Sansara[1], qui ne paraissait pas plus que moi converti aux procédés du bouddhisme; un spirituel et savant diplomate, à qui j'exprimais mon étonnement de retrouver l'Inde à Berlin, me disait : « Grattez un Allemand, vous verrez reparaître l'antique sectateur de Bouddha. Ils croient sincèrement à la doctrine des migrations et des existences antérieures, et comme un commun berceau paraît avoir contenu les Allemands des bords du Gange et les Hindous des rives de la Sprée, ils fondent sur cette parenté lointaine des prétentions qui rappellent chez nos lettrés l'orgueil de la caste. La race indogermanique dont ils se disent les seuls héritiers directs, représente, à les croire, la spéculation élevée, le grand art et la grande poésie. Il faudrait bien peu connaître cette race qui pousse tout à l'exagération la plus notoire, qui creuse la pensée jusqu'au néant, qu'aucun scrupule ne retient, que l'absurde n'épouvante plus, pour ne pas comprendre quelle infatuation

---

[1]. Le Nirvana, le Dyana et le Sansara sont trois états différents de l'âme. Tandis que le Nirvana et le Dyana sont divers degrés de perfection mystique, le Sansara est le monde des sens et de la sensualité.

d'eux-mêmes et de leurs frères en panthéisme, les Hindous, s'est emparée d'eux ; ils voient dans l'alliance de Kant et de Bouddha le germe du progrès du monde. C'est une constitution du cerveau déplorable, mais c'est ainsi. »

Schopenhauer, sans être entièrement de cette race, éprouve un certain respect pour les monuments sacrés des Hindous. Il reconnaît devoir à cette littérature le meilleur de son développement après l'impression qu'ont faite sur lui le monde extérieur, Kant et Platon. Les Vedas sont la Bible de Schopenhauer, il avait fait venir à grands frais un Bouddha qu'il montrait avec orgueil et peut-être avec malice à ses visiteurs. Il ne pouvait se contenir sur ces missionnaires anglicans qui prétendaient convertir leurs aînés en religion. Il a essayé pour la philosophie et la métaphysique du Bouddhisme ce qu'il a fait pour celle de Kant, seulement ce n'est pas une filiation directe, c'est un accord spontané, une sorte d'harmonie préétablie. Il y voit une seconde renaissance qui surpassera la première. Initié très-jeune à ces doctrines par un célèbre orientaliste de Weimar, il en parle avec un singulier respect. « J'ai eu le bonheur, me dit-il, d'être initié aux Vedas, dont l'entrée m'a été ouverte par les Upanichads, grand bienfait à mes yeux, car ce siècle est, suivant moi, destiné à recevoir de la littérature sanscrite une influence égale à celle que le seizième siècle a reçue de la renaissance des Grecs. »

Ainsi, cet Orient qui demeure pour les politiques un

livre fermé, n'aurait pas dit encore son dernier mot. Le mystère de nos origines et peut-être celui de nos destinées y seraient contenus. Dans ce moment où tous les yeux se tournent vers l'Orient pour interroger cet avenir, où l'isthme de Suez, moralement ouvert, n'attend plus qu'un dernier et énergique effort de la volonté des peuples de l'Occident pour nous livrer les chemins de l'Inde et verser une seconde fois l'Europe sur l'Asie, il est triste de penser que ce premier et énergique pionnier d'une civilisation évanouie, que cet homme qui croyait à la renaissance orientale, et qui s'en est le plus inspiré dans ses écrits, est mort avant d'avoir recueilli les fruits de son œuvre et après avoir assisté à cette nouvelle défaite de l'Inde, retombée provisoirement de son poids sous la domination anglaise, dont il flétrissait si justement les excès. Je ne crois pas cependant qu'il lui eût été donné de voir de sitôt sortir du mysticisme oriental la rénovation qu'il souhaitait. Certes, je ne nie pas l'Orient et sa plus grande antiquité, je vénère ce premier berceau de nos destinées et je crois que les Vedas ont leur place marquée non loin de la Bible et très-au-dessus du Coran. Leur grandeur m'étonne; la pensée paraît y avoir épuisé toute sa subtilité dès les âges les plus reculés. L'école de Vedanta, en déclarant l'essence de la matière convertible avec les facultés perceptives du sujet a, par cet idéalisme subtil, devancé Berkeley de quinze siècles. En fait de grandeur morale, l'Inde a eu ses ascètes voués à la contemplation et livrés à la pratique des austérités les plus dures cinq cents ans avant la naissance du christianisme. Elle a eu bien avant Shakspeare, ses Hamlet allant rêver dans les cimetières, et ses rois ascètes dépouillant l'orgueil du diadème avant saint Louis. Le Bouddha a sa place marquée à jamais parmi les héros de la vie désintéressée et les grands fondateurs de religion. On ne saurait nier que la sombre poésie, fille du désespoir et de la mort, est venue des rives du Gange, que Schelley, Gœthe, Byron, Chateaubriand, Lamartine, tous ces mélancoliques semblent en avoir respiré le souffle et nous en rendre les parfums. On comprend pourtant que la Grèce, belle jusque dans la mort, suivant l'expression du poëte, ait, en renaissant à la vie, captivé l'imagination des hommes et qu'il n'en soit pas de même de ce profond Orient, où la grandeur touche au néant, qui ne nous offre encore qu'un chaos confus de doctrines absurdes et sublimes que les siècles séparent de nous, qui s'est endormi dans la torpeur et le néant absolus et qui n'est qu'une succession de peuples sans noms, de prêtres sans Dieu, d'êtres réduits à l'atonie et de peuples aphones, de multitudes sans courage à jamais évanouies comme le torrent qui descend de la montagne, comme l'éclair qui fend la nue. Sans doute je ne nie pas qu'il n'y ait dans un cercle aristocratique de savants berlinois une certaine renaissance orientale enrichie par des fouilles heureuses et saluée par les dilettanti de la pensée, quoique le seul Burnouf m'ait fait sentir plus présente la grandeur de l'Inde; mais on ne peut encore comparer ce mouvement philologique, auquel une trentaine d'Allemands prennent une part active, avec cette renaissance de la Grèce et de Rome aussitôt acclamée par la foule, embellie par les arts, et qui fit sortir d'un sol bien préparé pour la recevoir tant de chefs-d'œuvre éclos sous le soleil de la liberté. L'Asie s'en est passée, dites-vous; mais l'Asie, depuis plus de mille ans, dort sur le globe et le fatigue du poids de sa torpeur et de son inutilité. Voyez ce continent asiatique et ses empires colosses dont les maîtres régnaient sur des troupeaux; là se sont acclimatés tous les despotismes de l'âme et du corps, depuis l'Inde domptée par quelques régiments anglais jusqu'à la Chine endormie par l'opium. Je sais bien quelques contemplatifs venus de l'Inde pour lesquels l'extase du néant est la vraie et la seule liberté, mais ceux-là sont rares et ce n'est pas d'ailleurs du néant qu'on fera sortir une renaissance.

Envisagé de ce point de vue, Schopenhauer serait un accident dans notre Europe, un homme de l'Orient contre l'Occident, et ses idées celles d'un asiatique: singulier dénoûment pour un tel philosophe. Il faudrait le plaindre s'il était réellement atteint de ce mal qu'il décrit si bien : car des quatorze sens du mot *Nirvana*, quel que soit celui qu'on adopte, il y a toujours là une extinction graduée, une cessation mystique ou savante de notre individualité, de nos facultés, de notre être enfin; et quand même on dirait que l'anéantissement n'est qu'apparent, que la volonté reste, que la liberté même qui réside dans l'être n'est pas anéantie, que ce n'est que sous sa forme d'activité qu'elle est détruite, c'est beaucoup trop encore. Heureusement ce n'est là qu'une tournure d'esprit un peu originale et une manière excentrique de voiler son dédain pour notre Europe, peut-être aussi le masque du Bouddhisme était-il destiné à cacher notre réformateur dont nous avons vu le naturel défiant et timide. Mais enfin, ce que je sais, c'est qu'il reconnaît lui-même que l'Orient n'est qu'une coïncidence curieuse et fortuite, et non une filiation et un berceau philosophique. « Je ne puis en tout cas que me réjouir de voir mes doctrines dans un tel accord avec une religion qui a pour elle la majorité sur la terre et qui compte plus de croyants qu'aucune autre. Cet accord doit m'être d'autant plus agréable que ma philosophie n'a évidemment pas été conçue sous son influence; car en 1818, époque où mon ouvrage a paru, nous n'avions sur le bouddhisme que des documents en très petit nombre et trop incomplets dans les *recherches asiatiques.* » Tenons-nous à cet aveu et ne rendons pas Schopenhauer solidaire de ces conséquences extrêmes que semblerait lui imposer son culte pour le Bouddha.

Il nous suffit d'avoir prouvé que l'optimisme ne saurait être une base solide de la morale. Deux mots seulement, en terminant, sur le pessimisme exagéré qui en découle et dont notre philosophe n'a point su toujours éviter l'excès.

Il y a aujourd'hui dans les hautes régions du pouvoir et de la société bon nombre de gens blasés qui pensent que la nature est mauvaise et que l'homme est un être dépravé. L'histoire leur donne facilement raison sur ces deux points.

Il y a ailleurs qu'au pouvoir des esprits sceptiques et blasés qui prétendent qu'il faut abandonner le gouvernement des choses d'ici-bas à la force ou à la bêtise ; il y a, le dirai-je ? des chrétiens eux-mêmes qui ne voient dans l'histoire que « le triomphe du mal sous sa forme la plus répugnante, le mensonge. »

Sans chercher à déterminer ici à laquelle de ces trois catégories le pessimisme de Schopenhauer appartient (il est trop clair que c'est à la seconde), nous ne saurions nous dissimuler qu'il est le complice et peut-être l'auteur de ces excès. Nous avons reconnu la trace de ces tendances funestes dans son mépris de la vie d'action et des sciences de la vie d'action, dans son dédain de l'histoire qui n'est qu'un rêve, « le rêve long et confus de l'humanité, » dans sa notion du droit « qui n'est que la mesure de la puissance de chacun, « dans ses maximes politiques enfin qui s'appuient trop sur Machiavel et La Rochefoucauld. Nous ne pouvions les laisser passer sans blâme : c'eût été presque en accepter la responsabilité. L'histoire, trop exaltée par Hegel, ne méritait pas l'ostracisme que lui inflige Schopenhauer. Elle ne serait, à l'en croire, que le rêve confus de l'humanité ; elle le recommencerait sans but et sans fruit, de génération en génération ; ses feuillets, épars comme ceux de la sybille, ne seraient que les pages fragmentées d'une éternelle rapsodie. Quoi de plus injuste qu'un tel arrêt ? Il me suffit d'en appeler à Schopenhauer lui-même, qui dans une autre occasion a revendiqué les droits de l'histoire. J'en dis autant du droit et de la politique. Ces sciences de la vie d'action ne lui ont pas toujours inspiré ce mépris superbe qui s'adressait d'ailleurs beaucoup moins à elles qu'à leurs sectateurs, et je n'en veux pour preuve que cette maxime qu'il a développée : « L'histoire est à la société ce qu'est la raison à l'individu[1]. » Ne méprisons pas l'histoire. Elle fait partie de la conscience humaine. Elle prend sous le burin de Tacite la consistance du marbre ou de l'airain. Que serions-nous sans elle ? quelque peuplade encore sauvage, errant dans les forêts de la Germanie. Cherchons plutôt à combler ses lacunes et à en faire la conscience totale de l'humanité.

1. W., II, 507.

CHAPITRE IX.

CRITIQUE DE LA PHILOSOPHIE DE SCHOPENHAUER.

PREMIÈRE PARTIE.

LE PHILOSOPHE ET SON SYSTÈME.

Je demande pour cette étude, que je voudrais rendre définitive, un dernier moment d'attention.

La philosophie de Kant, reprise avec vigueur, développée avec un merveilleux talent par Arthur Schopenhauer, n'a pu le préserver de la détestable influence de l'idéalisme et du panthéisme : voilà toute ma thèse.

Schopenhauer a lutté dès le commencement (1819) contre cette influence. Avec quelle vigueur et quelle énergie nous n'en avons pas épargné les preuves, mais il n'a jamais pu s'y soustraire tout à fait et, s'il ne fut jamais soumis, il a été vaincu.

Montrons par quel enchaînement fatal l'idéalisme et le panthéisme devaient amener cette catastrophe finale. Il est bien entendu que je ne parle ici que du système et non de l'écrivain, ni même du philosophe.

Schopenhauer est désormais entré dans sa seconde vie : il appartient à l'histoire de la philosophie par l'influence que ses idées y exercent déjà, qu'elles y exerceront de plus en plus. C'est en vain que l'académie de Berlin persiste à nier la lumière, et prodigue ses couronnes aux détracteurs de sa mémoire.

Les mérites de Schopenhauer comme écrivain philosophe, comme moraliste et même comme psychologue sont au-dessus du doute, et l'académie de Berlin ne pourra pas adresser à son lauréat M. Seydel, avec ses couronnes, l'éloge que Cicéron adressait à un de ses interlocuteurs à propos d'Épicure : celui de l'avoir *supprimé* du nombre des philosophes, *sophistam istum e philosophorum choro sustulisse*. Sa philosophie se recommande par des qualités solides et qui ne passeront point. Le dédoublement de la volonté, son isolement de tout ce qui n'est pas elle, sa séparation de la connaissance, son étendue presque illimitée, la distinction du libre et du volontaire, la réalité souveraine et absolue du vouloir, sa suprématie dans le monde, son identité à tous les degrés, sa manifestation par les idées, son sacrifice même, qui, s'il n'est pas sans danger, n'est pas non plus sans grandeur, sont des parties neuves et qui resteront. Sa distinction des deux vies renouvelée de Bichat, mais développée avec une profondeur philosophique que n'avait point ce grand anatomiste, ouvre à la psychologie des vues presque infinies sur la physiologie. Les pensées fortes et justes, les intuitions vives et vraies abondent dans ses écrits : nous n'avons plus à revenir sur ce sujet, il nous suffit de renvoyer le lecteur à tant de pages excellentes que nous avons laissées dans notre œuvre, comme ces témoins que laisse subsister dans les livres la main intelligente du relieur.

Mais l'idéalisme dont Kant est le père et qui fut son point de départ, a des conséquences fatales et désastreuses auxquelles son système n'a point échappé. Car, il est la ruine de la raison et de l'entendement et la mort même de la métaphysique. Schopenhauer, qui s'y est donné tout entier et dont le principal mérite est même d'y avoir précipité Kant avec lui, a beau lutter contre ces conséquences fatales, il ne peut s'y soustraire tout à fait. Il y a quelque chose de lugubre dans cette lutte grandiose, dont le dénoûment est si triste. Sa grandeur et sa faiblesse, sa verve intarissable et son incurable tristesse, ses lacunes et ses misères vivement ressenties, ses élans vers la philosophie transcendante, et son immanence dans le principe de l'Ἕν καί πᾶν, son panthéisme enfin, et ses efforts désespérés pour en sortir, tiennent à ce rôle impossible.

Contemporain de Schelling et de Hegel, de treize ans seulement plus jeune que le premier, Schopenhauer a lutté dès le premier jour et n'a point voulu porter leur joug; mais il n'a pu s'y soustraire tout à fait. Il a cru qu'en reprenant fortement racine dans le kantisme, il pourrait s'isoler complétement de cette philosophie de l'identité dont il ne se dissimulait aucun des dangers. Il n'y a point réussi. On est toujours de son temps et de son pays par quelque endroit. On a beau se réfugier dans l'Inde, là encore le panthéisme nous poursuit. Kant, Platon et Bouddha, sa trinité philosophique, ne pouvaient l'arracher complétement à l'influence de Fichte, Schelling, Hegel, cette trinité sophistique qu'il a si vivement dénoncée à l'Allemagne, mais qui ne lui en a pas moins imposé sa loi, sa forme panthéistique et son cachet de négation hardie et de liberté audacieuse.

L'athéisme scientifique du premier, le génie romantique du second, le panthéisme du troisième ont rejailli sur lui : il en est atteint, qu'il le sache ou non. C'est là même le principal enseignement qu'on peut retirer de cette étude. Schopenhauer est un exemple illustre de cette contagion panthéistique qui n'a rien épargné en Allemagne. Il nous offre le contraste étrange et saisissant d'un dangereux philosophe et d'un admirable écrivain luttant dans un seul homme. L'écrivain se soustrait à cette empreinte que son esprit a déjà reçue, et ne pouvant sauver le fond, il préserve du moins la forme. Mais quant aux doctrines, ce rebelle est aux deux tiers conquis et ne dissimule sa défaite qu'en prenant à l'Inde un masque hideux et terrible, vain épouvantail pour la foule. C'est à ce point que je me le représenterais comme un Fichte ou un Hegel, désenchanté et trahi par cette science absolue qui n'avait tenu aucune de ses promesses et rejeté par le choc en retour du panthéisme d'un abîme dans un autre abîme plus profond.

La philosophie de Kant, qu'il avait prise pour guide, et de laquelle il espérait même le salut de la philosophie allemande, n'a pû le tirer de cet abîme. Voilà le fait considérable que je signale, en terminant, à l'attention de l'Allemagne. La critique de la raison pure de Kant a été le point de départ de la philosophie de Schopenhauer. C'est à ce livre, nous l'avons vu, qu'il a demandé d'abord la solution de la grande énigme qui l'occupait dès sa vingtième année. Non-seulement il s'en est inspiré et nourri, mais il en outre encore toutes les tendances. Eh bien! cette philosophie, quel que soit d'ailleurs notre respect pour son auteur, n'a pu le prémunir contre les dangers du panthéisme. C'est en vain qu'il invoque la critique de la raison pure. Cette critique, non-seulement ne l'a point sauvé, mais elle lui a ouvert de nouveaux abîmes. Tel est l'enseignement qu'il nous donne, et je le crois de nature à modifier profondément les opinions convenues. Car, si une conscience aussi nette des problèmes philosophiques et cette intuition profonde des conditions de la philosophie soutenues par un talent d'exposition de premier ordre et très-supérieur à celui de Kant, n'ont pu préserver Schopenhauer de l'abîme qu'il voulait éviter, c'est donc que la philosophie de Kant porte avec soi ces abîmes.

Tout le système de Schopenhauer peut se ramener aux trois thèses suivantes : 1° il a pris son point de départ dans l'idéalisme de Kant; 2° il a voulu y joindre l'empirisme de Bacon et le sensualisme de Locke et de Condillac : d'où le dualisme qu'il n'a point évité; 3° son point de départ étant la destruction même de la raison, il aboutit logiquement au nihilisme. Or, ces trois thèses ont pour corrélatifs trois propositions fondamentales de la *Critique de la raison pure*, et sont le développement même de cette philosophie.

J'étonnerai sans doute beaucoup les admirateurs *a priori* de la critique de la raison pure en leur apprenant qu'elle est solidaire des conséquences extrêmes de l'idéalisme et du panthéisme allemand. Rien n'est plus certain pourtant. Quant à l'idéalisme, qu'on veuille bien se reporter à l'édition *princeps* de la raison pure, ou à la traduction de MM. Tissot et Barni, et l'on verra que la grande thèse de l'idéalité de l'espace et du temps qui fait le fond de l'esthétique transcendantale est la base de l'idéalisme moderne, quelles que soient les atténuations prudentes qu'il ait essayées plus tard et par lesquelles il a donné le change aux lecteurs superficiels de ses œuvres[1].

Schopenhauer a ce mérite entre tous d'avoir dissipé l'équivoque et levé tous les doutes. Kant est le père de l'idéalisme allemand, et s'il a renié cet enfant de la

---

[1]. C'est là un point que Schopenhauer a mis hors de doute, que Rosenkranz et M. Tissot confirment, l'un par son édition, et l'autre par sa traduction, et contre lequel M. Barni n'a point protesté.

spéculation pure, il n'en avait pas le droit. Effrayé de ses rapports avec le système de Berkeley dont on lui faisait peur, il a bien pu mutiler son livre dans les éditions qui suivirent la première, mais il n'a pu faire disparaître l'éclatant témoignage que nous avons donné et il n'a pas même essayé de supprimer les nombreux passages qui se trouvent en contradiction avec ces améliorations nouvelles.

Sa théorie de la connaissance a égaré l'Allemagne. Son idéalisme subjectif contenait le germe de toutes les erreurs qui s'y sont développées plus tard. Schopenhauer l'a prouvé de deux manières : d'abord par l'autorité de Kant[1], et ensuite par la sienne propre. Kant a échoué sur le problème fondamental de la connaissance et ne nous a laissé qu'une théorie imparfaite de la sensibilité, de l'entendement et de la raison. La confusion de la sensibilité et de l'entendement, sa distinction de la raison et de l'entendement purs, sa séparation absolue de l'expérience ont été déjà l'objet des critiques de M. Cousin. Mais elles portent, à plus forte raison, sur Schopenhauer, qui admet toutes les conséquences extrêmes de l'idéalisme subjectif de Kant et qui les exagère encore ou ne les corrige que par le sensualisme de Locke et de Condillac[2].

---

1. Voir chap. IV de la 2ᵉ partie de ce livre.
2. Schopenhauer attribue à l'entendement privé de raison, *vernunftlose Intellect*, tout ce qui est du ressort de la sensibilité, et le prodigue aux bêtes aussi bien qu'aux hommes. Après quoi il n'a pas de peine à démontrer, au moyen de la liste de ses imperfections, sa thèse favorite du rôle secondaire de l'entendement, de sa matéria-

L'idéalisme subjectif de Kant, qui refuse toute valeur objective à nos connaissances, produit le scepticisme à l'égard du monde extérieur. C'est là, disions-nous en empruntant à Schopenhauer son langage animé, le talon d'Achille de la philosophie de Kant. C'est sur ce point que M. Cousin a fait converger le fort de ses attaques, parce qu'il sentait avec son rare bon sens que c'était là le point décisif. Schopenhauer ne paraît pas se douter de la gravité de ces attaques. Il prend pied dans cet idéalisme, il paraît s'y complaire et l'exagérer encore. Sa théorie des idées porte la trace partout visible d'une confusion préméditée entre l'objet et le sujet de la connaissance. Il détruit l'objet de l'expérience, et disperse les éléments hétérogènes dont il lui paraît formé. Il identifie l'idée subjective, pure forme de nos représentations, avec l'objet, l'idée du genre avec le genre même, de même qu'il confond

lité et de sa destructibilité. Il est bien clair que ce fruit du cerveau ne peut lui survivre. Que devient la raison dans un pareil système? La raison, simple faculté de l'abstraction, n'est plus que l'ordonnatrice de cette classe particulière de représentations générales, non intuitives, qui ont les mots pour signes et que fixe le langage. La raison avait besoin, j'en conviens, d'une leçon, et je ne blâmerai point Schopenhauer de la lui avoir donnée même un peu vive. Ses prétentions insupportables, son joug despotique, sa forfanterie et son impuissance offraient un champ assez vaste au philosophe de la volonté. Mais dans sa rage d'immoler la raison et les penseurs abstraits à l'intuition et à la volonté, fallait-il aller jusqu'à donner des armes aux matérialistes contre l'entendement et aux sceptiques contre la raison; fallait-il, après Helvétius et Cabanis, revenir à Locke et à Condillac? et après avoir fait de l'entendement un fruit du cerveau, fallait-il réduire enfin la raison à la simple faculté de l'abstraction?

sans cesse le simple phénomène subjectif de la représentation avec le côté matériel et objectif de la chose. Puis, pour s'élever au-dessus de ce nominalisme et jusqu'au monde transcendant des idées de Platon, il en fait je ne sais quelles puissances indépendantes du temps, de l'espace et de la causalité, les espèces même des êtres et l'objectivation de la volonté; excès d'idéalisme ou de matérialisme, peu importe, sa doctrine des idées flotte entre les extrêmes; et suivant qu'il obéit à l'une ou à l'autre de ces tendances, nous avons l'origine de ses erreurs idéalistes ou la source de ses tendances matérialistes.

Ainsi une psychologie incomplète égare les esprits les plus éminents; et le génie lui-même n'est pas à l'abri des erreurs qui en sont la suite. Kant en a subi la loi dans sa *Critique de la raison pure*. Parti de cette critique, Schopenhauer partage le sort de son immortel auteur. Pour le réfuter, il suffit d'une exacte théorie de l'entendement et de la vraie doctrine des idées.

Mais si la théorie de la connaissance de Kant rend compte de l'idéalisme subjectif de Schopenhauer, il est une distinction célèbre renouvelée du philosophe de Kœnigsberg, qui est l'âme de sa métaphysique et qui rend à la fois compte des plus ingénieuses découvertes et des principales erreurs de ce philosophe. C'est celle du phénomène et de la *chose en soi* dont on a tant abusé depuis, et qui, célébrée par Schopenhauer comme sa plus admirable invention, devient dans ses mains un instrument dangereux, que dis-je? un instrument de ruine pour la philosophie. On sait tout le parti que Kant en a su tirer pour isoler et séparer dans chaque chose l'élément transitoire de l'élément durable, et le phénomène de la réalité. Mais on n'a pas oublié non plus que rien ne saurait échapper à un tel mécanisme et que la conscience en a été la première victime. Or, une fois la conscience emportée et pour ainsi dire abolie comme un simple phénomène, il ne reste plus que l'*idée*, et la voie est ouverte au panthéisme. Schopenhauer ne paraît pas effrayé de ce danger, car il s'empare aussitôt de la fameuse distinction entre le phénomène et la *chose en soi*, et il manie cette arme dangereuse avec une incroyable audace. Son chapitre sur la mort nous a montré le procédé à l'œuvre, la conscience anéantie, la personne sacrifiée, l'âme entière absorbée dans le grand tout, et le panthéisme enfin, renaissant sous des formes que l'on dit empruntées à l'Inde, mais que l'Europe connaît depuis longtemps. En vain même il paraît vouloir y échapper par sa théorie de la volonté, devant laquelle s'arrête l'analyse. Car enfin, cette volonté dont il fait la *chose en soi* de Kant et comme une sorte d'absolu, est elle-même anéantie dans sa morale et le gouffre du nihilisme finit par tout absorber.

Et qu'on ne nous dise pas ici qu'en répétant cette accusation banale de panthéisme contre Kant et son école, nous nous faisons l'écho de cette critique indélicate qui se permet de caractériser un système ou un livre par ces vieilles formules anti-scientifiques, qui ne sont le plus souvent qu'un appel brutal aux préjugés. Je sais bien que Kant ne croit pas être panthéiste et qu'il a lui-même indiqué les nuances qui le séparent de Spinoza : je sais bien encore que Schopenhauer fait du panthéisme deux parts : celle de l'ἕν καί πᾶν, ou de l'unité de substance, et celle du πᾶν θεός ou de la divinisation de cette substance unique, qu'il accepte la première et qu'il rejette la seconde. Mais qu'importe, si nous définissons nettement cette forme panthéistique qui s'applique à toutes les évolutions de la science allemande et qui les détermine, et que nous disions : Est panthéiste quiconque déclare qu'il n'y a qu'une substance et que tout le reste n'est que modalité pure et phénomène passager : quiconque déclare que toute existence individuelle est une pure apparence et que l'homme n'a qu'une ombre de personnalité dans ces rapides instants qui mesurent sa vie si courte : quiconque enfin soutient que la conscience est un rêve ou un cauchemar toujours trop long pour l'être qui en est le théâtre, et que c'est le plus souvent un bien qu'elle soit anéantie. Eh bien! je dis que la distinction du phénomène et de la *chose en soi*, appliquée, comme elle le fut par Kant, contenait déjà le germe de ces détestables doctrines auxquelles il oppose en vain et trop tard les murs d'airain de sa morale : je dis que sa grande thèse trop peu étudiée de l'idéalité de l'espace et du temps, par laquelle il cherche à nous délivrer de la crainte de la mort, a pour résultat de faire tomber

« cette illusion misérable d'une personnalité distincte » qui nous fait attacher à la vie et à la durée un sens qu'elles n'ont point. J'ajoute que, lorsque tirant les conséquences de ces prémisses, Schopenhauer applique la distinction de Kant à notre existence individuelle, simple phénomène, véritable goutte d'eau, impétueuse rosée échappée de la cascade et qui ne laisse au-dessus d'elle que le reflet irisé de l'arc-en-ciel, ou bien qu'il nous loge dans ce vaste château de la substance sur la porte duquel est écrit : « Je n'appartiens à personne et j'appartiens à tout le monde : vous y étiez, avant que d'y entrer; vous y serez encore, quand vous en sortirez : » il est panthéiste, panthéiste mystique, je le veux bien, mais enfin panthéiste.

Le travail destructeur exercé par la *Critique de la raison pure* ne s'est point arrêté là : il n'a pas respecté les bases mêmes de la métaphysique et je ne crains pas de dire que Kant a plus que personne contribué à l'ébranler en ruinant la notion de cause. Le jour où Kant est venu dire à l'Allemagne : « La recherche de la cause première est inutile ou impossible, et une telle cause est contradictoire, » ce jour là c'en était fait de la métaphysique et de ses principes les plus essentiels. Plus de théologie spéculative et plus de psychologie rationnelle, s'est écriée l'Allemagne à la suite de Kant, et l'on sait ce qu'elle a mis à la place : le panthéisme et l'athéisme rajeunis sous des noms qui ont peine à en dissimuler le fond. Fidèle à l'esprit du kantisme, Schopenhauer a débuté par une étude sur la *quadruple racine de la raison suffisante* qui est la théorie de la causalité la plus complète, mais aussi la plus négative qui soit sortie de cette école. C'est dans cet écrit peu connu et presque oublié de l'auteur qu'il faut chercher les sources de son système futur. Schopenhauer reconnaît d'abord quatre formes essentielles de causalité qui régissent l'être, le devenir, le connaître, l'agir, et qu'il déclare réductibles aux quatre formes de la nécessité qui leur correspondent. Bien loin donc de nier la causalité, il paraît étendre beaucoup son empire et lui soumettre le monde entier de l'expérience sans en excepter nos actes mêmes. Rien n'est plus ingénieux que le mécanisme qu'il imagine pour lui soumettre ainsi tous nos actes; rien n'est plus utile que le tableau encyclopédique qu'il trace des sciences régies par ses lois depuis la géométrie jusqu'à l'histoire[1]. Mais au fond et dans la réalité, il ruine la notion de cause, et cela de trois manières : d'abord en ne lui accordant, comme son maître, qu'une valeur purement idéale et subjective; 2° en déclarant

---

1. Ce tableau des sciences régies par la loi de causalité se divise en deux grandes catégories : 1° les sciences pures et *a priori* comme la géométrie et la logique, et 2° les sciences empiriques ou *a posteriori*. Il classe ces dernières sous trois chefs :

1° Sciences de la causalité pure : A. générales : mécanique, hydrodynamique, physique et chimie; B. particulières : astronomie, minéralogie, géologie, technologie, pharmacie.

2° Sciences de l'irritabilité : A. générales : physiologie des plantes et des animaux d'après l'anatomie; B. particulières : zoologie, physiologie comparée, pathologie, thérapeutique.

3° Sciences des motifs : A. générales : éthique, psychologie; B. particulières : droit, histoire.

qu'elle est immanente au monde et non transcendante et 3° enfin, en l'assimilant toujours à la nécessité. Par la première, il détruit la raison ; par la seconde, il détruit Dieu ; par la troisième, il ruine la liberté humaine. Je dis que la source de ces grandes erreurs était dans la *Critique de la raison pure*, et je le prouve d'un mot.

Il y a deux manières de nier le principe de causalité : l'une, plus radicale et plus grossière, qui est celle des posivistes et de M. Taine, qui nient les causes, et disent : « il n'y a que des faits. » L'autre, infiniment plus fine et plus relevée, qui était celle de Kant et de Schopenhauer, qui disent : « La loi de causalité est dans le monde, elle l'ordonne et le façonne à son image, elle préside à toutes les sciences qui s'en occupent, mais aussi bien que l'espace et le temps, elle est purement idéale et subjective. Elle est d'ailleurs immanente au monde, elle ne lui est pas transcendante. Il est interdit de chercher la cause du monde, car la série n'a point de bout et l'enchaînement des termes y est nécessaire et fatal. »

Le principe de causalité, dans un tel système, est semblable au balai enchanté de la légende qui, une fois en branle, ne s'arrête plus et balaye tout devant lui. Tout lui est soumis dans le domaine entier de l'expérience, c'est-à-dire dans les limites de l'espace et du temps. C'est là son domaine où il règne en maître, et Schopenhauer lui dirait volontiers comme Neptune à Æole : *illa se jactet in aula*. Mais qu'il n'essaye point d'en sortir et de s'élever à la cause du monde en dehors du monde, car le principe de la raison suffisante et sa quadruple racine y plongent tout entiers. Tout y devient cause et effet à l'infini au sens de Hume : c'est une série sans terme premier ni dernier, dont aucune analyse ne saurait déterminer la fin, et dont les anneaux s'enchaînent nécessairement. Ainsi cette loi de causalité qui ne sort pas du domaine de l'expérience et qui est l'agent le plus efficace de réciprocité entre les phénomènes, se trouve égalée à la nécessité : et cet empire de la nécessité, égal à la causalité, s'étend sur tous nos actes et ne s'arrête pas même devant les libres et les contingents!

A cela les spiritualistes répondent trois choses ? 1° que le principe de causalité n'a pas qu'une valeur purement idéale et subjective; 2° que la cause est en dehors de la série et non pas enveloppée dans la série; 3° que la causalité ne se laisse point réduire à la nécessité, et par cette triple réponse, ils sauvent ou du moins ils cherchent à sauver la raison, Dieu et la liberté. Le principe de causalité n'est point purement idéal et subjectif et ne dépend pas uniquement de la constitution du cerveau; il n'est pas seulement la condition de la possibilité de toute expérience, et une forme de l'entendement, c'est aussi quelque chose de réel et d'objectif, et je n'en veux pour preuve que cette volonté même que Schopenhauer soustrait on ne sait pourquoi aux lois de la causalité, quand elle en est, suivant Maine de Biran et les psychologues les plus exacts, comme l'expression objective et réelle ; 2° la cause n'est pas dans la série, mais en dehors de la série, non immanente, mais transcendante : d'où je conclus que la cause du monde n'est pas comme le croient les panthéistes, identique à son essence, et qu'elle n'est pas non plus identique aux faits généraux, comme le prétendent les positivistes. Sans doute, et je le reconnais tout d'abord, les causes paraissent enveloppées dans les séries, et comme méthode, le postulat de Leibniz sur l'égalité de la cause et de l'effet est toujours vrai. On peut toujours raisonner sur l'effet comme sur la cause, et quand on a une série quelconque, comprendre le dernier terme dans la série. Mais s'ensuit-il, comme le soutient aujourd'hui certaine école, que les causes ne sont que la loi de la série ou du groupement des faits? Et de ce que le terme dernier peut toujours être compris dans nos raisonnements sur la série, s'ensuit-il qu'il fait partie de cette série, qu'il lui soit immanent, que les causes enfin ne soient pas en dehors d'elle, et qu'il n'y ait pas quelque chose de transcendental dans le concept de la causalité? Nullement, et je dirai aux positivistes satisfaits d'avoir égalé les causes aux faits généraux qu'ils prennent une adresse de calcul ou une fiction logique pour la vérité même ; 3° mais s'il est une erreur plus grave que de confondre les causes avec les faits et de déclarer que la cause du monde est immanente au monde, c'est celle qui ramène toujours fatalement la causalité à la nécessité. En effet, si la causalité est égalée à la nécessité, comme la causalité d'autre part régit le monde entier de l'expérience, il suit de là que tout, dans le monde des phénomènes, obéit fatalement à la nécessité et que nos actes mêmes sont régis par elle. Cet empire de la nécessité avait autrefois pour limites la contingence. Comprend-on ce qu'il y a de radical dans une révolution qui aurait pour effet de lui soumettre la contingence elle-même, et ce que deviendrait la liberté dans un tel système? Schopenhauer a tenté cette réduction hardie et je ne me dissimule pas ce qu'il y a de profond dans cette nouvelle analyse des contingents suivant laquelle il les ramène par la causalité à la nécessité, et découvre en eux, si je puis dire, le secret mécanisme qui les sollicite et les fait agir suivant la loi fatale. Mais encore un coup, que devient la liberté? que devient la notion même de cause libre?

La liberté! Ah! c'est ici que la subtilité merveilleuse de ces esprits métaphysiques se surpasse encore par d'incroyables raffinements. Schopenhauer, sentant bien que l'empire de la nécessité qu'il a fait égal à celui de la causalité et auquel il a soumis tous nos actes, ne lui laisse plus de place dans le monde de l'expérience interne, prétend nous élever au-dessus de ce monde, il nous déclare qu'il y a un monde transcendant, supérieur à la causalité, antérieur à l'acte, et que ce monde est la liberté, la liberté qui est un mystère suivant Malebranche! c'est-à-dire qu'après l'avoir exilée de notre planète, il la relègue au ciel, afin sans doute qu'elle soit plus impitoyablement violée sur cette terre et broyée par cette dure loi de la nécessité. Ainsi, l'essence de la liberté gît dans l'*être* et non dans l'*acte*. Ainsi notre *œuvre* est fatale, mais qu'importe si notre *être* est libre : théorie subtile et dangereuse qui a ses racines dans une métaphysique profonde et qui rappelle le combat entre la grâce et les œuvres de Luther et de Calvin : je le dis avec d'autant plus d'assurance que ce rapprochement entre la grâce et la liberté est fait par lui-même, et qu'il a plus qu'aucun autre scruté cette mystique théorie. Mais les erreurs décriées de ces grands hérésiarques sur la grâce et le salut ne sauraient justifier cette théorie métaphysique du double reproche de fatalisme et d'idéalisme que nous lui adressons en finissant.

Serait-ce donc là le dernier mot du kantisme et le résultat le plus certain de la philosophie de Schopenhauer d'ébranler Dieu, la raison, la liberté dans les esprits et peut-être dans les cœurs? Eh quoi? c'est à cela qu'a conduit cette grande réforme de la pensée par Kant, comparable seulement à la réforme de la conscience par Luther. J'entends parler autour de moi et j'ai moi-même en commençant, partagé cet espoir d'une métaphysique corrigée, châtiée et restaurée. La voilà, cette métaphysique dans les limites de l'expérience qui s'annonçait si bien et qui finit si mal! La métaphysique dans les limites de l'expérience, c'est-à-dire l'absence de toute métaphysique ! car il est bien clair que cette théorie idéaliste de la connaissance, que cet ébranlement de la notion de cause, que cette distinction de la *chose en soi* n'ont eu qu'un effet, celui de supprimer Dieu, la raison et la liberté, c'est-à-dire les grands objets de l'âme pour leur substituer les jeux de la fatalité et du néant. « Le nihilisme, a dit M. Cousin, devrait être le dernier mot de la philosophie de Kant, s'il était sincère. » Il l'est : Schopenhauer l'a prouvé.

Il est triste, pour cette philosophie, de penser que deux confusions de mots, deux amphibolies, dirait Kant, aient amené sa ruine : l'une est celle du mot : *représentation*, qui exprime tout à la fois l'objet représenté, et le sujet de la représentation, l'autre est celle du mot : *volonté*, qui signifie tout à la fois le désir de vivre et l'énergique effort d'une âme libre. Tout repose, en dernière analyse, sur cette double erreur qui se formule nettement dans ces deux phrases pour ainsi dire sacramentelles : « Le Monde est ma représentation » et « le Monde est Volonté. »

Toutefois et quelques bonnes raisons qu'on ait de les précipiter dans ces abîmes entr'ouverts sous leurs pas, Kant et Schopenhauer laissent encore une porte ouverte au dualisme et ne sauraient être confondus avec les philosophes unitaires de l'Allemagne moderne. Que n'a-t-on pas dit sur ce dualisme de Kant rétablissant en morale tout ce qu'il avait détruit par sa critique, et faisant passer sous le nom de la raison pratique tout ce qu'il avait ébranlé sous celui de la raison spéculative ?

C'est avec raison que M. Cousin reproche à l'auteur de la *Critique de la raison pure* l'inconséquence de sa doctrine morale, qui se déduit de sa métaphysique, et qui voudrait en éluder les conséquences. En effet, quand on ne distingue pas au fond entre les principes moraux et les principes intellectuels, et qu'on les fait dériver, comme le philosophe de Kœnigsberg, d'une même faculté, la raison, dont ils ne sont que des applications différentes sous les deux noms de *raison spéculative* et de *raison pratique*, il n'y a pas moyen de se soustraire aux arrêts de cette logique inexorable qui condamne le dogmatisme moral de Kant au nom de son scepticisme métaphysique. Et pourtant ce contraste lui-même n'est point sans grandeur : il a frappé M. Cousin qui appelle la *Critique de la raison pratique* le plus beau monument que le génie de l'homme ait élevé à la vertu. C'est qu'en effet, c'est un imposant spectacle que celui d'un génie puissant, qui, après avoir sapé jusque dans leurs fondements les plus fermes croyances du genre humain, s'arrête lui-même devant l'idée du devoir et de la moralité, comme devant un principe inébranlable à tous les efforts du scepticisme, resté seul debout au milieu des ruines de sa critique.

Mais ce spectacle serait plus beau et ce monument plus imposant encore, s'il ne s'élevait pas sur une base fausse et ne faisait pas reposer la morale sur un fondement purement rationnel. Car enfin, si le moral est identique à l'intellectuel et si tous deux se ramènent à des principes purement logiques, une logique inexorable refuse toute valeur à ce dogmatisme moral qui repose sur un scepticisme métaphysique. C'est là cette lacune du système de Kant que Schopenhauer a voulu remplir. C'est pour cela qu'il a entrepris cette belle analyse de la volonté, dont la thèse fondamentale est celle de la distinction entre la volonté et l'entendement, entre le moral et l'intellectuel. Schopenhauer, on le sait, n'accorde pas que l'un et l'autre soient identiques : il combat cette identité dans Gall et dans M. Flourens, il la combattrait aussi dans l'école de M. Cousin. Pour lui, la morale n'est point l'œuvre de la raison seulement, et la faculté morale n'en est pas une application ou un usage différent de son usage intellectuel. La substance morale de l'humanité, antérieure et supérieure à l'intelligence proprement dite, gît dans la volonté, c'est-à-dire dans cette sphère transcendante et dans ce monde métaphysique qui lui paraît seul réel et seul vrai. Voilà la part de vérité qui est contenue dans son œuvre.

Mais Schopenhauer creuse un abîme entre la raison et la volonté, il n'échappe pas à ce dualisme qu'on reproche à Kant. Il est dualiste au contraire alors même qu'il ne veut pas l'être, et jamais peut-être la lutte de l'*homo duplex* et ce misérable partage de la conscience tiraillée entre des tendances contraires ne s'est montrée sous des couleurs plus sombres. Il est dualiste en psychologie, où la distinction des deux vies devient la base de la science, il l'est dans sa morale où l'on sent je ne sais quel manichéisme latent qui éclate par la lutte des deux principes, l'un d'égoïsme et l'autre de renoncement, l'un qui est le mal et l'autre qui est le bien : il l'est dans sa métaphysique dont les deux hémisphères réunis sous ce titre : *Die Welt als Wille und Vorstellung*, sont deux mondes séparés, sans rapport possible et sans transition connue. Il l'est enfin dans l'ensemble de sa philosophie dont les tendances idéalistes n'empêchent pas qu'il n'ait aussi des tendances contraires, et qu'il n'essaye la conciliation de l'idéalisme avec le sensualisme, et celle plus difficile encore de Kant avec Cabanis.

Il y a deux erreurs également funestes en psychologie, c'est la séparation radicale et l'isolement absolu des facultés d'une part et la confusion non moins absolue de ces puissances entre elles ou avec les organes dont on en fait les fonctions. La vérité psychologique et physiologique au contraire c'est la distinction dans l'union. Si Schopenhauer eut toujours tenu compte de cette loi fondamentale de la psychologie comme de la physiologie, il ne fut point tombé dans certaines erreurs matérialistes qui déparent son système : il n'eut pas notamment sacrifié l'intelligence pour sauver la volonté. Cette loi, si belle dans ses applications, paraît lui avoir dicté l'idée fondamentale de son livre, celle du *Monde en tant qu'intelligence et volonté*. Quand il s'y tient, et qu'il se contente de distinguer sans séparer et isoler complétement, il en est éclairé, et il trouve les principales vérités qu'il a si bien mises en lumière, la distinction des deux vies de l'intelligence et de la volonté, celle de l'intuition et de l'abstraction, celle du moral et de l'intellectuel et leurs rapports. Les grandes pensées viennent du cœur, disent les simples, en cela d'accord avec le génie dont c'est la thèse fondamentale. Sans aller jusqu'à cet excès, peu dangereux d'ailleurs, lorsqu'il se borne à constater la source de l'inspiration impétueuse et forte qui porte et enveloppe sans les détruire la clarté et la liberté, Schopenhauer, par la place qu'il donne aux passions dans le centre de la vie organique et par sa thèse de la suprématie et de l'antériorité de ce fonds obscur de l'âme qu'il appelle du nom de volonté, prépare cette alliance nécessaire de l'intelligence et de la volonté, qui est la source la plus élevée de la morale. Il serait facile de suivre cette loi dans le détail de ses applications et de montrer qu'il lui doit toutes les vérités de sa psychologie, et cette tendance même que nous louons à la rapprocher sans cesse de la physiologie. Il ne se trompe et ne s'égare, que lorsqu'il s'en écarte, qu'il isole au lieu de distinguer, qu'il confond au lieu d'unir. La loi méconnue le trompe sur les rapports du physique et du moral, et sur l'action réciproque des passions, de la volonté et de l'intelligence, des passions qu'il rapporte à une seule vie, tandis qu'elles appartiennent aux deux, de la volonté qu'il isole trop complétement de l'intelligence, et de l'entendement enfin dont il fait un fruit du cerveau. Tant il est vrai qu'une psychologie incomplète et fausse est la source de toutes ses erreurs philosophiques et morales[1].

1. Le traité *Des facultés de l'âme*, par M Garnier, arrivé à une seconde édition, nous offre un modèle de cette psychologie délicate et toute française qui distingue sans séparer, et qui unit sans confondre. M. Garnier croit à *l'âme intelligente et volontaire* : cela est plus sûr que de considérer le *Monde en tant qu'Intelligence et Volonté*. Dans le premier cas, c'est un psychologue qui analyse patiemment l'âme humaine, dans le second c'est un métaphysicien qui cherche vainement à saisir la substance du monde et de la vie, la *chose en soi* de Kant. Tenons-nous donc à la psychologie, prodigieusement agrandie par Maine de Biran, et honorablement vengée par M. Cousin des attaques de Schelling. On trouvera dans les notes ingénieuses que le docteur Cerise a ajoutées à la dernière édition de Bichat la contre-partie de la thèse de ce grand anatomiste, si merveilleusement commentée par Schopenhauer, sur l'usage et le siège des passions.

CHAPITRE X.

CRITIQUE DE LA PHILOSOPHIE DE SCHOPENHAUER.

DEUXIÈME PARTIE.

L'HOMME ET SA MORALE.

La morale du panthéisme est connue : elle nous ôte Dieu, la liberté et l'immortalité. Elle les remplace par la catégorie de l'idéal, la nécessité du Destin, la grande thèse de l'idéalité de l'espace et du temps et l'absorption finale de l'individu dans le grand Tout. Le monde coule, comme une rivière, à travers certaines formules nécessaires et éternelles qui lui servent de rives. Il roule, comme un torrent, à travers les formes mobiles de l'espace et du temps sous l'aiguillon de la nécessité qui le presse : et déjà il a miné ses rives à ce point que ces formes nécessaires, éternelles, sont ébranlées à leur tour, comme ces terres trop remuées dont parle Bossuet. Kant croit arrêter le torrent qu'il a le premier déchaîné, en lui opposant les digues de sa morale, la loi impérieuse du devoir et les préceptes étroits d'une casuistique subtile. Hegel renverse ces digues impuissantes : il déclare que cet idéal est fini et dépassé pour toujours, que ce type de vie impossible ne saurait satisfaire les aspirations déçues des générations qui se poussent et se succèdent dans la vie : et il cherche dans l'antiquité grecque je ne sais quel type resplendissant de cette culture plus avancée qu'il rêve pour l'humanité. Les morales s'usent vite en Allemagne, et ce qu'elles filent en octobre n'est déjà plus en novembre sur ce métier bruyant du temps qui dévore tout. Schopenhauer a beau proclamer plus haut qu'aucun autre la nécessité de la morale, il contribue, plus que personne, à en ébranler le fondement. Plus de loi, plus de devoir, plus de morale impérative à l'en croire! Rien que la pitié du sage! C'est en vain, nous dit-il, que Kant qui a détrôné la théologie morale et la psychologie rationnelle, effrayé des ruines qui se font autour de lui, veut nous ramener par des détours et des abstractions à ce régime contre lequel protestera toujours la *critique de la raison pure*. Il nous montre la raison pratique impuissante à nous dicter des lois dont la raison pure a ruiné pour toujours l'autorité. Il oppose à cette restauration maladroite de 1798 les aveux du sceptique de 1781[1]; il prend acte de son fa-

---

1. 1781, date de la première édition de la *Critique*. 1798, date de la *Métaphysique des mœurs*. Voir la note B à la fin du volume sur la morale de Kant avec celle Schopenhauer.

talisme explicite, il lui conteste le droit d'arrêter le monde dans son cours : il le pousse enfin sur cette pente où Kant a glissé, et dont M. Cousin, dès 1830, prévoyait le terme, à savoir le nihilisme et l'athéisme.

L'athéisme, j'ose à peine prononcer ce mot, même après M. Cousin ; il semble devenu banal, comme les plus vulgaires insultes, et les subtils amis des nuances n'y voient qu'un préjugé brutal, athéisme étant, à les croire, synonyme de science indépendante. Mais il faut avoir le courage de ces banalités audacieuses, et redire une fois de plus à l'Allemagne de Kant, de Hegel et de Schopenhauer que la morale est impossible dans ces voies qui mènent à l'athéisme. Lorsque vous niez absolument toute cause première, lorsque vous abaissez la source morale au point d'en faire le simple dépôt et comme le réservoir des règles, lorsque ces principes de morale, innés suivant Leibniz, impératifs selon Kant, ne sont plus qu'une sorte de *topique transcendentale*, recueil de lieux communs philosophiques et moraux, bons pour les réthoriciens de la morale vulgaire, lorsque vous déracinez de l'âme la sainte vertu du devoir et la force vivifiante de l'amour, lorsque vous joignez à ce dédain de la morale commune un oubli de l'individu et un mépris de la personne humaine poussés jusqu'à la plus noire perversité comme en Orient, il n'y a pas de méthaphysique des mœurs, point d'éthique, point de mystique qui puissent tenir contre cet athéisme et ce panthéisme. Et de quel droit alors reprochez-vous à

Kant les conclusions pratiques de son œuvre? Kant a eu peur, dites-vous : hé bien! oui, Kant a eu peur : il a vu ces détestables conséquences; il a eu le pressentiment des maux et des ruines qui menaçaient l'Allemagne, et il a reculé : il s'est réfugié dans la morale, il a fait de ces principes moraux la règle universelle, absolue, de nos actes; et, fortifié par leur salutaire contrainte, il a dit cette belle parole : « Il y a deux choses dont l'admiration augmente sans cesse en moi, la vue du ciel étoilé au-dessus de ma tête, et la loi morale au dedans de moi! » Tant il est vrai que ces principes absolus, catégoriques et bien définis offriront toujours à la science des mœurs des bases plus sûres et plus solides que le désir d'une extase impossible et d'une idéale perfection.

Mais nous ne saurions oublier que l'homme est double, et que s'il n'y a qu'une morale, il y a du moins deux manières de juger l'homme et sa morale. Notre impartialité nous engage à les présenter ici toutes deux, et à montrer d'abord les deux hypothèses qu'on peut faire, et qu'on a faites à ce sujet.

D'après les uns, Schopenhauer est un philosophe sublime, un sage de l'Inde, un ascète convaincu, un héros enfin et peut-être un martyr de la vie désintéressée. Il a comme les brahmes dont il emprunte le langage et dont il rappelle la vie, senti le combat de la chair contre l'esprit et reconnu la vanité de la vie, et le néant de toutes choses, excepté la mort. De là sa retraite de trente années dans une solitude à peu près complète, ce dégoût du monde et tous ces traits enfin d'un grand méditatif. A cette heure de tristesse critique, où la plupart des hommes s'éteignent dans les sens, il s'est revêtu de force et il a fait régner en son âme cette sagesse paisible et lumineuse qui n'a plus ni illusion, ni espérance dans le sens ordinaire de ce mot. Il a vu la vie et il a reconnu qu'elle était mauvaise. Épris de l'idéal tout en ayant soif du réel, et ressentant au-dedans la lutte de la nature contre la grâce, de la φύσις contre l'ἦθος, il a apporté dans le monde un principe dont le germe est dans l'Évangile et dans les livres sacrés des Hindous, mais qu'il a développé et dont il a fait le fondement de sa morale. Ce principe, c'est celui de la résignation.

Sa morale, envisagée de ce point de vue, est sublime dans son exagération même. Ils y voient, ces partisans à outrance de l'éthique de Schopenhauer, le dernier effort d'une âme désabusée et qui, après avoir lutté contre le monde et contre la vie, finit par se résigner et attendre dans la quiétude et le repos. Il n'y a pas jusqu'à ce procédé mystique de mort anticipée dont nous serions tentés en France de lui faire presque un crime, qui n'ait séduit quelques généreux esprits de l'Allemagne, que fascine l'attrait du néant, et qui ne leur fasse l'effet d'un grand et noble principe de morale. Schopenhauer, à leurs yeux, représente dans notre Europe troublée par les aspirations insensées et sensuelles du socialisme le grand principe de la résignation. C'est la volonté égoïste et mauvaise transformée par le sacrifice et pliée par la règle des mœurs. C'est la conscience malheureuse et troublée de notre dix-neuvième siècle, qui cherche à éteindre en elle ces ardeurs inquiètes, et qui trouve dans la solitude, dans le renoncement au mariage et à la génération, dans l'ascétisme enfin le seul remède moral à tant de maux. On a cru même que cet exemple inouï de vertu philosophique devait prêter à l'art. Il a semblé que c'était une figure esthétique que celle de ce jeune homme résigné et convaincu qui, à l'âge où les hommes cherchent les faux biens avec avidité, avait tout sacrifié à cette vérité dont il fut le martyr à sa manière, de ce mystique du dix-neuvième siècle, tellement pénétré de la pensée du néant et de la grandeur de ces héros du monde moral qu'on appelle des saints, que les arts mêmes n'étaient à ses yeux qu'un apaisement de la volonté, qu'une préparation à l'extase et au sacrifice, qu'un mystique passage de l'art à la sainteté. Il a semblé qu'il y avait dans les épreuves d'une vie humble et dévouée, dans ses mystiques aspirations et ses sublimes tristesses le sujet d'une étude entièrement neuve, on y a vu une sorte de tragique d'un genre supérieur qui ne consiste pas uniquement dans la rhétorique des passions et dont nous n'avons pas même l'idée en France, celui qui est le grand et unique principe de morale suivant Schopenhauer : « Nier la vie, anéantir en soi la volonté ! » Et l'on a bâti sur cette donnée un roman métaphysique, dont le titre même est significatif :

Sturm und Compass, orage et boussole ! On y voit un jeune homme du nom d'Arthur (l'allusion est évidente), se consacrer au triomphe de la vérité, et s'encourager par ces paroles significatives : « Pour faire triompher ma doctrine, pour la transformer en une conviction qui ne s'impose pas seulement à l'esprit, mais qui touche aussi le cœur, j'aurai besoin d'un grand courage et d'une énergie peu commune. Il n'est pas douteux que la vérité ne soit dans le christianisme, ses symboles ne sont que le voile de la plus haute raison, et le *criterium* d'une philosophie est dans son accord avec l'Évangile. Mais c'est une vérité que peu d'hommes connaissent ; obscurcie qu'elle est par l'erreur et voilée par le dogme ; et ce ne sera pas trop de ma vie entière pour la leur communiquer par la plume et par la parole ! » Ainsi consacré au culte de la vérité, Arthur commence cette vie de lutte et de sacrifice qui ne trouvera sa récompense ici-bas que dans l'apaisement du désir et la quiétude de l'âme.

A mesure qu'il s'élève dans cette sereine contemplation de la vie, sa volonté s'apaise et une résignation qui n'a rien d'amer ni de triste, mais qu'adoucit une adorable mansuétude chrétienne succède à l'orage et l'oriente vers le but. A côté de lui et comme en regard, mais sur le second plan, l'auteur de *Sturm und Compass* a placé trois caractères d'hommes empruntés à trois conditions diverses, un ami d'université, un théologien et un artiste qui relèvent par leurs contrastes le caractère principal. Le premier, Albert de

Hoheneck, son camarade de Gœttingue (Bunsen y
avait étudié en même temps qu'Arthur Schopenhauer), nature ardente, mais mobile et passionnée,
suit d'abord la même voie, mais il manque de ce
sérieux dans la moralité, sans lequel toute recherche
de cette nature est vaine; il n'a pas l'orientation véritable et on le voit bientôt chanceler et tourner,
comme une girouette, à tous vents. La révolution
de 1848, qui a désorienté les âmes faibles et légères,
est l'événement qui sépare les deux amis et accuse
de plus en plus le contraste d'une haute moralité et
d'un ferme caractère avec l'irrésolution et les crises
d'une âme mobile et capricieuse. Les révolutions sont
la pierre de touche des esprits et des cœurs. On vit
alors la volonté inquiète, dont les ardeurs mal éteintes
se rallumaient en ces temps de crises, jeter des hommes
que l'on croyait sages dans les partis extrêmes et
leur faire commettre faute sur faute, tandis que l'intelligence affranchie de la volonté contemplait ces
orages avec calme, et prévoyait le dénoûment sans
dévier de la ligne qu'elle s'était tracée. C'est ainsi que,
dans une sphère plus humble mais non moins pure,
le jeune théologien que l'auteur a placé dans ce cadre, comme une image de la vie tranquille et un
exemple de ces vocations pieusement pastorales et
chrétiennement socialistes qui gardent encore des
élus, se livre pendant l'orage dans le sein de sa famille et sans sortir de sa modeste cure de village à
tous les devoirs de son ministère, et ne veut point

connaître d'autres controverses que celles sur le livre des Cantiques et sur l'utilité des missions, tandis que le peintre Robert, un de ces artistes insouciants, qui avaient d'abord cru certaine coquetterie permise avec la révolution, finit par rompre avec elle et nous offre dans son entourage, ses mœurs et son incurable légèreté, la satire piquante des travers de tout une classe de jeunes gens. Tel est ce roman, métaphysique et moral, mélange singulier de vie réelle et d'idéalisme transcendental qui ne se rencontre à ce point qu'en Allemagne et qui prête assurément à la critique. Mais ce que nous tenons à constater ici, c'est moins un succès, que des qualités réelles justifieraient d'ailleurs, qu'une tentative pour acclimater la morale d'Arthur Schopenhauer, et le sens tout nouveau que lui donne l'auteur de ce roman. A l'en croire, Schopenhauer serait un chrétien qui verrait dans la conformité de sa morale avec l'Évangile la certitude absolue et le *criterium* de la vérité. Cette résignation qu'il enseigne serait la mansuétude chrétienne, et sa vie, sans être celle d'un saint, peut cependant conduire à un idéal de sainteté. La sainteté de l'ascète et du contemplatif, comme elle est le dernier mot du christianisme, serait aussi le dernier mot de la philosophie et la consommation de la sagesse. L'ascétisme, le détachement progressif des sentiments qui nous relient au monde, voilà le but, tel serait l'idéal du philosophe de la résignation.

C'est une fiction permise aux romanciers et aux

poëtes d'orner leurs héros de toutes les vertus qu'ils ont et même de celles qu'ils n'ont pas : et je ne doute pas que l'auteur de *Sturm und Compass*, qu'on suppose être M. Linder de Berlin, n'ait épanché sa belle âme dans ce roman d'intime métaphysique. Il est si doux de transformer en chrétien résigné et convaincu ce Faust douteur et hardi qu'on appelle Schopenhauer. Mais le philosophe et le critique ont une autre tâche et d'autres devoirs. Ils doivent dissiper d'abord cette illusion étrange qui consisterait à expliquer par le christianisme ce qui doit s'expliquer précisément par l'absence de tout christianisme[1]. Ils ne peuvent contribuer à répandre une erreur aussi préjudiciable à la religion qu'à la philosophie. L'académie de Berlin l'a senti et elle a protesté par son vote contre une autre académie qui avait couronné la morale d'Arthur Schopenhauer.

Je ne voudrais pas jurer que le lauréat de l'académie de Berlin, M. Seydel, n'aille pas un peu loin dans cette exécution. Mais ce que j'affirme, c'est que la morale du christianisme n'a aucun rapport avec celle d'Arthur Schopenhauer. L'homme est souvent dupe des mots; et ceux de résignation et de sacrifice sont si beaux par eux-mêmes qu'ils peuvent aisément lui faire illusion. C'est pourquoi je tiens à dégager le débat d'une équivoque qui pourrait devenir funeste à la morale elle-même.

1. Voir la note B, à la fin du volume, sur les rapports de la morale de Schopenhauer avec celle de Kant.

La morale du christianisme n'a rien de commun avec ce sombre pessimisme oriental d'où on la dérive. C'est une erreur fondamentale de Schopenhauer de croire à cette filiation. Vous nous parlez de la morale chrétienne, dirai-je à cet esprit entier, sombre et farouche; et vous en parlez avec un certain mépris pour son état présent qui vous semble le résultat d'une transaction intéressée avec l'esprit du siècle. Le monachisme en grand, vu de haut, vous inspire de sombres réflexions sur la chute et le néant et de plus sombres tableaux de nos misères. Vous ne pouvez admettre ces sages tempéraments introduits par ce que vous appelez l'esprit bourgeois d'un Pelage ou d'un Channing, et vous nous déclarez que le christianisme est un produit de l'Inde qui s'est gâté sur sa route en Palestine! Vous affirmez cependant que sa morale est pessimiste, que le christianisme n'en connaît point d'autre et que c'est là sa principale force pour régénérer et sauver les âmes. En effet, c'est à l'Inde et au mysticisme raffiné du Bouddha qu'elle emprunte selon vous son culte de la douleur, et si vous daignez abaisser vos yeux sur l'Occident chrétien, c'est pour aller chercher dans des hérésies décriées je ne sais quel souffle de mort venu de l'Orient bouddhiste. Voilà selon vous les origines de la morale chrétienne. Et il s'ensuit que pour se régénérer et revivre, elle doit se replonger à sa source et reculer jusque dans l'Inde panthéiste. Nos vertus sont filles de l'Inde, vous l'avez dit, et votre morale en est la preuve.

Un des vices trop peu remarqués de la nature humaine, a dit un chrétien dont je suis heureux de pouvoir opposer la sagesse sereine et lumineuse à la sombre intensité de ces convictions fatalistes et pessimistes, c'est l'esprit de blasphème, cet esprit qui dénigre, qui voit noir, et qui parle noir. « Si vous avez la vie nouvelle, dit saint Paul, déposez l'aigre levain de la vieille forme.... L'homme alors cesse de voir en noir ce jardin de la terre, de blasphémer la vie et son auteur. Peu à peu il découvre l'immense beauté des choses et dans les biens présents la magnificence des promesses. » Voilà un commencement de réponse au pessimisme. Mais comme on peut encore le taxer d'optimisme, il en est une autre qui fera, je l'espère, cesser toute équivoque et dégagera le christianisme d'une solidarité qu'il n'a pas encourue. Je ne nie pas que cette grande doctrine ne repose en dernière analyse sur le dogme de la chute et de la dépravation originelles. Je sais ce qu'en pensait saint Augustin qui se représentait notre libre arbitre non pas comme frappé à mort, mais comme blessé depuis la chute; j'ai lu Malebranche qui va jusqu'à déclarer « que cette corruption était nécessaire pour embellir la cité future des esprits; et que ces sacrifices continuels par lesquels le vieil homme se détruit et s'anéantit, couvriront de grâces et de beautés, la substance spirituelle de l'homme nouveau. » Et Pascal, plus sceptique que Kant, (car il ne s'arrête point devant l'idée du droit, et de la morale naturelle), Pascal n'est-il pas un témoin de la misère de l'homme et de ces contrariétés étonnantes qui l'ont rendu pessimiste? Tous les mystiques, on pourrait dire tous les chrétiens, sont d'accord en ce point, et Schopenhauer a raison, s'ils l'oublient, de le leur rappeler. Mais de là à transformer, comme il le fait, le christianisme tout entier en une théorie pessimiste, radicalement pessimiste, et à dire que le pessimisme est une force, la plus grande qu'il y ait ici-bas, celle par laquelle le Christ a vaincu le monde, il y a un abîme et un malentendu que la définition même du mot dont il se sert fera cesser.

Il y a deux pessimismes, en effet, l'un qui ne croit pas à la bonté absolue de l'homme, mais qui travaille avec courage et charité à le rendre meilleur à travers les déceptions, les ironies et les mécomptes de tout genre dont une telle tâche est semée; l'autre qui n'est le plus souvent que le résultat d'aspirations déçues et de mécontentements cachés, qui, sans avoir combattu, déclare tout perdu, déserte la cause de la morale et du bien, et ne voit de remède à nos maux que le néant. Or si le premier est une doctrine très-forte et très-belle, qui a fondé sur ces principes vraiment moraux la société la plus énergique et la plus achevée malgré ses défaillances et ses misères, que le monde ait encore vue, l'autre qui s'inspire de l'Inde, c'est-à-dire d'une société vieillie et condamnée, est une doctrine dangereuse qui ne peut aboutir qu'au quiétisme aristocratique de quelques esprits

orgueilleux et sombres ou même conduire à l'athéisme.
La doctrine du péché qu'on invoque est bien plutôt
un argument en faveur de la bonté de Dieu qu'une
preuve de la méchanceté de l'homme : si l'homme
n'est que misère, Dieu n'est qu'amour! Ce n'est pas
la colère, ainsi que le croyait l'ancien monde, c'est
la pitié que Dieu éprouve pour le pécheur : ses bras
sont toujours ouverts : la foi n'est autre chose que la
confiance dans la miséricorde infinie de notre Père.
Notre Père! On peut dire que toute l'œuvre du Christ
a eu pour but de nous apprendre à prononcer ce mot.
Ainsi du haut de ce calvaire qui partage les deux
versants de l'histoire, mais qui unit les deux grandes
vérités du monde ancien et du monde moderne, on
peut dire qu'il n'y a plus d'optimisme, ni de pessimisme, ni grecs, ni bouddhistes : le christianisme
a depuis longtemps réuni ces extrêmes et marié le
pessimisme oriental avec l'optimisme grec. La vérité
ne s'appelle plus ni l'optimisme, ni le pessimisme, ni
Hegel, ni Schopenhauer. Elle est la divine fusion de ces
deux thèses, toutes deux absolues : elle reprend à
Hegel son idée du *progrès* qu'elle lui a donnée; mais
elle croit qu'il ne peut s'obtenir que par le sacrifice de
la volonté mauvaise et dépravée dont Schopenhauer
a mis à nu les plaies. Elle déclare avec lui toute
société malade, mais elle la croit guérissable, et elle
montre à ses détracteurs celle qu'elle a fondée sur
ces principes plus larges et plus vrais, et qu'elle
oppose avec un juste orgueil aux sociétés avilies de

l'Inde ou de la Chine. Schopenhauer se trompe quand il pousse les chrétiens avec une sorte de fanatisme cruel dans l'abîme qui a englouti les sectateurs du Bouddha. Il oublie les conditions mêmes de l'établissement du christianisme. Si dans ces premiers temps trop rapprochés de la croix pour que le sang d'un Dieu ne donnât point le vertige de la douleur à ces premiers chrétiens, la doctrine s'est assombrie, si quelques ascètes fuirent au désert, si la folie de la croix produisit l'ivresse et le délire mystique, à mesure que le monde reprenait son équilibre, et que l'arbre de la croix enfonçait ses racines dans une terre bien préparée, on vit renaître le calme avec la confiance en Dieu le père, et le christianisme se fit plus humain. Il se peut qu'aujourd'hui, comme l'en accuse Schopenhauer, il dégénère en un plat optimisme, et que les sociétés protestantes ne soient point exemptes de tiédeur et languissent dans une stérile abondance de livres d'édification, ou dans les liens d'une dogmatique surannée. Mais c'est un singulier moyen, c'est peut-être une sanglante ironie, pour hâter le réveil de l'esprit religieux au dix-neuvième siècle, de nous montrer la Trappe comme le seul refuge laissé au chrétien de nos jours, comme le seul phare allumé pendant la nuit que nous traversons, et de demander à une résignation impossible le grand principe de la morale.

La résignation est sans doute un admirable et mystérieux principe déposé par Dieu dans l'âme des saints et des martyrs. Elle fait même le fond du christianisme, en ce sens qu'il n'y a point de religion sans elle, et qu'elle s'allie avec le sentiment de la vénération qui constitue la religion de l'âme. Elle l'élève au-dessus des conditions ordinaires de la nature humaine, et surtout de la patience par force que connaissaient seuls les stoïciens. Mais elle suppose absolument la foi. Toute foi est un calmant, car toute foi est une espérance, et toute espérance rend patient. « Vivre, c'est attendre, » a dit admirablement Lamartine. Toute âme malade, découragée de la vie et dont les espérances d'immortalité sont voilées par le nuage de ses tristesses, est plongée dans la nuit; et la douleur la brise : elle n'est point morte toutefois tant qu'elle espère et qu'elle croit. Le cœur ajoute : « et qu'elle aime. » Car il faut aimer pour savoir se résigner et attendre.

Ainsi, cette admirable résignation chrétienne s'appuie sur les trois vertus inspirées, la foi, l'espérance et la charité; la foi, toujours héroïque comme aux époques où elle foulait les idoles par le pied des martyrs; l'espérance, doucement enlevée dans son vol vers la couronne qu'elle aperçoit dans les cieux; la charité, ardente à tous les sacrifices et joyeuse de se donner comme au premier jour. Si vous êtes chrétien, si votre morale est la morale chrétienne, si votre résignation enfin est digne de ce nom, conservez à la foi ses promesses d'immortalité, rendez à l'espérance ses ailes que vous lui avez coupées, pratiquez enfin la charité et le pur amour envers vos frères : car ce sont là les signes de la résignation du chrétien.

Où trouver rien de pareil dans la morale d'Arthur Schopenhauer? Sans doute si par résignation on entend la torpeur du fakir ou l'engourdissement du Nirvana, mille fois pire que l'impassibilité des stoïques et la constance ou l'inaltérabilité prétendue du sage de Sénèque, on en trouvera peut-être quelques traces dans ses écrits, d'où il vaudrait mieux qu'elle fût absente. Car la résignation dans le désespoir ne peut produire que la mort de l'âme et l'anéantissement du quiétisme. Mais si l'on entend cette vertu divine qui s'appuie sur des croyances, qui espère et qui aime, comment pourrait-il en être question chez un philosophe qui retranche du livre de Fichte sur la *destination de l'homme* tout le livre des *Croyances*, qui arrache les ailes à nos espérances et nous précipite avec lui dans l'abîme du désespoir? Et ce que je dis de la résignation, je le dis de toutes les vertus chrétiennes : dévouement, justice, amour des hommes.

Le dévouement ne saurait trouver place dans une telle morale. La raison l'exclut de celle de Kant, mais la volonté ne saurait s'y soumettre dans celle de Schopenhauer. Le dévouement ne consiste pas à ruiner le sujet même de la morale et à ne voir dans toute individualité humaine qu'une ombre et une pure apparence; car le dévouement est toujours d'âme à âme ou de personne à personne. L'idéalisme et le panthéisme, toutes les doctrines enfin qui ruinent la personnalité divine ou humaine, ont de ce point de vue une influence délétère sur l'âme de l'homme. Car en nous habituant à ne voir dans les êtres que des ombres vaines, et dans nos propres actes qu'une pure apparence, elles nous rendent affreusement sceptiques à l'égard du monde, et elles ôtent toute valeur à la personne humaine. Aussi je ne crains pas de dire, l'histoire de ces doctrines à la main, qu'elles ont ébranlé les bases de la conscience humaine, et substitué les apparences d'une vaine philanthropie au véritable amour des hommes.

Que nous importe l'ascétisme qui n'est souvent qu'un manteau d'orgueil et une voie d'anéantissement? Le philosophe de la volonté ne peut croire que ces ascètes de l'Inde, tant vantés aient compris le grand sens de la vie suivant le christianisme. Pour qu'il y ait dévouement dans le sens vrai de ce mot, il ne suffit pas de sacrifier son être physique et de le replonger par torpeur ou par martyre dans les abîmes du néant; il faut encore qu'en tombant il n'emporte pas avec lui l'être moral; il faut qu'il garde un retranchement de réserve contre ses assauts. Or l'être moral succombe s'il n'a point su garder sa personnalité. Qu'on ne parle donc point ici de mysticisme ni de christianisme, car plus notre impartialité a été grande, plus notre critique serait sévère et notre réponse décisive. Non, cette morale, qui repose en dernière analyse sur la base d'un athéisme vieux comme le monde et rajeuni sous les noms de panthéisme et de mysticisme oriental, ne saurait être le foyer où mûrissent les pures vertus et les grands dévouements. Non, cette morale n'est point chrétienne. Elle l'est d'autant moins qu'elle demande à l'Inde la confirmation de ses doctrines.

La morale du panthéisme a ses lois non moins inflexibles que l'autre. Il semble que, comme Tantale, condamné à mâcher dans le vide, elle ne puisse jamais atteindre ce précieux aliment moral dont la faim la dévore. Une main invisible, celle du grand Aristophane du ciel lui présente des fruits à l'aspect savoureux qui ne contiennent que cendre et poussière lorsqu'on les ouvre. Elle n'a que les formes vides de ces vertus dont elle a conservé les noms. Quand elle s'exalte jusqu'au dévouement et au martyre, c'est toujours avec cet esprit de sombre fanatisme dont on a dit qu'il était le père de tous les monstres. Le mirage du néant l'attire et la fascine. Affreusement sceptique à l'égard de l'homme et naïvement crédule pour tout ce que les poëtes ont chanté, elle n'a pour les hommes que duretés et mépris, mais elle éprouve pour les animaux des tendresses de frère ; elle verrait presque sans colère ces hécatombes humaines sacrifiées au démon de la plus cruelle barbarie, mais elle s'apitoie sur le *sang de ces divins blessés* qu'abat la hache du bûcheron dans nos forêts. Elle se refuse peut-être à nourrir le mendiant son voisin, mais elle a pour les loups et les chacals des tendresses de l'Inde. Elle voudrait, comme Werther, étreindre dans ses bras la nature, mais elle dédaigne ou elle oublie sa mère. Mystique et athée tout ensemble, mais d'un mysticisme quintessencié et raffiné où le Bouddha et non le Christ préside au funeste hymen de l'âme avec le néant, elle recule jusque dans l'Inde panthéiste pour y trouver des modèles de vie et des frères à aimer, comme si notre Europe n'offrait pas une assez digne matière à nos vertus. Et qu'on ne dise pas que parfois la pitié l'attendrit ; cette pitié même est une nouvelle insulte à l'homme, puisqu'elle lui préfère un chien et qu'elle s'attendrit sur le sort de l'insecte. Sans doute la sympathie est un étonnant, un mystérieux passage de nous-même dans un autre être, qui fait tomber les barrières de l'égoïsme, qui fait en quelque sorte le *moi* du *non-moi*, mais c'est à la condition qu'elle sera l'émule de la charité et non le véhicule du panthéisme, que nous sympathiserons d'abord avec nos frères, et non comme le fakir indien avec la tigresse affamée qui veut le dévorer et qu'il serait heureux de nourrir de sa chair. Si du moins l'amour venait adoucir et mitiger la cruelle alternative, la seule qu'elle nous laisse : « Nier la vie, anéantir en soi la volonté, ou bien s'affirmer dans l'égoïsme et se faire centre de l'univers ! » Mais non, l'amour n'a pour elle qu'un sens physique et n'est qu'un instinct : *Geschlectsliebe*. Ces mystiques d'un nouveau genre n'ont pas même la notion de l'amour !

Plus je médite sur cette morale étrange et renversée, plus je me figure en découvrir le principe caché aux antipodes du christianisme, dans une doctrine fausse sortie de la philosophie de Fichte, développée par Frédéric Schlegel, et dont l'histoire est étroitement mêlée non-seulement à celle de la raison, des lettres et des arts, mais aussi à l'état de la morale et de la vie privée en Allemagne. Je veux parler du *principe de l'ironie*. La note fondamentale en effet, celle qui domine et donne le ton à cette morale d'Arthur Schopenhauer, c'est l'ironie, une ironie tranchante et absolue comme celle de Faust et de Manfred. C'est l'ironie qui lui fait douter du grand sens de la vie et calomnier la nature humaine. C'est l'ironie qui lui fait reprendre la thèse de *Candide* enrichie d'arguments nouveaux, et qui lui dicte tant de sombres arrêts sur le but de ce monde et ce qu'il appelle le dénoûment de cette farce lugubre. C'est l'ironie encore qui le conduit, comme Hamlet, cet autre rêveur, dans les cimetières et lui fait interroger les tombes pour ravir aux morts leurs secrets. C'est l'ironie enfin qui tourne en amer sarcasme l'expression du regret et la prière commencée sur les lèvres, qui glace dans l'orgueil les larmes prêtes à couler et lui fait renoncer même à l'espoir d'une autre vie. Mais comme cette phase curieuse de la philosophie allemande moderne qui commence à Fichte et se termine à Schopenhauer est peu connue, je renvoie à un dernier chapitre la critique de ce principe, qui explique seul la morale du panthéisme dans ses désirs ambitieux et ses aspirations sans cesse déçues. Il y a quelque chose de plus triste peut-être que l'absence de morale, ce sont ces efforts impuissants pour en dissimuler le vide, où s'est consumée l'âme de tant de philosophes.

CHAPITRE XI.

DE L'ÉTAT DES MOEURS PHILOSOPHIQUES EN ALLEMAGNE.

La critique qui s'occupe des systèmes ne tient pas assez compte de leurs effets sur les mœurs. Il y a cependant une expression de la morale qui est le reflet même de la pensée dans les classes studieuses et les parties cultivées de la nation; qui les élève, les épure et les fortifie, lorsqu'elle est noble et élevée; qui les abaisse, les déprime et les corrompt, quand elle est basse et triviale; qui se traduit dans l'enseignement public à tous les degrés depuis les universités jusqu'aux moindres écoles et surtout dans l'éducation des hommes depuis le palais jusqu'à la chaumière. C'est là ce que j'appelle d'un nom, nouveau seulement par l'alliance des mots qui le composent, les *mœurs philosophiques* d'un pays. Les anciens, nos maîtres en toutes choses, avaient bien les *mœurs oratoires* pour signifier ces affections de l'âme, ces mouvements du corps et ce caractère enfin qui fait l'orateur. Pourquoi n'aurions-nous pas les *mœurs philosophiques* pour désigner ces grandes parties du tempérament philosophique qui fait les Descartes ou les Kant?

L'Allemagne a cru pouvoir se passer de ce tempérament moral qui n'est que le juste équilibre entre toutes les facultés de l'âme, principe de consistance immuable, suivant Bossuet, fruit de la sagesse pratique et germe de la vigoureuse santé intellectuelle de nos pères, et ce que Platon appelait déjà la véritable initiation à la philosophie. L'orgueilleuse philosophie qui enseignait l'athéisme et qui se riait de cette morale bourgeoise dont Socrate est l'inventeur[1], s'est moquée aussi de ce spiritualisme étroit qui cherchait à sauver du naufrage les vérités fondamentales sur Dieu et l'âme humaine. Elle a revendiqué l'indépendance absolue de la raison, l'affranchissement du joug de la morale et de la religion, la faculté pour l'artiste, pour le génie, comme on disait en Allemagne par un puéril abus du langage, de se conduire à sa guise, de ne consulter que son caprice, de vivre en virtuose de la génialité divine. Elle a été dans cette voie jusqu'à professer le mépris le plus complet de l'acte et le pouvoir surhumain de changer et d'anéantir à son gré ces vaines apparences de la

---

[1]. Hegel.

réalité auxquelles le Moi créateur ne saurait s'associer. Sous l'influence de ce principe, une singulière théorie du génie s'est développée qui paraissait d'abord ne devoir être qu'un amusant badinage, mais dont on a bientôt fait la loi d'une nouvelle poétique : théorie énervante et fausse, d'après laquelle le génie, isolé, sceptique, sombre et rêveur, fait bande à part dans la société nouvelle, ne reconnaît ni les lois ni les êtres et s'empare de ce monde pour en faire le théâtre de ses amusements lugubres.

Mais de tristes expériences ont prouvé à l'Allemagne qu'elle s'était trompée. Il n'y a pas plus de grand philosophe qu'il n'y a de grand orateur sans les mœurs, τά ἤθη. Je parle des mœurs prises dans ce sens philosophique et élevé que je viens de dire et que les Grecs ont connu. Dépourvus de la règle des mœurs et du frein des croyances, les hommes pensent et agissent comme les orateurs parlent, quand ils n'ont ni le rhythme ni la mesure. Le néant des choses finies, la misère de l'homme, la crainte même de ce mystérieux pouvoir qui se rit de nos luttes, de nos joies et de nos douleurs ne suffisent pas pour faire des philosophes. La soif de l'infini ne diffère pas essentiellement de la soif du néant, quand elle n'a pas, pour calmer ses ardeurs, la rude discipline des croyances, à laquelle Fichte lui-même sentait le besoin de soumettre l'homme. Le désir du changement que cette soif augmente, le besoin de revêtir des formes nouvelles, de perdre la conscience du présent et de briser l'enveloppe fragile du corps peuvent conduire au suicide, s'ils ne sont plus que le dogme de l'expiation retournée. La loi de l'épreuve et du sacrifice elle-même, loi sublime, peut exalter l'homme jusqu'à cette perversion étrange de l'anéantissement physique ou moral, et se retourner contre lui, comme toutes les lois faussées qui sont la source de tous les crimes. Ce mépris de la vie réelle et de la morale bourgeoise, cette conscience de sa supériorité que ressent le génie, ce besoin de fouler aux pieds les préjugés vulgaires, de se réfugier dans son indépendance, de se moquer des pauvres esprits bornés qui prennent leurs actes au sérieux, enfin ce mal étrange qu'un spirituel critique a si bien appelé « le malaise de la réalité, » est une tendance fausse qui n'a bien souvent fait qu'engendrer la tristesse, la folie, le doute. La croyance « à cette partie de la force qui veut toujours le mal et fait toujours le bien » est mauvaise, si elle n'est que l'optimisme présomptueux de l'orgueil et non l'amour confiant en la providence. « La sublime enfance du génie » peut dégénérer en trivialités indignes d'un homme et la théorie « de l'art pour l'art » conduire au fléau de « la vie d'artiste » et à ses incroyables platitudes. La pitié, l'amour, la résignation, le dévouement, les vertus les plus sublimes peuvent n'être que mépris, haine, égoïsme, orgueil, si le principe en est faussé.

Malheur à la connaissance dépourvue de la règle des mœurs et du frein des croyances! Combien j'en ai connu, en Allemagne et hors d'Allemagne, de ces victimes de l'idéalisme chez lesquelles la vie de pensée étouffe la vie d'action. C'est une race à part qui ne croit plus à la liberté humaine, et que tout prédispose à être victime de l'absolu. Le spectacle de la nature ne réveille en eux que le lourd esclavage des sens et l'idée d'une force infinie universellement répandue parmi les êtres qui se venge et les dompte. Leurs révoltes sont ridicules, n'étant jamais suivies d'effets. Leur subtilité les empêche d'agir, ils approfondissent l'acte, creusent au-dessous, en analysent les plus petits détails, mais ils n'agissent point, ou bien s'ils agissent, leur acte est misérable, et ils ont bien raison de le regarder comme une vaine apparence. La puissance de l'idée est chez eux sans contrôle et les rend monomanes. Du jour où l'homme se laisse envahir par la préoccupation transcendante de la mort ou de l'immortalité, de l'être ou du néant, il sort par la force de l'abstraction du domaine de la vie réelle et de la sphère de l'activité terrestre pour nourrir une pensée solitaire et il devient un grand contemplatif, un voyant ou un fou. Car les extrêmes se touchent : et l'écueil du mysticisme est la folie.

La tristesse, l'ironie, le doute, sont les suites nécessaires de cet état des âmes : mais une douleur ambitieuse dont l'expression même est excessive, tristesse de l'esprit bien plus que du cœur, l'orgueilleuse et insolente moquerie, le rire satanique, triste enfant du doute qui trop souvent cache le désespoir et la mort, et l'ironie cruelle et retournée, qui devient Dieu, frappe, anéantit, dévore les systèmes, et finit par se dévorer elle-même.

La littérature, née de ce marasme, ne pouvait être qu'une littérature délétère et subtile, une sorte de poison âcre et corrosif qui attaquait l'homme jusque dans ses moelles. En effet, à l'époque où les âmes exténuées par la philosophie du moi cherchaient à en sortir à tout prix par la fièvre, par la torpeur, par le rêve, on vit naître la littérature romantique, comme ces plantes des tropiques, splendidement colorées, fantastiques orchidées, filles aimées de la fièvre, suspendues aux troncs d'arbres immenses, qui se délectent et se baignent dans les miasmes putrides, boivent la mort qui fait leur vie. Cette littérature des contrastes dont je ne nie pas les mérites spéciaux, n'a donné à la philosophie que la *symbolique du rêve* et l'*esthétique du laid*[1]. Elle a été surtout féconde en tentatives de restaurations impossibles qui ne méritent même plus le regard de la critique : renaissance du mysticisme de Jacques Bœhme, du néoplatonisme alexandrin, du spinozisme enfin, suivie de vains essais de philosophie religieuse et mythique, pure fantasmagorie d'idées qui n'a pas laissé plus de traces que le sillage du vaisseau sur les mers. Elle n'a développé dans les arts qu'un principe, celui de l'ironie retournée : « Ignorez-vous, disait Schelling

---

1. Schubert et Rosenkranz.

qui fut longtemps le dieu du romantisme, que Dieu est un génie qui ne craint pas de se donner les apparences de l'absurde dans ses œuvres, qui se cache, qui se dissimule et met à se cacher toutes les ressources de son art. Connaître cette profonde ironie n'est pas l'affaire de tous. » La sauvage école d'Iéna, qui avait commencé par rugir comme une lionne en courroux, finit par roucouler doucement avec les tourterelles. C'est ainsi que cette période tourmentée et agitée des lettres allemandes s'éteignit dans la fadeur et la manière.

La philosophie ne pouvait que souffrir de ce contact. L'âcre dissolvant des mœurs et ce parfum de mort qui s'en exhale agissaient à son insu sur la philosophie moderne en Allemagne. La vie était attaquée dans ses sources vives. L'âme, détachée de sa racine, était retournée contre son principe. La raison, isolée de son centre, n'était plus que ce foyer de lumière sèche dont parle Bacon. Une sensibilité maladive avait gagné ce fond de l'âme, centre implicite de lueurs confuses et de vagues désirs. Il faut lire dans la *Lucinde* de Frédéric Schlegel, ces fantaisies délirantes de l'amour sensuel, ces hymnes arbitraires au repos, à l'oisiveté et ces contrastes heurtés qui nous font passer en un moment de l'activité la plus sublime à l'inertie de la plante. Il faut voir Schleiermacher, le bizarre théologien de l'amour, en révéler les mystères à sa fiancée ; il faut entendre Solger, le disciple et l'ami de Schelling, en promulguer l'étrange poétique pour se faire une idée de l'état de surexcitation mystique et d'exaspération romantique auquel la philosophie de Fichte avait conduit ses disciples. Ce n'était point d'ailleurs une pure folie ou une coupable extravagance. Il y avait là une dissonance profonde qui résultait de la lutte entre la chair et l'esprit et qui produisait ces contrastes: Ils se vengeaient de la douleur par l'irruption d'une jovialité intempestive et cherchaient à échapper à la réalité par le rêve. La folie de l'amour mystique de F. Schlegel, l'ironie divine et retournée de Solger et les vagues aspirations de Novalis attestaient ce malaise. Un grand sentiment de l'infini, faussé dans ses applications, était au fond des âmes. Le néant des choses humaines et du moi, le mépris de la réalité, la soif de l'idéal enfin, dévorait déjà d'une lente consomption la philosophie allemande moderne.

Quelle leçon pour l'orgueil de l'homme et surtout pour les prétentions ambitieuses de cette philosophie ! Il semble vraiment que l'ironie étendue à tout, divinisée même par quelques-uns, s'attache à elle comme la Némésis antique et la dévore. Suivez ce lamentable progrès dans la philosophie allemande depuis Kant et voyez la cruelle et persistante ironie. « Voici un philosophe qui s'est donné pour mission d'introduire dans la science un esprit de réserve et de rigueur jusqu'alors inconnu. Les affirmations absolues lui paraissent suspectes touchant les objets les plus familiers, du moment qu'on peut craindre que l'homme ne confonde les lois de sa nature avec la vérité des choses. » Mais arrivé au terme et se sentant pressé d'affirmer l'existence de cet être mystérieux dont il avait plus que personne ébranlé l'existence, il lui suffit de cette raison que l'homme ne peut s'en passer ! Ironie, triste ironie qui se retourne contre le sceptique de la raison pure. Fichte replace le drame dans la conscience humaine : ce n'est plus d'une contrainte extérieure que l'homme dépend, c'est de lui-même. Le monde extérieur n'est qu'une ombre nécessaire au tableau de la conscience. L'homme tire tout de son propre fond, législation, morale, droit, science, art, poésie, religion même. Ce moi dont il a fait son Dieu est bien grand : il aspire au gouvernement du monde, à l'ordre universel. Mais ce moi sublime est aux prises avec lui-même : il a beau dépasser les limites de la nature et du non-moi, il ne peut briser celles de sa propre individualité et il arrive à la triste conviction qu'il y a deux moi : le moi sublime et le moi inférieur et borné, le moi fantôme de l'absolu et celui que Xavier de Maistre appelle si bien l'*autre*, qui fait sentir sa présence par ses révoltes et par ses luttes. Ironie profonde, ironie cruelle dont l'école de Fichte a vivement ressenti les atteintes.

Si la révolte du moi, son orgueil, ses combats, son néant nous révèlent le principe de l'ironie dans la philosophie de Fichte, nous le retrouvons au pôle opposé de la philosophie allemande avec Schelling dans l'objectivité triomphante du principe contraire au moi qui revient vainqueur de la personne humaine : Schelling est, comme Fichte, sous l'influence d'un principe d'ironie; seulement dans Fichte c'est l'ironie qui de l'homme monte à Dieu, tandis que dans Schelling, elle redescend de Dieu sur l'homme; Fichte exalte le moi qu'il élève jusqu'aux nues, Schelling anéantit le créé pour faire apparaître l'infini; Fichte se contente de son moi, fantôme d'absolu, Schelling poursuit le fantôme divin de noblesse, de grandeur et de raison, à travers la nature, l'histoire et l'art. Le drame n'est pas moins beau, mais il est tout aussi triste. L'homme s'efface, il s'anéantit devant le grand être mystérieux et incompréhensible, qui fait entendre sa voix dans l'histoire. L'art n'est plus qu'un champ de bataille où le terrestre et le divin s'anéantissent tour à tour et produisent le comique ou le tragique absolu. L'ironie divine, l'ironie retournée, plane seule sur la scène où passent et repassent les fantômes divins. L'affaissement de la personnalité est visible dans les conceptions romantiques : la nullité de ces œuvres provoque l'éclat de rire inextinguible de Schopenhauer.

Voici un homme qui semble s'être donné mission de rétablir la pensée dans toute sa force. Il est l'auteur d'une philosophie de la volonté. Il considère tour à tour le monde comme intelligence et comme vouloir, et il conclut que l'essence du monde, que sa force fondamentale, c'est la volonté. Seule, elle est au-dessus de l'espace et du temps. Seule, elle est l'élément métaphysique par excellence, le germe de la durée du monde, le cœur et la substance morale de l'humanité. Mais ce serait mal connaître l'esprit de la spéculation allemande et cette ironie retournée qui en fait le fond que de croire qu'il va s'y tenir. Il n'a donc élevé la volonté si haut que pour la faire disparaître. Il en fait la matière même du sacrifice. Sa morale, nous l'avons vu, est une cruelle ironie contre la nature humaine. Le néant des choses finies, la misère de l'homme et ce mystérieux pouvoir qui se rit de nos luttes, de nos joies et de nos douleurs, voilà le fond de sa philosophie. Le philosophe de la volonté finit par prêcher le retour au néant dans des termes empruntés aux mystiques. Y eut-il jamais une plus cruelle et plus persistante ironie?

En voyant tout ce travail accompli en pure perte, cette avalanche des systèmes qui tombent les uns sur les autres, et cet incomparable effort d'esprit qui aboutit au nihilisme de Foë, c'est-à-dire à une forme d'erreur que le discours peut à peine représenter, tant elle offre de vague, d'indécis et de négatif, on en arrive à se demander si cette Allemagne, qu'un lieu commun presque universellement répandu nous représente comme la véritable patrie de la philosophie, n'en serait pas plutôt le tombeau, et l'on se prend à douter, malgré le préjugé contraire, des qualités philosophiques d'un peuple qui pousse toutes les idées à l'exagération la plus notoire, que l'absurde n'épouvante plus et chez lequel on retrouve toutes les erreurs.

Il ne faut pas croire en effet que la philosophie consiste uniquement dans la faculté creuse de l'abstraction ou je ne sais quel amour de l'hypothèse. Il y faut d'autres parties et des mérites plus solides. L'imagination même ne suffit pas. La race germanique, que nous voyons toujours à travers les nuages brillants de Mme de Staël, paraît peu propre à la philosophie. L'Allemand tendre, imaginatif, rêveur, portant une sorte de bravoure intempestive dans la science, l'âme ouverte à toutes les illusions, est facilement dupe de l'apparence des mots, et très-susceptible de tout ce que celui-ci exprime : *Schwärmerei*. Son inconsistance est extrême; sa légèreté d'esprit, sous une apparence sérieuse, inconcevable. Son particularisme excessif le livre à toutes les illusions du sens propre, l'isole dans la spéculation et l'éloigne du but. La sensualité épaisse et niaise sera toujours un obstacle à la lumière[1]. Cette race, qui a le germe de toutes les poésies, ne s'est pas encore affranchie des sens et ne rentre pas du dehors au dedans. La condition vraie, ce que Platon appelait le côté moral du procédé dialectique, lui manque généralement. Hegel a beaucoup fait pour le lui ôter. Les mœurs philosophiques ne se sont point sensiblement relevées depuis lui. Il y a dans la vie allemande des universités une étrange odeur de bière

---

1. C'est une fine remarque de Heine dans son *Allemagne*, en réponse à celle plus idéalisée de Mme de Staël.

et de vin à travers laquelle s'évapore tout parfum de l'âme et contre laquelle Schopenhauer a lutté, mais en vain. Les deux qualités fondamentales, le respect, la dignité manquent. On y est toujours entre le rire et les larmes, entre l'irruption d'une jovialité intempestive ou les nuages d'une profonde mélancolie qui produit l'*humour*, mot intraduisible, car la chose nous manque. Mais cette philosophie pleine, résultat d'un regard de l'esprit sur lui-même et qui n'est que le rappel de la pensée au dedans, leur fait à peu près complétement défaut, et quand ils ont voulu s'y livrer, elle a produit sur ces natures sauvages les étranges aberrations que j'ai décrites. Ce sont toujours les blonds et gras Germains de Tacite dont Ozanam disait : « Le christianisme n'exigea point de ces populations, encore toutes frémissantes de fureurs et de voluptés, tout ce qu'il devait demander à des temps meilleurs. Ils portaient le sentiment de l'indépendance jusqu'à l'horreur du devoir, et quand ils se dévouaient à un chef, c'était pour satisfaire sous sa conduite ce besoin qui les dévorait de combattre et de détruire. »

J'écris les yeux fixés sur le philosophe antique, tel que nous le représente un marbre immortel. Quel chef-d'œuvre ! quelle noble raison ! Dans sa forme, dans ses mouvements, combien il est achevé et admirable ! Une draperie sobre et sévère indique fermement les contours de son corps. La sobriété du geste, la majesté du front, la noblesse du maintien, la grandeur calme et recueillie de l'attitude, tout exprime la dignité des mœurs et le respect de la personne, tout nous dit: Voilà le philosophe ! Mais lorsque je compare ce brillant modèle de l'art grec, ce type normal de la sagesse antique aux œuvres sans dignité de celui qu'on a appelé le premier philosophe de l'Allemagne et que Schopenhauer appelle un Caliban intellectuel, je suis effrayé de la distance qui nous sépare. Quelle trivialité ! quelle platitude et quelle insignifiance ! quels contrastes violents et heurtés ! quels retours imprévus de l'instinct physique ! quelles fantaisies excessives et énormes ! et, pour tout dire enfin, quelle mauvaise école de philosophie !

Et qu'on ne dise pas, pour essayer de pallier les torts d'une époque qui s'éloigne chaque jour de plus en plus, que la philosophie n'est plus aujourd'hui, comme autrefois, maîtresse de la vie : *philosophia vitæ magistra*, qu'elle n'a pas charge d'âmes. Je connais cette doctrine commode du *laissez faire* et du *laissez passer*. La philosophie, d'après ce point de vue, éloignée de la foule et dénuée du charme de la poésie, peut tout se permettre et tout oser. Elle se tient dans des sphères trop élevées pour que le profane vulgaire ait la prétention de l'y suivre. Ses libres spéculations sur Dieu, sur l'homme et sur le néant, n'ont pas plus de rapports avec la conduite de la vie et l'éducation des hommes que les analyses du physicien ou les recherches du savant. Erreur profonde et dont il faut soigneusement préserver les esprits ! La philosophie bonne ou mauvaise, est aujourd'hui, une littérature un peu plus élevée que l'autre, mais qui a, comme elle, ses racines dans la vie d'un peuple et qui ne s'isole plus de son action totale. Elle s'insinue partout au contraire, elle s'infiltre dans les mœurs, elle laisse partout une trace profonde de son passage. Jamais à aucune époque la solidarité intellectuelle ne fut plus grande entre les hommes et entre les peuples. Ce que chaque homme pense, il le pense pour la masse, et les formes mêmes de la pensée se multiplient pour la répandre encore. Le roman philosophique dont les destinées furent non moins fatales que brillantes, c'est l'histoire des idées descendues sous forme de sentiments dans les mœurs, dans la famille, assises au foyer de chacun de nous et murmurant à nos oreilles des paroles de vie ou de mort. Le drame métaphysique, ce genre nouveau dont le Faust restera la personnification la plus complète, fait apparaître sur la scène les principes mêmes de la philosophie allemande : la Fatalité, la Mort, le Néant. Les arts eux-mêmes popularisent les idées et combattent pour ou contre le triomphe des principes. C'est ainsi que tout nous parle de philosophie, que l'air même que nous respirons en est imprégné, et qu'il importe de savoir si celle qui domine en un temps et en un lieu est bonne ou mauvaise.

Envisagée de ce point de vue, la philosophie allemande moderne ne soutient pas l'examen d'une critique impartiale. Elle manque de dignité et de mesure, qualités fondamentales de la philosophie grecque, sans lesquelles on peut étonner les contemporains par des illuminations vives et des divinations étranges, mais on n'est pas philosophe. Elle manque presque également de morale et de psychologie, parties essentielles, nécessaires de toute philosophie vraiment digne de ce nom, qui sont le frein de la spéculation et l'empêchent seules de s'emporter vers des systèmes abstraits et hypothétiques, d'une grandeur douteuse et d'une originalité plus apparente que réelle. Elle manque enfin d'art et de méthode, car on ne saurait confondre sous ce même nom d'art la sereine beauté des formes classiques et l'esthétique ambitieuse du romantisme allemand, de même qu'on ne peut donner tout à la fois le nom de méthode au procédé sévère de Descartes et à l'intuition intellectuelle de Schelling. Aussi cette philosophie n'a-t-elle produit qu'une littérature énervante et fausse, un art factice, une exégèse impossible, une rhétorique ambitieuse et une critique conjecturale. Il faut un autre aliment à la pensée, et un pain plus fortifiant pour nourrir l'âme humaine.

L'Allemagne semble, d'ailleurs, surtout depuis quelques années, vouloir rentrer dans les voies de la critique sérieuse, je le dis moins en pensant à celle que Hegel a fait subir au principe de l'ironie, qu'à la consciencieuse histoire que M. Schmidt a tout récemment composée. Son livre, c'est lui-même qui le dit dans sa seconde préface, est une protestation contre l'effet désastreux de ces fausses tendances sur la vie des Allemands, un effort pour redresser ces erreurs et une déclaration de principes. Il vient, nous dit-il, et cela sans emphase, réconcilier l'idéal et le réel, ces deux frères ennemis de la littérature, et il propose, après tant d'aventures et de folies, de revenir chez soi, c'est-à-dire au bon sens, *der gesunde Menschenverstand*, qu'il compare, sous son expression de raison générale et commune, au chœur de la tragédie antique. En effet, du temps de Gœthe et de Schiller, les virtuoses de la génialité divine étaient maîtres du champ, et ils établirent trop souvent leur supériorité par des passes d'armes brillantes ou des farces de génie dont la pauvre raison commune était le plastron. Bafouée, vaincue, la raison commune se laissa faire. Un moment même elle crut avoir tort, et, ce qui est impardonnable, elle renonça à ce noble métier du chœur antique, qui, aux orages de la colère ou aux flèches acérées de l'esprit, faisait succéder le calme et la sérénité d'une sagesse bourgeoise, telle qu'on pouvait en ramasser les fragments épars dans les rues d'Athènes. Heureux pays, où le bon sens s'élève par la sérénité jusqu'au lyrisme, où la sagesse lumineuse et sereine, se déploie sur le ciel de la Grèce, comme une voile sur la mer Égée!

En Allemagne, les choses se passèrent autrement. La philosophie se permettait d'étranges écarts et la résignation du public paraissait à toute épreuve. Qu'est-il arrivé? Précisément le contraire de ce qu'on aurait pu croire. Le niveau de la *vie d'artiste* s'est abaissé et celui de la raison de tous a monté par la force même des choses. Aujourd'hui, ces virtuoses si brillants, si capricieux, si fantasques, sous peine d'être déclassés et vulgaires, vont demander un asile à leur intime ennemi, le bon sens, et l'on dit même, mais j'en crois à peine ce mauvais bruit, qu'un piétisme ignare envahit ces écoles autrefois si superbes. La philosophie traverserait donc en Allemagne, dans cette période de marasme et de deuil, une des phases les plus curieuses de son invisible existence. Le principe de l'ironie, qui y fut manié avec une déplorable facilité, se retournerait contre elle. Ces hommes incompris, ces hommes déclassés, ces niveleurs acharnés, seraient nivelés à leur tour, incompris et déclassés aussi, mais dans le plus triste sens du mot. La société les punissant par le châtiment le plus simple et leur opposant de toutes parts ses barrières, ils ne songeraient plus qu'à rentrer dans son sein après avoir été si fiers d'en sortir. C'est ainsi que le spiritualisme chrétien, par un invincible attrait, soutient ou relève ceux mêmes qui niaient son action. Ils ont beau lutter, le courant plus fort les entraîne avec lui; ils vous diront qu'ils le remontent, mais ils le suivent.

NOTES ET ÉCLAIRCISSEMENTS.

NOTE A.

SUR BICHAT.

Bichat, admirable comme anatomiste, n'avait pu se soustraire à l'influence, alors dominante, de la philosophie de Cabanis. Il ne faut donc pas accepter sans contrôle ses théories sur la vie et sur la mort. Il ne fit, nous dit le docteur Cerise, qu'adopter la doctrine que Cabanis avait développée dans ses mémoires sur les *Rapports du physique et du moral*.

Bichat, que l'on a cru pouvoir ranger tantôt dans le camp des animistes et de Stahl, et tantôt dans celui de Barthez, dont il s'éloigne essentiellement, a *matérialisé* la vie, en ce sens que, distinguant dans les êtres animés deux sortes de propriétés : les unes inhérentes à la matière, les autres essentiellement vitales, il rattache certaines propriétés à la matière. Mais il a surtout *matérialisé* la mort en réduisant les phénomènes vitaux à des propriétés des tissus, et en voyant toujours le point de départ de la mort, soit par le cœur, soit par le poumon, soit par le cerveau, dans une lésion anatomique des solides ou des liquides. On voit mieux maintenant ce qu'il faut penser de la célèbre proposition : « Tout ce qui est relatif aux passions appartient à la vie organique; » proposition dont Leibniz eût dit qu'elle est vraie, par ce qu'elle affirme, et fausse, par ce qu'elle nie, et qui, conçue en ces termes absolus, a toujours paru inexacte et erronée. La vérité est que les passions appartiennent aux deux vies animale et organique, parce qu'elles réclament le concours de l'émotion, trouble purement organique ou viscéral, et de l'idée, acte à la fois spirituel et organique, ou psycho-cérébral. Une psychologie incomplète était encore ici la source de cette séparation beaucoup trop radicale et absolue. Une psychologie non moins incomplète a fait que, pour lui répondre et le réfuter, on a cru devoir confondre ce qu'il avait distingué. Séparation trop absolue d'une part, et de l'autre, confusion trop évidente.

Schopenhauer, qui donnait une adhésion sans réserve à la théorie de Bichat, et qui l'a accompagnée d'un commentaire philosophique si curieux, partageait en ce point son matérialisme anatomique. L'influence de Cabanis n'avait pas été moins vive sur le philosophe que sur le physiologiste. Frauenstädt a remarqué dans ses lettres que Schopenhauer a certains points communs avec la nouvelle école matérialiste allemande, celle de Moleschott, Liebig, Mulder et Vogt. Pour lui, comme pour tous les partisans de l'organicisme, un homme qui pense sans cerveau est aussi impossible qu'un homme qui digère sans estomac. Il insiste longuement sur l'hérédité des facultés intellectuelles et morales, et, dans son petit traité de la *Volonté dans la Nature — Ueber den Willen in der Natur*, il se rapproche beaucoup des matérialistes allemands.

Mais il s'en distingue profondément par trois idées essentielles : l'idée qu'il se fait de la matière, son vitalisme, et surtout celle d'une finalité dans la nature. La matière, à ses yeux, n'est que de la force; la force vitale est le principe de la matière, et cette force vitale a un but. Sa philosophie de la volonté ne serait de ce point de vue que le vitalisme perfectionné, agrandi et plus philosophiquement traité.

NOTE B.

SUR LES RAPPORTS DE LA MORALE DE KANT AVEC CELLE DE SCHOPENHAUER.

La morale de Schopenhauer est puisée à deux sources : la *Critique de la Raison pratique* et l'*Anthropologie* de Kant, d'une part, et de l'autre, les livres sacrés des Hindous et la morale du Bhoudhisme. C'est une observation de Schiller, trop tôt justifiée par l'exemple de Schopenhauer, que, « dans la philosophie morale de Kant, l'idée du devoir est proposée avec une dureté propre à effaroucher les Grâces, et *qui pouvait aisément tenter un esprit faible de chercher la perfection morale dans les sombres sentiers d'une vie ascétique et monacale.* » Quelques précautions que le grand philosophe ait pu prendre pour se mettre à l'abri de cette fausse interprétation, qui devait répugner plus que toute autre à la sérénité de son libre esprit, il y a prêté cependant, en opposant l'un à l'autre, par un contraste rigoureux et criard, les deux principes qui agissent sur la volonté humaine. Le grossier matérialisme de son temps l'a rendu sévère. Il n'avait point à instruire l'ignorance, mais à réformer la perversion. Il fut le Dracon de son temps, parce que son temps ne lui paraissait pas digne encore d'avoir un Solon, ni capable de le recevoir. On ne saurait nier que ce code rigoureux de sa morale n'ait effarouché l'âme de Schopenhauer.

« Qu'avaient donc fait les enfants de la maison, s'écrie Schiller, justement blessé dans ses plus nobles instincts, et qui avait le pressentiment des ruines qui allaient suivre ; qu'avaient fait les *enfants de la maison,* pour qu'il ne s'occupât que des *valets ?* Parce que l'épicurien moral eût volontiers relâché la loi de la raison, afin de l'accommoder comme un jouet à ses convenances, était-ce une raison pour en exagérer ainsi la rigueur, et pour faire de l'accomplissement du devoir, qui n'est que la plus puissante manifestation de la liberté morale, une autre sorte de servitude décorée d'un nom plus spécieux ?... Fallait-il rien que, par cette forme *impérative* donnée à la loi morale, accuser l'homme et l'abaisser, et faire de cette loi, qui est le plus sublime témoignage de notre grandeur, l'argument le plus accablant pour notre fragilité ?

Schopenhauer a bien un peu été cet esprit faible pour qui Schiller redoutait les sévères prescriptions de la loi morale de Kant. Embarrassé de cette casuistique impossible qu'elle établit entre les devoirs, voyant comme lui, dans la nature sensible, le parti *opprimé*, et non un *allié*, toujours prêt à la sacrifier, il s'en est fait un ennemi irréconciliable. Ce n'est certainement pas un avantage pour des vérités morales, fussent-elles sublimes, que d'avoir contre soi des sentiments que l'homme peut s'avouer sans rougir. Comment le sentiment du beau, le sentiment de la liberté s'accorderaient-ils avec l'esprit austère d'une législation qui gouverne l'homme plutôt par la crainte que par la confiance, qui tend incessamment à séparer ce que la nature a uni, et qui en est réduite à nous tenir en défiance contre une partie de notre être, pour assurer son empire sur l'autre ? La volonté est d'ailleurs en rapport plus immédiat avec la faculté de sentir qu'avec les facultés cognitives. On dit d'un homme que c'est une belle âme, lorsque le sens moral a fini par s'assurer de toutes les affections, au point d'abandonner sans crainte à la sensibilité la direction de la volonté. Il s'ensuit que dans une belle âme ce ne sont pas telles ou telles actions en particulier, c'est le caractère tout entier qui est moral. Une belle âme n'a point d'autre mérite que d'être une belle âme. Avec une facilité aussi grande que si l'instinct seul agissait pour elle, elle accomplit les plus pénibles devoirs de l'humanité, et le sacrifice le plus héroïque qu'elle obtient sur l'instinct de la nature, fait l'effet d'une libre action de cet instinct. Gœthe a décrit cet état de limpide conductibilité d'âme qui est un état rare, mais qui existe pourtant, et dont il devait la révélation moins à la sérénité de son esprit qu'aux confidences de Mlle de Klettenberg, le mystique auteur de l'*Histoire d'une belle âme*. Schiller y voyait la véritable harmonie entre la raison et les sens, et voulait que la dignité et la grâce en fussent toujours l'expression dans le monde sensible. C'est là ce qui manque à l'austère morale de Schopenhauer. Bien que son style ait conservé la beauté des formes antiques, la grâce, qui n'est point absente de ses écrits, s'est exilée de son âme; il la nie jusque chez les femmes, chez lesquelles on la retrouverait, si elle était jamais bannie de la terre.

NOTE C.

SUR LE CRÂNE DE SCHOPENHAUER.

La science de Gall et de Spurzheim ne compte plus que de rares adeptes en France, mais il n'en est pas de même en Allemagne. M. Gwinner, l'ami de Schopenhauer et son exécuteur testamentaire, a eu la pensée bizarre de mesurer le crâne de ce philosophe et de le comparer aux crânes les plus célèbres du dix-neuvième siècle. Il est juste de dire que c'était une des idées de prédilection de son héros et qu'il n'a fait sans doute qu'exécuter une dernière volonté. Il résulte de ses recherches minutieuses que le crâne de Schopenhauer serait le plus grand crâne connu. Nous donnons ici la mesure du cerveau, celle de la tête est de 7″5‴.

Le cerveau de Schopenhauer mesure 5″ 5‴.
—   Kant............ 4″10‴.
—   Talleyrand......... 4″ 9‴.
—   Schiller............ 4″ 8‴.
—   Napoléon.......... 4″ 5‴.
—   Tiedge .... 4″ 2‴.
—   d'un crétin.......... 2″ 4‴.

De ce développement anormal du cerveau, M. Gwinner tire

la conclusion qui n'aurait pas déplu à son ami, qu'il est *la plus forte tête* connue. Il est vrai que les oreilles sont en proportion. Napoléon n'occupe sur cette liste que le cinquième rang et l'on n'y voit pas figurer Gœthe. L'étude des bosses sur cette tête vraiment monstrueuse conduit M. Gwinner à de singuliers résultats. Pour moi, je préfère infiniment à cette phrénologie ce qu'il dit de la prédominance excessive de la volonté et de l'intelligence sur la sensibilité et de l'atrophie de cette dernière faculté dans l'âme de son héros : mais pour cela il n'était pas absolument nécessaire d'étudier son crâne, il suffit d'avoir lu son livre sur *le Monde en tant qu'Intelligence et Volonté.*

FIN.

TABLE DES CHAPITRES.

Introduction 1

PREMIÈRE PARTIE.

HEGEL.

Chapitre I.	L'homme	3
Chapitre II.	Le philosophe	13
Chapitre III.	La phénoménologie	29
Chapitre IV.	La logique de Hegel. — L'encyclopédie	53
Chapitre V.	De l'idée du progrès dans la philosophie de Hegel	65
Chapitre VI.	De l'introduction des idées hegéliennes en France	87
Chapitre VII.	Hegel écrivain	119

DEUXIÈME PARTIE.

ARTHUR SCHOPENHAUER.

Chapitre I.	Luttes contre l'hegélianisme. — Haine des professeurs de philosophie. — Impopularité . . .	145
Chapitre II.	L'homme : sa biographie	166
Chapitre III.	Le philosophe. — Sa critique de Kant	182

CHAPITRE IV. Le philosophe (suite). — De la métaphysique, de sa possibilité et de ses bornes suivant Schopenhauer 204
CHAPITRE V. Le philosophe (suite).—Sa théorie de la volonté. 219
CHAPITRE VI. L'artiste............................... 245
CHAPITRE VII. Sa morale............................. 267
CHAPITRE VIII. Suite de la morale. — Critique de l'optimisme. 290
CHAPITRE IX. Critique de la philosophie de Schopenhauer. — Première partie : le philosophe et son système... 315
CHAPITRE X. Critique de la philosophie de Schopenhauer. — Deuxième partie : l'homme et sa morale.... 339
CHAPITRE XI. De l'état des mœurs philosophiques en Allemagne................................... 361
NOTES ET ÉCLAIRCISSEMENTS........................ 379

FIN DE LA TABLE DES CHAPITRES.

ERRATA.

Page 50, *ou que*, lisez, *ou ce que*.
— 56, *un de ces*, lisez, *un de ses*.
— 59, *controuves*, lisez, *continus*.
— 163, και, lisez, καὶ.
— 193, και, lisez, καὶ.
— 220, γενόμενον, lisez, γιγνόμενον.
— 252, *en est formée*, lisez, *en sont formées*.
— 298, *Child Harold*, lisez, *Childe Harold*.
— 307, en note, *Dyana*, lisez, *Dhyâna*.

PARIS. — IMPRIMERIE DE CH. LAHURE ET Cie.
Rue de Fleurus, 9.

www.ingramcontent.com/pod-product-compliance
Lightning Source LLC
Chambersburg PA
CBHW052229230426
43666CB00034B/2245